中国式现代化的河南实践
系列丛书

THE PRACTICE OF INHERITING
AND CARRYING FORWARD THE SPIRIT
OF THE DABIE MOUNTAIN IN HENAN PROVINCE

传承弘扬
大别山精神的
河南实践

包世琦 ◎ 主 编

社会科学文献出版社
SOCIAL SCIENCES ACADEMIC PRESS (CHINA)

前　言

河南作为经济大省、人口大省、粮食大省、文化大省，在中国式现代化进程中具有举足轻重的地位。党的十八大以来，习近平总书记先后 5 次到河南视察，发表与作出了一系列重要讲话和重要指示，寄予河南"奋勇争先、更加出彩"的殷切期望，擘画了中国式现代化建设的河南蓝图，为现代化河南建设提供了总纲领、总遵循、总指引。全省上下坚持以习近平新时代中国特色社会主义思想为指导，砥砺奋进、实干笃行，奋力推进中国式现代化河南实践迈出坚实步伐，中国式现代化在中原大地展现光明图景。

"中国式现代化的河南实践系列丛书"由河南省社会科学院研创。该丛书从理论与实践相结合的视角出发，生动、翔实、立体地总结河南省委、省政府在现代化建设中谋划的战略布局、实施的有力举措、推动的实践创新、取得的亮点成效，既是向中华人民共和国成立七十五周年献礼，也是为高质量推进中国式现代化建设提供服务和智力支持。

"中国式现代化的河南实践系列丛书"包括《黄河流域生态保护协同治理的河南实践》《法治守护黄河"母亲河"的河南实践》《传承弘扬焦裕禄精神的河南实践》《传承弘扬大别山精神的河南实践》《以人为核心推进新型城镇化的河南实践》《"买全球卖全球"跨境电商发展的河南实践》6 部。该系列丛书围绕深刻领会习近平总书记关于中国式现代化的重要论述和对河南工作的重要讲话重要指示精神，结合党的二十届三中全会对进一步全面深化改革、推进中国式现代化作出的总体部署和战略安排的最新精神，同时系统梳理和展示河南在落实新时代推动中部地区崛起、黄河流域生态保护和高质量发展等重大国家战略中的生动实践，旨在不断总结新经验，探索新路径，实现新突破，进一步全面深化改革，高质量推进中国式现代化建设河南实践，谱写新时代新征程中原更加出彩的绚丽篇章。

目　录

第一章　大别山精神的深厚内涵

巍巍大别山，铮铮英雄骨。大别山地处鄂豫皖三省交界地，文化多元融合，历史底蕴深厚，革命战争时期斗争形势极为复杂，创造出了"28年红旗不倒"的辉煌历史，孕育形成了彪炳史册的大别山精神。2012年8月，"大别山精神"总结宣传工作座谈会在河南信阳召开，同年11月7日，"大别山精神"研究组发布新闻，将"大别山精神"概括为"坚守信念、胸怀全局、团结奋进、勇当前锋"16个字，大别山精神研究取得了初步成果。2021年9月，"大别山精神"被纳入党中央批准中宣部公布的第一批中国共产党人精神谱系中。"大别山精神"是中华民族重要的精神财富，是中国革命和建设事业取得胜利的重要保证。在革命战争时期，大别山区军民在中国共产党的领导下，为推翻帝国主义、封建主义和官僚资本主义的统治浴血奋战、前赴后继，以血肉之躯树起不朽的精神丰碑，也正是靠着这种精神，大别山区人民建立了鄂豫皖革命根据地，孕育了中国工农红军的重要力量，开展了艰苦卓绝的革命斗争，让中国革命的红旗始终在大别山上空高高飘扬。奋进新时代，逐梦新征程，大别山精神始终激励我们为实现中华民族的伟大复兴不懈奋斗。因此，深入研究大别山精神的深厚内涵，不仅有利于凝聚大别山革命老区人民的智慧和力量，也有利于促进大别山革命老区的创新发展，更对加快革命老区振兴、服务河南现代化建设实践、实现中部地区崛起具有十分重要的意义。

第一节　大别山精神的核心要素

大别山精神作为中华民族重要的精神财富，有着丰富而深刻的内涵，我们可以概括出大别山精神的核心要素：坚守信念，永跟党走的忠诚本色；

胸怀大局，勇当前锋的大局意识；团结奋进，不胜不休的昂扬斗志。

一 坚守信念，永跟党走的忠诚本色

坚守信念、对党忠诚，是每一位共产党员面对党的事业表现出的绝对可靠的政治本色，也是无比宝贵的精神品质。正是无数赤胆忠心的英雄儿女，以他们可歌可泣的壮烈事迹，孕育了这种忠诚担当的大别山精神。

（一）坚守信念、对党忠诚

1. 坚守信念

大别山革命根据地军民对共产主义理想信念持之以恒、不懈追求，并在极端困苦的环境中艰难实践着共产主义信仰。在 28 年的革命斗争中，大别山的军民在很长一段时间内都是处于"白色恐怖"或敌人重重包围之中。在如此极端恶劣的革命斗争条件下，坚定的理想信念是支撑革命先辈们不断抗争的强大力量。如果革命先辈们走上革命道路是对共产主义理想信念的追求，那么解救劳苦大众于水深火热的使命与担当，则是他们坚守理想信念的永恒动力。这种彻底的革命精神，是当时所有革命家共同的品格，亦可以说是信仰的力量。大别山精神的内涵是丰富的，它的形成是以坚定的信念为源头和核心的。大别山革命根据地的干部群众用英雄的行为，诠释着大别山精神中矢志不渝的信念坚守。

坚持斗争是坚守信念的真实写照。血与火的战争中，革命先辈们随时都有牺牲的危险。在这样严峻的形势下，对于信念的坚守主要表现在两个方面：一方面，革命战士们内心要坚守信念，坚信眼前的强敌可以战胜，坚信共产主义理想一定可以实现；另一方面，根据地的群众不仅要应对敌人的封锁、围困，还要克服生活中的种种困难，同样需要坚守信念，坚信党和人民军队一定会取得胜利，坚守对美好生活追求的信念。

2. 对党忠诚

坚守信念、对党忠诚是大别山精神的灵魂，正是因为革命先辈们坚守共产主义信念，才不会因为革命形势的变化而改变信念，这种信念上的坚守表现在行为上就是对党的无限忠诚。这种忠诚，生动地体现在党员干部在面对严酷刑罚和疯狂杀戮时，表现出的大义凛然、视死如归的革命英雄气概。

在反"围剿"的战斗中，大别山地区的革命先辈们宁可牺牲，也始终坚定共产主义信念，保守党的秘密，在敌人的酷刑下毫不屈服，他们的勇敢与忠诚非一般人可以做到。无数的共产党员对党的忠诚之心似闪闪红星，映照在大别山。无论敌人的屠杀多么疯狂，大别山儿女对党忠诚的一颗红心始终难以磨灭。无数革命先烈的事迹充分展现了共产党人将生死置之度外的革命精神，他们用宁死不降、誓死不叛党的决心，践行了自己对党忠诚的誓言。

（二）廉洁自律、艰苦奋斗

世界上任何政党，要想发展壮大，都不允许贪污腐败行为的滋生和蔓延。中国共产党从成立之日起，就不断探索防止党员腐败的体制机制，逐步产生并完善相关的廉政制度和廉洁纪律。与之相适应，大别山革命老区在斗争实践中同样孕育了廉洁自律的革命精神，也正因为大别山革命老区共产党人的廉洁自律，才造就了一支支纪律过硬的革命队伍。无论是革命战争时期，还是新中国成立以后的社会主义建设时期，中国共产党人都在不断加强队伍的廉洁自律建设。党的十八届六中全会，更是将全面从严治党提到了前所未有的高度，这也表明了廉洁自律始终是我们党保持自身纯洁性和生命力的重要保证。

1. 廉洁自律

第一，领导以身作则，干部率先垂范。在革命军队中，首长与士兵之间廉洁自律之风的形成除了依靠制度建设以外，很大程度上取决于领导人的示范作用，给战士们树立良好的榜样。老一辈无产阶级革命家都是严格要求自己和身边的同志。因此，他们才能带领我们党取得一个又一个伟大的胜利。

第二，加强纪律建设，形成廉洁风气。除了领导干部以身作则以外，党的建设中一个很重要的组成部分就是致力于廉政制度建设，依靠纪律约束、监督各级党员干部。大别山革命根据地在发展过程中，就曾经对此进行过一些有益的尝试。例如，刘邓大军在入驻新县时曾严令禁止强迫老百姓当向导、向老百姓要东西、打骂群众等不良现象。因此，军队的廉洁之风取决于军队的严明纪律，人民军队也纷纷传唱起来《三大纪律八项注意》，营造出了军队及党内崇尚廉洁自律的风气。这对于赢得民心，保证部队战斗力起到了重要作用。

2. 艰苦奋斗

毛泽东同志曾说:"艰苦奋斗!这是每一个共产党员,每一个革命家的作风。"① 党和人民依靠艰苦奋斗,创建了以大别山为中心的鄂豫皖革命根据地;依靠艰苦奋斗,使鄂豫皖革命根据地壮大发展;依靠艰苦奋斗,使大别山革命红旗不倒。面对敌人的封锁,面对匮乏的物质生活条件和艰苦的革命斗争环境,邓小平等一大批领导同志,以身作则,时时保持着高昂的斗志和奋勇向前的革命精神,这也是中国共产党人特有精神风貌的体现。

二 胸怀大局,勇当前锋的大局意识

"胸怀大局"要求有长远眼光以及战略思维。这种大局意识体现为奉献"小我"赢得"大我",牺牲局部换得整体利益。在革命年代的大别山地区,随着敌我形势的变化和双方实力的此消彼长,根据地需要根据各地区的斗争需要制定计划,这就需要党员干部具有胸怀大局、勇当前锋的意识。

(一) 顾全大局、实事求是

1. 顾全大局

大别山儿女顾全大局的精神不仅体现在战争年代,和平建设时期这种大局精神也体现得淋漓尽致。近些年来,生态文明建设成为党中央治国理政思想的重要内容,各地区经济发展速度和环境生态质量的矛盾日益凸显,高质量发展既要保证经济发展速度,还不能以牺牲生态环境为代价。对于地处大别山区的信阳市来说,这既是机遇,也是挑战。信阳市的自然环境得天独厚,山清水秀,空气质量优良,具有其他地区无可比拟的外部条件;但是,需要注意的是,追赶其他经济发达地区的经济发展速度,还必须维护好当地良好的生态环境,保护好河南的生态氧吧,为河南的生态文明建设作贡献。因此,大别山革命老区的发展要始终站在河南省发展全局,站在服务国家全局的高度,为国家的生态文明建设再次作出更大奉献,信阳市的选择显然是对大别山区顾全大局精神的生动诠释。

---

① 《毛泽东文集》第七卷,人民出版社,1996,第173页。

2. 实事求是

习近平总书记指出："坚持实事求是，就是坚持一切从实际出发来研究和解决问题，坚持理论联系实际来制定和形成指导实践发展的正确路线方针政策，坚持在实践中检验真理和发展真理。"① 实事求是中国共产党人宝贵的精神财富，这种实事求是的思想在大别山革命根据地的发展中得到了印证和实践。

解放战争初期，我党我军缺乏创建新解放区的经验。邓小平同志在创建大别山解放区时，给党中央和毛主席写了许多报告，介绍新解放区建设的一些做法。邓小平同志坚持一切从实际出发、实事求是的原则，对于大别山解放区土地改革中出现的错误进行了及时纠正，在调查研究的基础上积累了丰富的经验。此外，在最初创建大别山根据地的斗争中，革命先辈们从两个方面体现了对实事求是思想路线的践行。一是严格执行上级指示，成功创建革命根据地。二是坚持从实际出发，克服错误思想的影响。刘邓大军之所以能够非常好地完成千里挺进大别山的战略任务，与两位革命领袖求真务实、理论联系实际的作风密不可分。此外，刘邓大军最大限度地发扬了实事求是的精神，制定了很多符合当时当地实际的政策，最终赢得了千里挺进大别山的胜利，高水平地完成了中央交付的战略任务。

（二）勇于创新、敢于担当

创新是一个民族的灵魂，勇于创新是一种精神，更是一种智慧。只有勇于创新才能绝处逢生、以少胜多，才能适应瞬息万变的战争形势。在革命时期，大别山根据地的斗争情况异常复杂严峻，在敌强我弱的条件下，只有勇于创新，才能不断激发人民军队的勇气和智慧，才能克敌制胜，进而保存有生力量，不断使革命从胜利走向胜利。

1. 勇于创新

第一，适时调整战略，创新对敌战略战术。人民军队创造的游击战法，在大别山根据地得到了很好的实践和检验，也是根据地军民勇于创新的表现之一。尤其是在敌我力量悬殊，革命力量较弱的危急时刻，根据地的领

---

① 中共中央宣传部：《习近平新时代中国特色社会主义思想学习纲要》，学习出版社、人民出版社，2023，第63页。

导人适时调整作战策略，采取机动灵活的战术突破敌人"围剿"。这些游击战争的经验都是在灵活指挥作战的过程中总结出来的，是创新军事斗争形式的具体表现。

第二，适应恶劣环境，创造新的斗争形式。在根据地的斗争形势更加严峻时，根据地的领导干部对便衣队这种形式开始重视起来，便衣队组成人员基本上是当地人，熟知民情、地形，战时是兵平常是民，来得快去得也快，善于避敌之长，击敌之短。革命战争期间，鄂豫皖地区先后形成了大小便衣队近百支，他们的存在使得党领导下的革命武装得以生存和发展，为革命保存了实力。

2. 敢于担当

担当，就是主动肩负起责任，毅然承担起风险。"敢于担当"是大别山精神的重要内涵，是一种愿意主动站出来承担起责任的大无畏精神，是大别山精神最为浓郁的底色。

刘邓大军千里挺进，勇挑重担。刘邓大军千里挺进大别山是解放战争时期党中央的一项战略决策。对于刘邓率领的第二野战军来说，很多情况下是要啃硬骨头、作出重大牺牲的，但刘邓大军勇挑重担，为全国大反攻赢得时间，堪称我军历史上敢于担当的典范。最突出的事例有两件：一是抽调野战部队人员参加地方工作，部队人数减少。刘伯承、邓小平按照中央军委的部署，指挥第二野战军挺进大别山区，创建大别山革命根据地。为了巩固这些地方政权，部队抽调了不少干部参加地方工作，兵员数量有所减少，但刘邓从全局出发，并没有计较自身力量的减弱。二是主动背起包袱，为兄弟部队争取时间。中央军委为了减轻刘邓大军在大别山区的压力，曾致电要求陈毅与粟裕、陈赓与谢富治两部配合刘邓大军的行动，以粉碎敌人对大别山的进攻压力。刘邓则主动要求暂缓兄弟部队的支援，自己多承担一些，吸引敌人的兵力，集中优势兵力有效歼灭敌人有生力量。

三　团结奋进，不胜不休的昂扬斗志

在鄂豫皖根据地，正是因为大别山区的军民一心，团结协作，共同抗敌，才创造了"28年红旗不倒"的光辉革命事迹。我们党来自群众，我们党的军队也来自群众，人民群众就是党和军队的力量之源。大别山的军民们，在血雨腥风的革命战争年代描绘出一幅"军爱民，民拥军"的军民团结历史画卷，丰富了大别山精神的内涵。

（一）团结协作、敢打善拼

团结协作是大别山精神的重要组成部分。在革命战争年代，大别山的人民群众是党和军队的根基和血脉，革命队伍和人民群众之间形成了亲密无间的鱼水关系。正如徐向前元帅在回忆这一段历史时说："红军的力量在于民众之中。三次反'会剿'，拖得敌人捉襟见肘，筋疲力尽，失败而归，就是因为有广大群众积极配合红军作战。毛泽东说过，真正的铜墙铁壁是什么？是千百万真心实意地拥护革命的群众。"① 鄂豫皖根据地的群众能够积极地支持革命，配合革命，展示出了军民团结协作的强大力量。

1. 团结协作

团结就是力量，奋斗才能胜利。团结奋斗是中国人民创造历史伟业的必由之路。之所以鄂豫皖根据地能够保持"28 年红旗不倒"，新四军能够在江淮大地同敌人奋战到底，刘邓大军千里挺进大别山能够站住脚、扎下根，淮海战役能够势如破竹，百万雄师过大江能够气吞万里如虎，根本原因是我们党同人民一条心、军民团结如一人。

在革命战争年代，大别山地区"村村寨寨铜锣响，山山岭岭红旗扬，家家户户忙打仗，男女老少齐武装"，大别山地区党政军民团结一致、万众一心，凝聚起人民战争的磅礴伟力。鄂豫皖革命根据地初创时期，国民党连续发动三次"会剿"，面对敌人一次次的围攻，根据地中心区域的赤卫队和广大群众，团结一心，多次开展大规模的袭扰，使得敌人耳目失灵，行动受阻，供应困难。三次反"会剿"斗争之所以能取得胜利，得益于党和人民群众的相互配合，团结协作共同粉碎了敌人的企图，体现出大别山根据地党政军民万众一心、团结奋斗，共同战胜艰难险阻的精神。

2. 敢打善拼

在战场上血与火的洗礼下，从历史深处走出来的是一支支敢打善拼的钢铁队伍。他们从大别山区走出来，在抗日战争中，在解放战争中，在抗美援朝战争中浴血奋斗，无论走到哪里，敢打善拼是他们的标志，是他们身上大别山精神的体现。

---

① 中共信阳市委组织部编《大别山革命回顾》，中共党史出版社，2015，第 30 页。

正是在这种敢打善拼的大别山精神的激励下，刘邓大军才完成了千里挺进大别山的战略任务，才有了大别山地区如火如荼的革命斗争，才走出了许多彪悍善战的革命队伍。也正是这样一支敢打善拼的钢铁队伍，创造了革命战场上一个又一个辉煌战绩。

（二）依靠群众、无私奉献

毛泽东同志曾说："我们共产党人好比种子，人民好比土地。我们到了一个地方，就要同那里的人民结合起来，在人民中间生根、开花。我们的同志不论到什么地方，都要把和群众的关系搞好，要关心群众，帮助他们解决困难。"[①] 共产党人进入大别山区后，从群众最迫切需要解决的问题入手开展工作，紧紧扎根群众，坚持依靠群众，很快得到了群众的认可和支持，为开辟鄂豫皖根据地培育了肥沃土壤和超高人气。

1. 依靠群众

党的性质决定了我们党是人民群众的政党，人民群众是党的力量之源。开辟鄂豫皖根据地，目的就是使这里的贫困大众摆脱封建主义的枷锁，翻身成为自己的主人，过上幸福美好的新生活。在土地革命战争时期，鄂豫皖根据地的党组织依靠群众、充分发动群众，建立革命政权，使广大穷苦人民第一次成为社会的主人。从红军公田碑到《粮草通知》，从"不拿群众一针一线"到"损坏东西要赔""不打人骂人"……党和军队始终坚持密切联系群众，全心全意为人民服务，与人民群众结成鱼水一般的情谊，赢得了人民群众的衷心拥护。

人民立场，始终是我们党的根本政治立场。鄂豫皖根据地的领导者也深刻地认识到了这一点。在根据地建立初期，面对国民党军队连续发起的三次"会剿"，新生的红色政权正是得到了人民群众的支持，才能在此地生存、发展、克敌制胜，并一次次粉碎了敌人瓦解根据地的企图。1929 年 6 月，国民党军队开始了"罗李会剿"。为了让红旗在大别山上高高飘扬，人民群众协同当地红军同国民党军队开展了殊死搏斗。为了帮助红军，当地群众自觉担当起后勤保障的任务，他们给革命战士送去食品、衣物，帮助红军转移伤病员。在人民群众的协助下，当地红军歼灭地方反动武装数百

---

① 《毛泽东选集》第四卷，人民出版社，1991，第 1162 页。

人，占领了军事要塞白沙关。在随后的反击战斗中，为了配合红军的行动，当地群众武装向南对敌人进行持续不断的游击性骚扰，致使敌人不敢北进。这样就解除了红军的后顾之忧，他们在北路连续作战，歼敌 100 多人，迫使敌人退回到原驻防地，粉碎了国民党的第一次"会剿"。随后，敌人组织兵力对豫东南和鄂豫边两块根据地进行"会剿"。根据地军民团结一心，共同对付敌人。当时是 8 月，大别山中丛林茂密。当地红军在群众的掩护下转移到密林里，一有机会就出来袭击敌军，当地群众也拿起红旗和长枪保卫家园。在敌人看来，"红旗红枪弥山皆是"，以至于草木皆兵。当地红军在群众的掩护下，跳出了国民党军队的包围圈南下，敌人的"会剿"也以失败告终。国民党三次"会剿"的失败，是共产党人来自群众、依靠群众、团结群众的生动写照。

2. 无私奉献

在革命战争年代，无数的革命志士把共产主义的理想信念当作奋斗目标，以拯救旧社会的穷苦百姓为革命志向，很少考虑个人自身的利益。他们不计名不计利，只是为了一个崇高的使命而前赴后继，正是这样一批批无私奉献者的牺牲，才创造了今天的幸福生活。大别山根据地人民给国家和中华民族留下了宝贵的精神财富，其中就包括这种无私奉献的精神。

第一，勒紧裤腰带，为革命捐钱捐粮。由于国共两党长期在大别山地区对峙，粮食对于我党军队和当地老百姓而言，都是极其宝贵的。但是在这种情况下，大别山区人民仍然踊跃捐钱捐粮。当地群众给部队送粮送衣、送医送药、抬送伤员、传递情报，把亲人送去参加革命，壮大革命队伍。可以说，大别山革命根据地的长期存在，是大别山人民奋力支援出来的。长期的革命斗争中，人民军队与大别山地区的群众结下了深厚的友谊，再加上很多的家庭都有子女参加红军，军民一家亲是当时军民关系的真实反映，良好的军民关系使广大群众支援红军的积极性非常高，宁肯自己勒紧裤腰带，也要把粮食捐献给人民军队，宁肯丢掉性命也绝不泄露军队的秘密。

第二，整个家族参军，为革命英勇献身。在革命战争年代，大别山地区曾经出现了许多整村、整个家族都加入红军的情况，这些积极投身革命的英雄，谱写了一曲曲感天地、泣鬼神的不朽壮歌。在大别山地区，这样的革命家族很多，这些革命家族为了中国人民的解放事业英勇献身，保持着对党的忠诚，对革命事业的信心，无私奉献着家族成员的所有力量。

大别山精神的内涵是丰富的、开放的，大别山精神伴随时代的发展被赋予了新的时代内涵，彰显了其历久弥新的生命力，也让它不断产生新的时代价值，滋养着一代又一代人的精神成长，丰富着一代又一代人的内心世界，成为中华儿女永不枯竭的精神源泉。

第二节　大别山精神的时代价值

大别山革命老区是近代中国革命的重要根据地，大别山精神是中国共产党人精神谱系的重要组成部分，是中国人民和中华民族宝贵的精神财富。时至今日，革命战争时期所形成的大别山精神并未停留在那个年代，而是在党领导的中国特色社会主义伟大实践中不断发挥作用，并随着实践的发展赋予其新的时代内涵。进入新时代，大别山精神所具有的时代价值，仍然是激励我们不断攻坚克难、从胜利走向胜利的强大精神动力。在推进革命老区振兴、实现中部地区崛起，以及加快实现我国"两个一百年"奋斗目标的过程中，我们必须要结合新的历史条件，继承和弘扬大别山精神，在实现中国式现代化的历史进程中让大别山精神历久弥新，发挥新的时代价值。

一　大别山精神是河南实现中部崛起的重要精神支撑

思想是行动的指引，在历史长河中形成的伟大的革命精神，经过时间的洗礼，更能源远流长。岁月镌刻光荣梦想，奋斗描绘壮美画卷。党的二十大报告指出，从现在起，中国共产党的中心任务就是团结带领全国各族人民全面建成社会主义现代化强国、实现第二个百年奋斗目标，以中国式现代化全面推进中华民族伟大复兴。在实现中国梦的历史进程中，要持续弘扬传承大别山精神，更要从大别山精神中提底气增智慧，为推进实现中部地区率先崛起，进而为实现中华民族伟大复兴提供强大精神支撑。

（一）弘扬大别山精神，为河南建设提底气

2024 年 3 月 20 日，习近平总书记在新时代推动中部地区崛起座谈会上强调，要抓好党中央推动中部地区崛起一系列政策举措的贯彻落实，形成

推动高质量发展的合力，在更高起点上扎实推动中部地区崛起，在中国式现代化建设中奋力谱写中部地区崛起新篇章。① 河南作为中部地区的重要省份，要把握好中央部署，做好河南担当，在河南建设中积极弘扬大别山精神，在推进现代化河南建设实践中提气增智，让河南在新时代中部地区崛起中交出奋勇争先、更加出彩的优秀答卷。

第一，要坚定信念，对党忠诚，永跟党走。2024 年 7 月党的二十届三中全会指出，当前和今后一个时期是以中国式现代化全面推进强国建设、民族复兴伟业的关键时期。面对纷繁复杂的国际国内形势，必须自觉把改革摆在更加突出位置，紧紧围绕推进中国式现代化进一步全面深化改革。改革无疑也是一种新的革命，面对改革发展稳定的艰巨任务，面对跌宕起伏、波谲云诡的国际形势以及可以预料和难以预料的矛盾风险挑战，全党全国各族人民必须坚定理想信念，对党忠诚，坚定不移跟党走。只有在复杂的局势中更坚定地抓好理想信念教育，弘扬革命精神，不论遇到任何艰难曲折，才能够对理想信念坚定不移。当前阶段，河南高质量发展正处于转型升级攻坚的关键时期，要始终坚定理想信念，弘扬大别山精神所彰显的永跟党走的理想信念，坚定社会主义的理想信念，助力出彩中原建设。

第二，要依靠群众，团结一心，无私奉献。人民群众的根本利益是党一切工作的出发点和落脚点。大别山区共产党人依靠人民群众，从人民群众中获取力量源泉。大别山地区"28 年红旗不倒"的根本原因正是共产党人与人民群众建立的血肉联系。人民群众与共产党人之间的鱼水深情是党在大别山区能持续发展的底气。同时，在艰苦卓绝的革命战争年代，大别山地区人民在长期艰难曲折的革命斗争历程中，为革命胜利倾尽全力，表现出了无私奉献的可贵精神。为取得革命的最后胜利，大别山人民克服种种困难，全力以赴，支援前线，行动之迅速、动员之广泛、组织之严密、贡献之积极，超过了以往任何一个时期。不仅在物质上，而且在精神上给予部队将士无私的关怀与鼓舞，形成了水乳交融、血肉相连的党群关系与军民关系。党的根基在人民，党的血脉在人民，党的力量在人民。依靠群众，团结协作，无私奉献的大别山精神在新时代依然是我们党的底气，依

---

① 《习近平主持召开新时代推动中部地区崛起座谈会强调：在更高起点上扎实推动中部地区崛起》，中国政府网，https://www.gov.cn/yaowen/liebiao/202403/content_6940500.htm。

然是我们坚定不移推进现代化建设的强大动力。习近平总书记指出："崇高信仰始终是我们党的强大精神支柱，人民群众始终是我们党的坚实执政基础。只要我们永不动摇信仰、永不脱离群众，我们就能无往而不胜。"① 只有人民的认可、授权和支持，党才能执政，也才能执好政。在新时代新征程上，要将党的路线方针政策一以贯之；更好地推进河南建设，依然需要发挥大别山精神中依靠群众、团结群众、无私奉献的精神。只有这样，才能保证党和国家的社会主义现代化事业始终从胜利走向胜利。

（二）弘扬大别山精神，为河南建设增智慧

改革开放，尤其是党的十八大以来，河南坚决执行党中央的决策部署并发挥地区优势，在党中央支持下河南的经济社会发展取得显著进步，但与沿海经济发达的省份相比，依然存在明显差距和创新能力不足的短板。2014 年习近平总书记在河南考察时强调，要坚持稳中求进工作总基调，深化改革，发挥优势，创新思路，统筹兼顾的重要指示。河南历史文化悠久，是承东启西、连南贯北的重要交通枢纽，也是我国的经济大省、人口大省、农业大省，人口多、体量大依然是河南的基本省情。河南目前正处于乘势崛起、攻坚转型的关键阶段，发展潜力巨大，但经济转型升级绝非朝夕之间就能实现，因此，在河南省经济转型升级的攻坚期，要大力发扬勇当前锋的大别山精神，把握好国家中部崛起的发展战略，以不胜不休的决心推进转型发展，以勇于创新的大别山精神为河南发展增添智慧，进而实现习近平总书记寄予河南"奋勇争先、更加出彩"的殷切期望。

第一，要实事求是，勇于创新，敢于担当。大别山地区的共产党人能始终坚持从地区实际出发，把握形势变化，适时转换斗争策略，使得大别山革命根据地"28 年红旗不倒"。党的十八大以来河南经济呈现出总体平稳、稳中有进、稳中向好的发展态势，主要经济社会发展预期目标胜利完成，一些指标取得历史性突破。但河南发展面临的形势依然复杂，影响经济平稳增长的不确定因素依然较多。大别山的革命斗争历史体现出的从实际出发、实事求是、顾全大局、勇挑重担、勇于创新实践的光辉革命精神，

---

① 《习近平在党的十九届一中全会上的讲话》，新华网，http://www.xinhuanet.com/politics/2017-12/31/c_1122191624.htm。

是大别山精神的重要组成部分。在新时代的河南建设中，要持续传承弘扬大别山精神，坚定信心、直面挑战、抢抓机遇、迎难而上，坚定不移地让大别山精神持续发挥作用。

第二，要顾全大局，敢打善拼，不胜不休。唯物辩证法指导我们在处理全局与局部的关系时，要从大局出发，时时维护大局，处处服从大局。习近平总书记曾两次亲临河南调研，强调实现"两个一百年"奋斗目标，实现中华民族伟大复兴的中国梦，需要中原更出彩。这一论述明确了河南在全国战略发展大局中的重要定位，体现了河南在中国式现代化进程中的重要位置，是河南深刻认识和进一步实践区域协调发展的重要指导，也是河南在实现自身发展与统筹考虑国家现代化建设的重要指引，需要河南省充分考虑局部与整体、部分与全局之间的关系。大别山精神中一个重要的内涵就是胸怀大局、服从大局、顾全大局。在新时代新征程上，亿万名中原儿女依然要发挥这种胸怀大局的大别山精神，以不胜不休的坚强意志在中国现代化进程中，在区域协调发展中充分发挥河南的关键作用。

二 大别山精神是革命老区振兴发展的强大精神动力

革命老区是党和人民军队的根，是中国人民选择中国共产党的历史见证。革命老区大部分位于多省交界地区，很多地方仍属于欠发达地区。为推进革命老区在新时代焕发出新的生机活力，2021年国务院出台了《关于新时代支持革命老区振兴发展的意见》，体现了国家对革命老区的无限牵挂和殷殷期盼。就河南省而言，为支持大别山革命老区高质量发展，2024年河南省人民政府印发和实施了《新时代河南省支持大别山革命老区协同推进高质量发展工作方案》，为进一步激发革命老区发展活力，协同区域高质量发展和更好融入国家发展大局提供了重要的指导。在新的历史时期，大别山革命老区的振兴发展是出彩中原建设的题中应有之义，也是使得大别山革命老区更好更深度融入区域协调发展格局的必然要求，而要实现革命老区振兴，也必然要发挥大别山精神力量，为革命老区发展提供强大的内生动力。

（一）弘扬大别山精神，加快革命老区振兴

加快革命老区振兴，推进大别山革命老区高质量发展，既是一项重大

的政治任务，也是支持老区加快发展的重要战略举措，有利于增强当地的自我发展能力，为全国革命老区振兴发展提供示范，缩小地区之间的发展差距，促进区域协调发展，对于加快河南在中原崛起中奋楫扬帆具有重要意义。在推进革命老区振兴中大力传承和弘扬大别山精神，是聚民心、汇民智的光辉旗帜，是战胜艰难险阻、克服巨大困难、赢得最终胜利的强有力思想武器。彪炳史册的大别山精神凝聚着老一辈革命先烈的丰功伟绩，积淀着红色基因，不仅是发挥大别山革命老区独特优势、推进革命老区全面振兴的信念支撑，更是强化大别山地区各省区域协作、让老区人民过上更好生活的重要精神动力。

第一，巩固脱贫成果，持续推进革命老区振兴。我们绝不能忘记革命先烈，绝不能忘记老区人民，要把革命老区建设得更好，让老区人民过上更好生活。无论是革命战争年代还是社会主义建设时期，革命老区都为党和国家作出了巨大贡献，在革命老区的脱贫攻坚任务中，老区人民尤为重要，让大别山革命老区人民过上幸福美好的生活也是党和国家的重要任务。2020 年 2 月 28 日，河南省政府召开新闻发布会宣布淮滨县等 14 个贫困县正式脱贫。至此信阳市所辖 8 个贫困县全部实现脱贫摘帽，920 个贫困村全部退出贫困序列，全市未脱贫人口剩余 3.3 万人。据统计，信阳已累计脱贫80.7 万人，贫困发生率由 2013 年年底的 10.88%，降至 2019 年年底的0.46%，920 个贫困村全部退出贫困序列，所辖 8 个贫困县也全部脱贫摘帽。习近平总书记深入信阳革命老区视察时指出："贫困帽子摘了，攻坚精神不能放松。追求美好生活，是永恒的主题，是永远的进行时。"在推进革命老区振兴发展的征程中，巩固脱贫攻坚成果是必然要求，在新的历史起点上更好地建设革命老区、高质量发展大别山革命老区，传承弘扬艰苦奋斗、坚定信念的大别山精神，为革命老区的持续高质量发展提供强大精神动力。

第二，要因地制宜，加快革命老区产业升级。大别山片区地处鄂豫皖三省交界，承东启西，贯通南北，是中原经济区、武汉城市圈、皖江城市带的连接地带，区位优势明显，是中部崛起的重要支点。在粮食生产安全方面，大别山片区是国家重要粮油生产基地和特色农产品产区。在生态安全方面，大别山片区是 25 个国家重点生态功能区之一，是长江、淮河中下游地区重要的生态屏障。从历史文化角度考量，大别山片区是中华农耕文化发祥地之一，红色文化和生态旅游资源丰富，历史古迹和文化名城众多。

老区振兴，敢为人先。弘扬大别山精神中自力更生、艰苦奋斗、勇于担当、敢为人先的精神，在加快发展中创先争优，在转型升级中弯道超车，在改革创新中脱颖而出，发挥区域比较优势，增强自力更生发展的能力。大力弘扬大别山革命斗争的优良传统，把大别山精神转化为革命老区高质量发展的强大精神动力，锲而不舍地抓好革命老区因地制宜、产业转型升级的工作，切实担当起推进革命老区振兴发展的历史使命。

（二）弘扬大别山精神，促进革命老区发展

为贯彻落实习近平总书记"把革命老区建设得更好、让老区人民过上更好生活"等重要指示精神，河南省印发了《中共河南省委河南省人民政府关于贯彻落实习近平总书记视察河南重要讲话精神支持河南大别山革命老区加快振兴发展的若干意见》，支持和推进河南大别山革命老区信阳市、驻马店市全境和南阳市桐柏县、唐河县共 3 市 22 县（区）等地加快振兴发展。在促进革命老区发展建设、实现中部地区率先崛起、更好地实现区域协调发展，要持续传承弘扬攻坚克难、艰苦奋斗、敢为人先的大别山精神，为建设革命老区增添强大精神动力。

第一，要坚持弘扬团结协作、勇于创新的大别山精神。团结协作是大别山革命老区先辈们克服艰难险阻的重要法宝，勇于创新是大别山军民克敌制胜的强大智慧。回顾峥嵘岁月，大别山区处处闪耀着创新的智慧。红四方面军的军训是"智勇坚定，排难创新，团结奋斗，不胜不休"，大别山革命根据地之所以不断发展壮大并始终屹立不倒，一个重要的原因就是依靠大别山军民这种团结创新的精神。在新的历史起点上，革命老区面临着新的历史任务，我们要在党的领导下带领老区人民过上更好的生活，因此在振兴发展老区这个伟大实践中，我们依然需要以革命先辈为榜样，在发展老区的过程中大力推进鄂豫皖地区的区域合作，充分发挥大别山地区在区位、交通和劳动力等方面的优势，聚焦产业、交通、文旅等重点领域，强化区域合作，加强城镇基础设施和产业集聚区建设，与长三角地区、长江中游地区开展更加紧密的合作。

第二，要持续发扬攻坚克难，敢为人先的大别山精神。受到地理条件、历史原因等多种因素制约，大别山地区经济社会发展水平依然比较落后，

在新的历史时期振兴老区经济，实现高质量发展是大别山地区的关键任务。要想攻坚克难，突破老区发展的多重限制，就需要在新时代继续发扬敢为人先、不怕困难的大别山精神。大别山革命老区产业基础薄弱，尚未形成综合配套优势，产业构成也不健全，但是依然可以利用该地区红色资源、自然资源、历史文化资源等。大别山区有众多的革命遗址，这些革命遗址都是大别山精神的历史见证，要在攻坚克难的大别山精神指引下善于挖掘和整合大别山地区的红色资源，并将自然资源整合开发利用，推进产业结构优化升级调整，加快红色旅游与生态旅游、历史文化旅游等的开发利用。当前，河南省为大力弘扬大别山精神，着力打造了全国知名的红色文化传承区，推出一批跨区域红色旅游主题线路，打造"大别山"红色旅游品牌，建设红色研学基地等。

波澜壮阔的大别山革命史，是无数革命先辈留下的宝贵精神财富，彪炳史册的大别山精神积淀着中国共产党和中国人民对理想信念的不懈追求。大别山精神所展现出的坚守信念、胸怀全局、团结奋进、勇当前锋的伟大精神品格，始终是中华民族精神的重要组成部分，是中国共产党精神谱系的重要内容。在推进中国式现代化、实现中华民族伟大复兴的中国梦实践中，大别山精神始终发挥着强大的精神动力，并随着实践的发展而不断丰富和发展。因此，大别山精神不但没有过时，而且在新时代重新焕发出强大的生机与活力。

第二章　传承弘扬大别山精神的河南担当

大别山位于河南、安徽、湖北三省交界地。从行政区划来看，大别山主要分布在鄂豫皖三省的 26 个县（区），其中，位于河南的部分主要有豫东南的商城、光山、罗山、新县、固始、潢川等地。河南是大别山精神的重要发源地、传承地和落实习近平总书记"两个更好"要求的重要先锋地。近年来，河南深入贯彻落实习近平总书记对大别山精神的重要指示要求，在传承弘扬大别山精神中展现了河南的自觉与担当。

第一节　河南是大别山精神的重要传承地

"让红色基因代代相传"，这是习近平总书记在多个重要场合多次作出的重要指示。2019 年 9 月，习近平总书记视察河南的第一站是鄂豫皖苏区首府烈士陵园，他语重心长地强调："鄂豫皖苏区根据地是我们党的重要建党基地，焦裕禄精神、红旗渠精神、大别山精神等都是我们党的宝贵精神财富"。这既是对河南这一重要红色热土的充分肯定，也是对河南保护好大别山红色文化资源、传承发扬好大别山精神重要使命的殷切希望。

一　守好大别山红色遗产的河南使命

回望党的百年征程，无数革命先烈用自己的一腔热血浇筑出了幸福的今天。中原大地上的一件件革命文物、一座座革命遗址、一首首英雄赞歌、一段段红色史诗每时每刻都在提醒着我们红色政权来之不易。它们不仅见证了党带领中原儿女奋勇向前的革命历史，更凝结着崇高的革命理想信念和红色精神传统。党的十八大以来，习近平总书记多次对红色遗产的保护和利用作出重要指示，提出了一系列新的思想观点和要求，为加强新时代革命文物保护、红色基因传承提供了根本遵循。河南是大别山地区革命斗争史上的核心地区之一，具有丰富的大别山革命红色文化资源，是河南乃至全国宝贵的红色基因和精神财富。守好大别山红色遗产，河南不仅承担着重要使命，还采取了积极举措，用一张保护红色遗产的满意答卷助力红色基因代代相传。

（一）加强对革命文物的保护利用

习近平总书记强调，加强革命文物保护利用，弘扬革命文化，传承红色基因，是全党全社会的共同责任。大别山区红色文化资源禀赋优越。根据鄂豫皖三省地理信息公共服务平台信息，结合各地级市文物保护、规划服务部门统计数据，大别山区各类红色文化资源共 932 处，在全国红色旅游资源中地位突出。党的十八大以来，河南在保护大别山革命文物方面下了功夫，成效显著。

一是加强顶层设计。2005 年河南颁布了《河南省历史文化名城保护条例》，其中第三条、第六条、第十一条重点指出要保护利用革命遗迹进行爱国主义教育和革命传统教育。2020 年发布的《河南省革命文物保护利用工程实施意见》，提出了务必要夯实基础工作、加大保护力度、拓展利用途径、提升展示水平、创新传播方式等主要工作任务，为全省革命文物保护工作的指导思想、核心目标、建设规范、主要任务和实施保障指明了前进方向。二是有序开展普查工作。2021 年河南组织相关部门按照"重点突出、认定准确、分批公布"的原则，公布了《河南省第一批革命文物名录》，为革命文物的保护和利用提供科学依据。三是完善组织架构。针对过去在革命文物保护工作中缺乏协调统一、各行其是的局面，河南省专门成立革命文物处，夯实主体责任。四是划定革命文物保护片区。河南有力推动大别山区革命文物保护战略规划编制工作，完成新县试点，以新县为核心推进整个大别山区域战略规划的编制，被国家文物局列为全国三大重要革命文物保护片区之一。

（二）建好党和国家红色基因库

习近平总书记在大别山革命老区考察时指出："革命博物馆、纪念馆、党史馆、烈士陵园等是党和国家红色基因库。"① 河南拥有众多的红色文化

---

① 习近平：《坚定信心埋头苦干奋勇争先　谱写新时代中原更加出彩的绚丽篇章》，《人民日报》2019 年 9 月 19 日。

资源，也是许多重大革命事件的主要发生地，建好党和国家的红色基因库，河南重任在肩。

一是全面规划突出重点。2020 年河南公布了《第一批河南省红色教育基地名单》，其中包括土地革命时期的新县革命纪念地、豫西革命纪念馆，并把大别山革命老区打造为在全国具有较高知名度的红色文化品牌。河南目前已形成"一个平台+709 处革命遗址、遗迹、纪念地"的联动格局。此外，河南还根据大别山地区红色基因特色，谋划战略定位。如新县围绕在革命战争时期走出的 43 位共和国高级将领，打造"将军县"这一品牌，最终确立了"让将军之光永远辉煌新县"的红色基因库发展理念。二是整合内容架构摸清"家底"。河南将大别山革命历史时期的重要人物、事件进行分类总结归类，逐一建档，制定相关政策法规，进一步摸清自身的红色家底。并改扩建鄂豫皖革命纪念馆、鄂豫皖苏区首府革命博物馆，以鄂豫皖革命纪念馆为综合性总馆，各县区打造结合本地特色的分馆，形成区域片，发挥好红色基因库的整体效应。三是持续推进革命文物主题保护利用工程。出台《红二十五军长征国家文化主题公园项目建设方案》，推动文旅融合，与大别山北麓全域旅游示范区创建有机结合，共同打造旅游精品路线。

（三）抢救记录红色历史记忆

红色历史记忆是人民群众关于中国共产党带领中国人民实现民族解放和中华民族伟大复兴的深刻印记。红色历史记忆的传承由口述历史、文学作品、革命曲、重要历史人物和事件、纪念仪式、革命传统等非物质遗产组成，与革命文物、革命遗址等物质层面的红色遗产相辅相成。河南留存的红色历史记忆不仅记载了中华民族在近代历史中经历的苦难与斗争、光荣与梦想，更代表了中国共产党全心全意为人民谋幸福的伟大精神境界和价值追求。

河南十分重视对于口述历史的抢救记录，通过走访革命前辈、烈士遗属、专家学者、民间收藏人士，广泛采集河南不同历史时期的口述历史，生动地再现了那段峥嵘岁月和革命往事。2014 年，河南省委网信办启动了"搜索红色记忆"主题活动。活动期间河南组织了主要媒体的记者、知名官微的编辑等 50 余人，分三批深入兰考、商丘、信阳、永城、林州等地实地采访记录口述历史。2017 年，河南推动开展"发掘中原红色文化——豫东南革命口述史料调查"研究项目。2018 年，中共河南省委党史研究室印发了《河南省中共抗日战争口述史料征集、整理与研究工程方案》，为全省系统开展口述史料的征集整理工作作出了全面指导。

二 讲好大别山红色故事的河南探索

习近平总书记在河南调研考察时强调："要讲好党的故事、革命的故事、根据地的故事、英雄和烈士的故事，加强革命传统教育、爱国主义教育、青少年思想道德教育，把红色基因传承好，确保红色江山永不变色。"① 河南认真学习贯彻习近平总书记考察调研河南时的重要讲话精神，探索创新传承弘扬大别山精神的载体与形式，讲好大别山红色故事，传承红色基因。

（一） 加强对大别山精神的研究阐释

红色文化作为党和国家的优秀文化资源，对其加强研究阐释一直都是河南的重要工作任务。在知网搜索关键词，相关论文成果就有近千篇之多。纵观河南在推动大别山精神研究阐释方面取得的成绩，可谓阵地多元、视野广泛，无论是科研机构、高等院校，还是党政机关和大别山干部学院，都从精神阐释、传承弘扬、内涵功能、思政教育、遗产保护、文旅融合等方面对大别山精神进行了深入研究。

一是科研机构、高等院校的研究阐释硕果累累。河南省社会科学院在推动红色文化研究阐释方面一直紧跟省委、省政府的战略部署走在前列，主持编写了《彪炳史册的大别山精神》，系统阐述了大别山精神的深刻内涵和精神实质，阐明了在新的历史条件下继承和发扬大别山精神的重要意义。高等院校方面亦成绩斐然。如信阳师范学院编撰的《大别山红色文化研究》一书，是大别山抗战学术研讨会的集大成之作，该书从中国革命史和抗战史的维度出发，以红色四望山和大别山抗战为主题，从多个视角深入探讨了其蕴含的革命精神与历史地位。二是党政机关研究阐释与时俱进。河南各级党政机关在推动大别山精神研究阐释方面，紧跟时代呼唤，强调其满

---

① 《习近平在河南考察时强调 坚定信心埋头苦干奋勇争先 谱写新时代中原更加出彩的绚丽篇章》，新华网，http://www.xinhuanet.com/politics/leaders/2019-09/18/c_1125011847.htm。

足当下需求的重要意义。在省级党政机关层面，如中共河南省委党史研究室编写了《河南省红色旅游发展研究》。该书探讨了河南红色旅游的发展历史，阐述了发展红色旅游的指导思想与基本原则，在分析河南红色旅游资源特征的基础上，提出了发展红色旅游的针对性建议。中共河南省委党史研究室还编制了《河南省主要革命遗址地图集》。该地图集共收录地图 19幅，在河南省地图和 18 个省辖市地图上对全省 398 处主要革命遗址进行文字和符号标注。河南省老区建设促进会编撰的《前进中的河南革命老区》包括"河南革命老区概况""革命老区经济的发展变化""党和政府的关怀""各地老区发展简述"等内容，全面系统地总结了河南省革命老区的发展历程。在地方党政机关层面，如信阳市委党史研究室编撰的《大别山抗战记忆》分为"抗战老兵的故事""发现信阳抗战遗址""难忘那些年那些事""历史不能忘记"四个板块，全景式立体化展现了大别山英雄儿女艰苦卓绝的抗战斗争和可歌可泣的英勇事迹。信阳市委组织部编写的《大别山革命将帅》《大别山革命回顾》，则对大别山区的革命将帅和革命历史做了详细梳理。三是河南大别山干部学院的研究阐释贴近现实。河南大别山干部学院作为贴近一线的红色基因传承主体，针对学院基地的教育培训职能进行研究阐释，其研究成果非常切合实际。河南大别山干部学院编写的《大别山革命简史》作为"大别山干部学院教学丛书"之一，采取历史专著的体例，按大别山革命历史的发展过程，分章节撰写，系统记叙大别山地区的革命历史，论述大别山地区革命斗争的特点，反映了大别山地区为中国革命所作出的贡献。

（二）发挥河南大别山干部学院教育基地载体作用

河南大别山干部学院位于大别山腹地、鄂豫皖苏区首府所在地——河南省信阳市新县，于 2013 年 9 月成立，是中央组织部首批备案的全国 64 家党性教育基地，2022 年 10 月顺利通过中央组织部办学质量评估验收，入列中央组织部公布的 72 家省（自治区、直辖市）党性教育干部学院目录。河南大别山干部学院在成立之初，就定下明确的发展目标，要把学院建成"四基地一中心"，即全国一流的地方党性教育示范基地、大别山精神研究基地、中部地区农村基层党建研究基地、习近平新时代中国特色社会主义思想实践创新基地和大别山红色资源利用研究中心。该学院秉持"忠诚、创新、责任、担当"的办学理念，以弘扬大别山精神为主题，以理想信念教育为核心，以大别山"28年红旗不倒"的革命历史为主线，大力实施政治建院、特色立院、开放办院、质量兴院、人才强院战略，努力探索差异化、特色化的办学路径。

河南大别山干部学院秉持"理论教育是根本，知识教育是基础，党性教育是关键"的培训原则，精心设计了一系列传承红色基因的教育内容，让广大学员在感悟红色精神过程中坚定理想信念，锻炼出"强筋壮骨"。经过多年的实践探索，学院开发出形式多样的课程，初步形成了"大别山红旗不倒"访谈式教学，"真实的记忆、真切的感动"红色故事会，"红色足迹"体验式教学，"体农时、知农情、干农活、进农家"体察式进村入户，"接地气"教学等十一大类120余门课组成的课程体系，形成了独具特色的教学模式。其中课堂教学和现场教学是两种比较经典的教学模式。课堂教学中"大别山28年红旗不倒的革命历程""大别山精神及时代价值""从大别山革命历史感悟共产党人的初心使命""大别山28年红色历史及其启示""鄂豫皖苏区局部执政的历史经验和启示""红二十五军的卓越贡献与红色基因""红四方面军曲折与辉煌的历程""大别山革命先辈红色家风及其启示"等都是非常经典又比较精彩的课程。此外，该学院还拍摄了《信念的力量——大别山革命斗争启示录》《走读大别山》《千里跃进大别山》《大别山的儿子》《刘邓在1947》《一个人的东征》等12部纪录片，让党员干部在无处不在的"红色课堂"中感受红色文化的魅力，接受红色文化的洗礼。在现场教学方面，学院推出了鄂豫皖苏区首府烈士陵园、红二十五军长征出发地——罗山县何家冲、刘邓大军千里跃进大别山纪念馆、许世友将军故里、邓颖超祖居、董必武故居、七里坪长胜街、红四方面军诞生地纪念碑等58个主题鲜明的现场教学点，带领学员开启一场理想信念的远征。2017年，信阳市以弘扬红色文化为主要内容，实施了"固本清源计划"，形成了"一个平台+709处革命遗址、遗迹、纪念地"的联动格局，其中一个平台是指河南大别山干部学院。该学院为充分利用大别山独特的红色文化资源，让709处革命旧址"活"起来，开发出"走读大别山"红色体验线路。这一线路将散落在大别山地区的众多红色革命旧址串联起来，既大大带动了新县箭厂河乡、罗山县何家冲等一批乡村红色资源保护和利用，又让广大学员重温大别山的红色历史，在潜移默化中接受革命传统教育和党性教育，让红色文化可触摸、可感知、可体验，红色旅游逐渐成为大别山地区发展乡村经济的又一增长点。

截至 2023 年底，大别山干部学院累计承接省内外各级各类培训班 6000 余期，培训学员 35 万多人次。学院先后获得"全国青年文明号""全国关心下一代工作先进集体""河南省先进基层党组织""河南省文明单位""省级节约型公共机构示范单位""河南省园林单位""新中国成立以来河南省最美建筑二等奖"等荣誉称号。

（三）丰富大别山红色文化传播形式

近年来，河南坚持文化强省的发展思路，在加大对大别山红色文化资源的挖掘、保护和利用的同时，还积极创新方式手段，助力提升大别山故事与精神的传播效果。

一是打造优质大别山精神相关文艺作品。河南持续实施中原人文精神"五大工程"，涌现出了大批弘扬大别山精神的优质歌舞、影视、图书作品。如《上将许世友》《热血丰碑》《五更寒》等影视作品，编写出版了《红色土地 英雄人民》《一代名将许世友》《红色印记》等红色普及读物，组织文艺工作者创编了《不倒的旗帜》《首府红潮》《送郎当红军》等一批红色歌舞节目，编排了反映大别山革命斗争历史的情景剧《红色大别山》等。仅新县就创作编排红色情景剧 12 部，红色歌曲 33 首，拍摄多部经典红色影视作品。二是深入开展大别山精神理论宣讲。2018 年 3 月，河南省正式启动"党的创新理论万场宣讲进基层"活动，并与各地特色红色传统相结合，打造了"唱响大别山"特色宣讲品牌，重点讲好刘邓大军"千里跃进大别山""红军的故乡、将军的摇篮""28 年红旗不倒"等革命征程，彭雪枫"出生入死革命二十年"，大别山的"江姐"晏春山，"八月桂花遍地开"，民间广为流传的村民"何大妈"等反映党的革命斗争、根据地的艰苦奋斗、革命先烈的英勇事迹等红色故事。把大别山精神的"大道理"讲深、讲透、讲活。三是着力挺进网络主战场。河南充分主动适应传播格局变化，以网络的传播力为思想的穿透力插上"翅膀"。2020 年，信阳围绕"弘扬大别山精神，实现'两个更好'"主题，举办 5 项活动：全国网络媒体信阳行采风活动、河南省"红色记忆·大别山英雄故事"讲解员大赛、"弘扬大别山精神，实现'两个更好'"短视频大赛、"老区人民的美好生活"抖音话题挑战和微博话题接力活动、全国网络媒体信阳行主题活动颁奖典礼，全面展示信阳弘扬大别山精神的新作为、新成效。

第二节　河南是落实习近平总书记"两个更好" 要求的重要先锋地

革命老区是党和人民军队的根，是中国革命的根，是中华人民共和国的摇篮。老区和老区人民为中国革命作出了重大牺牲和贡献。2019 年 9 月，习近平总书记在河南考察时指出："吃水不忘掘井人。我们绝不能忘记革命先烈，绝不能忘记老区人民，要把革命老区建设得更好，让老区人民过上更好生活。"① 习近平总书记对革命老区人民的牵挂，为河南加快大别山革命老区经济社会振兴发展提供了根本遵循。河南省委、省政府迅速谋篇布局，大别山革命老区转化具体行动举措，信阳等地在落实习近平总书记"两个更好"殷切嘱托中做先锋、当闯将。

一　河南在落实好"两个更好"谋篇布局中做先锋

2019 年 9 月，河南省委召开全省领导干部大会传达学习习近平总书记视察河南重要讲话精神，并发出《关于认真学习贯彻习近平总书记考察调研河南时重要讲话精神的通知》。会议要求全省上下把学习宣传贯彻习近平总书记重要讲话精神作为首要政治任务，把思想和行动统一到重要讲话精神上来，把准方向、扛稳责任，坚定信心、埋头苦干，在落实"两个更好"中奋勇争先。

（一）以"六个强化"实现良好开局

2019 年 9 月，习近平总书记提出"两个更好"重要要求后，河南省委、省政府迅速部署落实，以"六个强化"推动革命老区加快发展，2021 年在首次全国革命老区振兴发展现场经验交流会上，"六个强化"被国家发展改革委列为典型经验整理印发。河南落实习近平总书记"两个更好"要求的成效显著。

---

① 习近平：《论中国共产党历史》，中央文献出版社，2021，第 47 页。

一是强化工作协同推进机制。河南在省级层面成立由常务副省长担任组长的高规格大别山革命老区振兴发展工作领导小组，统一领导协调包括大别山革命老区和省内其他各老区的发展振兴工作。信阳等三市成立市级小组，建立与省领导小组的沟通衔接机制。省发展改革委牵头谋划各个省级单位充分发挥自身特色职能优势，对大别山革命老区进行对口帮扶。二是强化叠加政策有效供给。河南省委、省政府印发了《关于贯彻落实习近平总书记视察河南重要讲话精神支持河南大别山革命老区加快振兴发展的若干意见》，明确了"四区一屏障一枢纽"战略定位，配套 27 条支持措施。同时，研究起草《河南省革命老区振兴发展促进条例》，提供坚强法治保障。三是强化项目资金集聚支持。革命老区的振兴发展离不开资金支持，省财政在 2020 年为大别山革命老区提供了 5 亿元转移支付资金，并积极争取中央资金支持，2019~2020 年累计下达中央预算内投资 50.1 亿元，支持实施项目 574 个，带动社会资金 358.4 亿元，推动农发行设立不低于 500 亿元的老区发展信贷专项。四是强化绿色资源禀赋发挥。大别山是国家重点生态功能区，河南牢固树立绿色发展理念，着力推动经济生态协调发展与良性互动。如实施淮河干支流生态保护和修复，建设潢河光山段"百里画廊"、打造大别山北麓全域旅游示范区等，将绿色优势转化为发展优势。五是强化特色优势产业发展。河南重点打造产业集群，发挥规模优势，促进革命老区经济发展。例如，信阳重点打造绿色食品、纺织品、家居建材三个千亿级产业集群，驻马店重点打造食品千亿级产业集群，持续做大实体经济。六是强化红色基因保护传承。河南注重发挥本省红色文化资源优势，讲好大别山故事，弘扬好大别山精神，着力打造高品质红色文化传承区。

（二）以"协同推进高质量发展"勾勒宏伟蓝图

2024 年 1 月，国家发展改革委印发《新时代大别山革命老区协同推进高质量发展实施方案》，2024 年 5 月，河南省政府结合本省实际，印发实施《新时代河南省支持大别山革命老区协同推进高质量发展工作方案》（以下简称"《方案》"），支持信阳市、驻马店市和南阳市桐柏县、唐河县协同湖北、安徽等大别山革命老区推进高质量发展，为进一步落实好习近平总书记"两个更好"要求勾勒了蓝图，指明了方向。

在发展目标方面，《方案》提出，到 2027 年河南大别山革命老区的阶段性目标是人均地区生产总值增速和居民人均可支配收入增速位居全国革命老区前列，信阳、黄冈、六安一体化发展的体制机制和政策体系初步建立，一批重点领域合作事项和项目有序实施。到 2035 年河南大别山革命老区的阶段性目标是与全省、全国同步基本实现社会主义现代化，与湖北、安徽协同推进大别山革命老区高质量发展格局全面形成，与长三角地区、长江中游地区的合作更加紧密。

在区域发展方面，河南坚持深化省际交流合作，支持信阳打造对接长三角的桥头堡。推动信阳与黄冈、六安一体化协同发展等；落细苏州与信阳的对口合作，推动信阳与苏州开展产业协同、劳务合作、体制机制创新等合作；加快城乡融合发展，做强做优信阳、驻马店城市经济，鼓励潢川、光山、新县与豫东南高新区协同发展。

在产业振兴方面，河南坚持做大做强优势主导产业，培育壮大信阳电子信息、智能制造等特色产业，支持驻马店发展食品加工、生物医药等优势产业。打造科技创新平台，支持信阳国家高新区提质发展、驻马店高新区申报国家高新区，加快建设大别山实验室。加快承接产业转移，因地制宜承接长三角地区、长江中游地区等产业转移。发展特色产业，加强绿色、有机、地理标志农产品推广和农产品区域公用品牌建设。支持信阳打造中国餐饮名城，擦亮商城"中国炖菜之乡"招牌。

在基础设施建设方面，河南坚持提升互联互通服务保障水平。加快综合交通枢纽建设，加快推进京港高铁阜阳至黄冈段、南阳经信阳至合肥高铁前期工作。促进省际交通网络联通，深入实施鄂豫皖省际高速公路畅通工程。推动 G107、G220、G230、G240、G312、G328 等道路的升级改造。提升能源水利保障水平，加快光山五岳抽水蓄能电站建设，开工建设驻马店西 500 千伏输变电工程。加快新型基础设施建设，支持信阳与黄冈、六安协同推进省际交界地区城乡通信基础设施全覆盖。

在公共服务和社会保障方面，河南坚持提升公共服务供给水平，加快推进信阳市中心医院建设省级肿瘤区域医疗中心、信阳市人民医院和驻马店市第一人民医院创三甲医院。优化社会治理能力，支持信阳与黄冈、六安开展政务服务"跨省通办"合作。巩固拓展脱贫攻坚成果同乡村振兴有效衔接，加大财政衔接推进乡村振兴补助资金向大别山革命老区的倾斜支持力度。

在文化建设方面，河南坚持弘扬大别山精神，打造全国知名红色文化传承区。加强红色资源保护，深入实施革命文物保护利用工程。讲好大别山故事，创作一批红色精品剧目、展陈和文创产品。打造红色文旅品牌，推出一批跨区域红色旅游主题线路，打造"大别山"红色旅游品牌。

在生态文明建设方面，河南坚持共筑生态安全屏障，推动大别山革命老区空气质量达到国家二级标准，加快国家级自然保护区基础设施项目建设。推动绿色低碳发展，支持信阳建设国家碳达峰试点城市、全国绿色能源示范基地。探索生态产品价值实现，支持信阳、南阳深化生态产品价值实现机制试点建设。

二　信阳在实现好"两个更好"显著成效中当闯将

2019 年年底，信阳召开了市委五届十次全会，动员全市上下"不忘初心、牢记使命"，坚决落实"两个更好"要求，并把"两个更好"作为谋划和推动一切工作的总坐标。总体思路是以"更高质量"落实"两个更好"。归根到底意指要走好高质量发展之路。信阳作为河南大别山革命老区"主战场"，在持续推动经济、政治、社会、文化、生态建设高质量发展、全面进步方面成效显著。

（一）经济建设砥砺前行

信阳市坚持以习近平新时代中国特色社会主义思想为指导，忠诚践行"两个更好"，锚定"两个确保"，落实"十大战略"，奋勇争先，在奋力实现"两个更好"新征程中迈出更加坚实的步伐。

一是优化生产力空间布局。信阳积极作为，借力国家政策机遇，高标准谋划建设鄂豫皖苏区首府高新技术开发区，为革命老区发展振兴构筑强劲动力源泉。鄂豫皖苏区首府高新技术开发区是河南贯彻落实习近平总书记"两个更好"殷切嘱托的重大决策部署，意义重大，是引领信阳经济高质量发展的增长极、河南省开发区改革的试验田、对接长三角和粤港澳大湾区的桥头堡。目前该高新区的总体发展规划已印发，国土空间规划也通过了省规委会评审。95 平方公里起步区控规、城市设计及 26 项专项规划通过专家评审；启动区"四横十纵"骨干路网和配套基础设施已完成建设，苏信合作产业园、大数据产业园、中小企业创新孵化产业园落地建设，发展框架初步成型，发展势能加速集聚。

二是大力推进产业升级。革命老区的发展振兴离不开产业的支撑。信阳市立足实际，将促进制造业高质量发展作为主攻方向，持续大力开展"万人助万企""三个一批"等特色活动，扎实营造好营商环境。该市加强具有高技术含量、高附加值的新能源、新材料、新能源汽车等新兴产业的关键技术突破以及集群化发展，以强化企业创新主体地位为导向，引进一批互补性强的高科技产业，优化科技领军企业定位和布局，培育壮大创新型龙头企业；前瞻规划建设未来产业，集中国内外优势资源，在类脑智能、基因技术、未来网络、储能、氢能等产业上下功夫，统筹推动前沿科技创新和产业变革。该市秉持创新是引领发展的第一动力、人才是驱动发展的第一资源的理念，大力推动高新技术企业高质量发展，加快高层次人才引育工作，加强中原学者、中原科技创新领军人才管理，在一系列工作的推进下，中原学者工作站、入库国家科技型中小企业等数量在全省靠前。目前，信阳市六大产业集群 11 条重点产业链正加快构建，各县区"1+1"产业布局基本形成。信阳密集开展招商引资工作，与小米科技、杭萧钢构、阳光集团等企业的签约落地，同明阳智慧能源等达成战略合作关系。2023年，该市主导产业增加值、主营业务收入分别占规上工业的比重为 72.8%、73.9%，战略性新兴产业、高技术制造业增加值分别增长 19%、12.4%，产业基础更加坚实。

三是打造创新人才聚集高地。信阳市聚焦产业长远发展，完善体制机制，从引才、育才、用才三个层面发力，激发人才创新创造活力，坚持以优势产业招引人才、以一流平台汇聚人才、以开放环境留住人才，立足实际发展需求，靶向引进优秀创新人才，以优势人才资源激活产业高质量发展新动能。大力推进"人人持证、技能河南"建设，打造"雷山匠谷"职教新城，持续实施招才引智和"万名学子回归工程"，建设大别山（信阳）人力资源服务产业园，吸引青年人才集聚，为经济高质量发展提供人才支撑。

（二）文旅融合繁荣发展

信阳作为大别山片区的核心城市之一，不仅红色资源丰富，拥有革命纪念地和革命遗址 1006 处，"绿色家底"更厚实。2023 年，信阳成为河南省内唯一一座入选第七批国家生态文明建设示范区名单的省辖市。信阳充分发挥红色资源优势和绿色生态优势，坚持生态优先、绿色发展不动摇，牢牢守住生态安全边界，依托厚重的红色资源、良好的绿色资源和丰富的历史文化资源，推动红色、绿色、古色与养生、养老等业态融合发展，因地制宜地强化旅游线路等基础设施改扩建，打造优势特色旅游产业，走好红绿融合、文旅融合繁荣发展之路。

2019 年以来，信阳市委、市政府相继出台《信阳市文旅文创融合战略工作方案》《关于实施大别山百家主题民宿示范工程的十条意见（试行）》等 14 部政策文件和发展规划，明确红绿融合发展路径，形成了保障红绿融合发展的政策体系。信阳市集山水茶乡、豫风楚韵特色于一身，以保护优先为原则深入挖掘大别山北麓区域独特的旅游资源，加大对生态环境的维护、对红色文化的弘扬、对乡土民俗的传承、对历史人文的发扬，强化对现有历史文物、革命遗迹、村落建筑的保护、修缮和开发，加快布局“快进慢游深体验”全域旅游交通网，建设国内领先的交旅文创融合发展示范区。围绕大别山北麓全域旅游示范区建设、5A 级旅游景区创建、长征国家文化公园（信阳段）建设、“两湖”生态园建设、红色基因库建设等，信阳打造以主题化、品牌化、服务化为主要导向的民宿品牌，积极构建民宿产业生态。随着嘢有茶、有稻山坊等一批特色主题民宿相继投入市场，信阳精品民宿蓬勃发展，进一步带动了当地旅游业的发展，先后建成了浉河金牛山大别山民宿文化村、信阳文新茶村、新县田铺大塆、西河古村落等文化产业基地和文化旅游点。信阳市旅游产业成绩斐然，先后推进了 100 多个红色旅游项目，建成 13 个红色景区（点），形成了以信阳市为主导的大别山红色旅游集群。信阳的积极作为取得良好成效，新县、浉河区成功创建全国全域旅游示范区，罗山县、光山县入选首批省级全域旅游示范区创建示范单位。信阳市和信阳市新县分别成功入选第六届全国文明城市。新县获评“绿水青山就是金山银山”实践创新基地，入选全国红色旅游融合发展示范区创建单位。

（三）民生保障持续改善

民生暖色折射出高质量发展的成色。信阳紧抓振兴大别山革命老区发展历史机遇，在全力推进经济发展的同时，把发展社会事业、改善人民生活作为重中之重，坚持从老区和山区的实际出发，解放思想，改革创新，锐意拼搏，扎实工作，大力加强社会管理创新，有力推动了大别山区域的社会建设，民生保障持续改善。

加快推进城乡融合协调发展。信阳坚持以人民为中心，走新型城镇化发展道路，形成了以中心城区为辐射、以各县城为带动、以小城镇为支撑的城乡融合发展格局。信阳民生保障持续改善，聚焦"一老一小一青壮"，重点群体就业得到有效保障，2023年信阳城镇新增就业7.94万人，新增农村劳动力转移就业11.3万人，开展职业技能培训23.89万人次，新增技能人才16.29万人。教育教学质量走在全省前列，医疗卫生水平持续提升，首批"美好邻里中心""幸福大巴"社区助老项目建成运营，入选国家生态文明建设示范区、国家首批碳达峰试点市。信阳人民的获得感、幸福感、安全感更加充实、更有保障、更可持续，品质生活开启新篇。

（四）绿色发展成效显著

大别山、淮河南北两大天然屏障护佑着这方神奇的土地，让信阳得以"把城市轻轻放在山水之间"。有三个词可以概括信阳的特点：豫风楚韵、革命老区、生态福地。生态资源丰富是大别山的特殊优势，如何把生态资源开发与绿色发展结合起来，是近年来大别山地区各级党委政府共同的发展目标与努力方向。信阳结合实际，树立了"生态立市、绿色富民"的发展理念。

坚持"生态立市"。信阳高度重视生态保护工作，持续打好蓝天、碧水、净土保卫战，生态品牌更加彰显。信阳 $PM_{2.5}$、优良天数等指标多年居河南省首位，其中新县、商城县和淮滨县达到了国家空气质量二级标准。此外，信阳积极推进大别山革命老区生态保护修复工程，对全域生态环境进行保护和修复，取得了良好成效，成功创建全国绿化模范城市、国家森林城市，光山县获选全国"绿水青山就是金山银山"实践创新基地。

坚持"绿色富民"。信阳用好代代相传的红色基因和绿水青山的自然资源，深入贯彻落实习近平生态文明思想，聚焦习近平总书记乡村"五个振兴"总要求，构建高质量产业体系，发展智能化、绿色化、融合化的主导产业，确保产业发展和生态保护"两个成果"一起要，打通绿水青山与金山银山的转换通道。一方面，大力发展绿色生态农业。在搞好生态保护的基础上，信阳市大力支持苗木花卉、毛竹、板栗、杞柳、食用菌、魁麻等特色农产品规模化发展，打造了一批农业标准化示范区，培育了一批具有大别山地理标志的农产品品牌，并通过做强"大别山、江淮水、毛尖茶、信阳菜"四大品牌，形成辐射全域的产业链，把信阳的"绿水青山"变成群众看得见、摸得着的"金山银山"，让老百姓脱贫之后在当地奔小康、过上好日子。另一方面，大力发展绿色生态林业。积极开发"绿色银行"，构建大别山地区稳定的绿色生态屏障。新县大力推行林药、林果、林茶、林油等生态经济治理模式，发展生态、经济兼用林和高效经济林，发展林下种植、林下养殖、林产品采集等林下经济，使林业经济逐渐成为全县经济的一大支柱。此外，加快发展"绿色"生态能源。信阳生态资源丰富，绿色低碳转型具备得天独厚的优势。信阳坚持以"双碳"战略为引领，立足生态资源优势，加快绿色低碳转型，积极发展绿色能源、持续壮大绿色产业、大力倡导绿色生活，以数字化赋能绿色低碳转型，建设"两山银行"，创建国家生态文明建设示范市，绿色崛起步伐不断加快。2022 年信阳成功获批全国首批气候投融资试点市，2 个县入选全国"绿水青山就是金山银山"实践创新基地，"两个更好"的底色更加鲜明。

第三章　脱贫攻坚促振兴：在传承弘扬
大别山精神中推进革命老区建设

　　2019 年 9 月，习近平总书记在河南考察时强调，鄂豫皖苏区根据地是我们党的重要建党基地，焦裕禄精神、红旗渠精神、大别山精神等都是我们党的宝贵精神财富。在会见新县红军后代、革命烈士家属代表时，习近平总书记动情地说，吃水不忘掘井人。我们绝不能忘记革命先烈，绝不能忘记老区人民，要把革命老区建设得更好，让老区人民过上更好生活。

　　2015 年 6 月，国务院批复《大别山革命老区振兴发展规划》；2021 年 2 月，国务院印发《关于新时代支持革命老区振兴发展的意见》；2024 年 1 月，经国务院同意，国家发展和改革委员会印发《新时代大别山革命老区协同推进高质量发展实施方案》，指出要深入贯彻落实党中央、国务院决策部署，支持革命老区精准打赢脱贫攻坚战，在新发展阶段巩固拓展脱贫攻坚成果，推动实现巩固拓展脱贫攻坚成果同乡村振兴有效衔接，开启社会主义现代化建设新征程，让老区人民逐步过上更加富裕幸福的生活。

第一节　打赢精准脱贫攻坚战

　　大别山是著名的革命老区，大别山脉在河南境内绵延逶迤，千里淮河蜿蜒穿境，万里茶园绿波翻腾。然而，在全面完成脱贫攻坚工作之前，信阳市所辖 8 个县是贫困县，其中 6 个县为国家扶贫开发工作重点县，2 个县为省定贫困县，是全省唯一一个所辖县均为贫困县的省辖市，包含有 920 个贫困村、84.7 万贫困人口。驻马店市拥有 7 个贫困县，928 个贫困村，84 万农村贫困人口。南阳市桐柏县是国家级贫困县，唐河县是全省 12 个重点非贫困县。贫困像一座大山压在老区人民的心头。面对脱贫攻坚这项重要任务，河南认真贯彻落实习近平总书记关于扶贫工作的重要论述，领会视察河南时的重要讲话精神，肩负历史使命，团结和带领广大干部群众，打赢精准脱贫攻坚战，实现脱贫摘帽，让老区人民过上更好的日子。

一　加强转移就业脱贫

党的十八大以来，河南贯彻落实习近平总书记关于实施精准扶贫及革命老区建设的重要论述，结合全省实际，紧紧围绕脱贫攻坚战略谋划，加快转移就业脱贫，引导城镇在可承受范围内承接一定规模的产业转移，努力为贫困人口创造更多的就业岗位，推进新型城镇化，加快困难群众向第二、第三产业转移就业，获得更加稳定的经济收入来源，实现革命老区的高质量发展，为革命老区贫困人民带来福祉。

以信阳为例，信阳是农业大市，是河南省唯一一个所辖县全部为贫困县的省辖市，促进贫困人口就业增收摆脱贫困成为信阳打赢精准脱贫攻坚战的重要部分。脱贫攻坚战打响以来，信阳始终坚持把贫困人口就业增收作为实现稳定脱贫的重要抓手，将就业作为贫困群众增收的优先保障，建立稳定促进就业机制，强化就业技能培训，激发贫困群众脱贫致富的内生动力。截至 2020 年 10 月底，全市建档立卡贫困劳动力，有就业能力和就业意愿的 320468 人全部就业（其中，县外务工 198202 人），让贫困劳动力的就业"饭碗"端得稳、端得牢。

（一）摸清底数，摸清贫困劳动力就业服务需求

组织开展全市脱贫攻坚大普查，全方位了解每位贫困户就业帮扶需求和享受政策情况。开展"就业扶贫百日攻坚"，盯紧全市 2937 个脱贫监测户、3387 个边缘户，每月通报贫困劳动力返乡回流情况，对失业或者就业不稳定的贫困劳动力及时帮扶上岗就业。建立农民工就业信息动态监测机制，在全市范围内选定 8 个行政村进行就业情况周监测，建立台账，全面掌握企业用工需求和农民工外出务工就业状况，及时帮助就业困难群众就业稳岗，摸清贫困劳动力就业服务需求，给予相应的就业帮扶政策。

（二）搭建平台，确保贫困劳动力稳定转移就业

深化劳务协助，开展就业精准对接，与江苏、福建、浙江等用工大省对接，收集用工信息 10 万多条，签订劳务合作协议 88 份。采取网络招聘与

现场招聘"双线"供给方式，确保贫困劳动力稳定转移就业。仅 2020 年当年，信阳全市通过各种网络平台发布用工岗位需求信息 58 万条，帮助 6.1 万名求职者达成就业意向。开通专车专列专机为农民工返岗复业提供"点对点"输送服务，确保信阳市贫困劳动力在输入地有保障、干得好。

（三）加强培训，帮助贫困劳动力提升就业能力

大力开展技能培训下乡进村活动，把就业培训班送到贫困人员家门口，根据贫困劳动力意愿和需求开展养殖、种植、农产品加工等技能培训，帮助贫困劳动力提升就业技能，拓宽就业渠道，增加收入来源。截至 2020 年 10 月底，信阳全市累计免费培训贫困劳动力 31.96 万人。带动困难群众拥有一技之长，实现稳定就业。

（四）拓宽渠道，带动贫困劳动力家门口就业

坚持把返乡创业与脱贫攻坚相结合，拓宽就业渠道，鼓励信阳籍在外成功人士返乡创业，发展乡村特色产业，对于部分不愿或者不便外出务工的贫困人口，带动劳动力实现在家门口就业。截至 2020 年 10 月底，信阳全市累计返乡创业 15.5 万人，带动就业 97.5 万人，其中贫困劳动力占 6 万多人，设扶贫公益性岗位 6.5 万个，切实发挥了公益性岗位"兜底线、救急难"的作用。

习近平总书记强调："一人就业，全家脱贫，增加就业是最有效最直接的脱贫方式。长期坚持还可以有效解决贫困代际传递问题。"[①] 河南在打赢精准脱贫攻坚战中，深入贯彻习近平总书记视察调研河南时的重要讲话精神，深入信阳革命老区考察时的殷切嘱托，满怀信心全力做好革命老区帮助贫困劳动力就业问题，打赢老区精准脱贫攻坚战。

二 发展特色优势产业脱贫

发展产业是实现脱贫的根本之策，河南始终把产业扶贫作为脱贫攻坚的主攻方向，举起大别山精神团结一心、克服困难、开拓创新的精神旗帜，在推进脱贫攻坚中进一步强化农业现代化发展，发掘农村优势资源，引导

---

① 习近平：《在东西部扶贫协作座谈会上的讲话》，《人民日报》2016 年 7 月 20 日。

农村特色优势产业发展。在稳定粮食安全生产的前提下，培养新型职业农民，培育发展特色产业集群、特色经济园区，因地制宜，重点支持农村贫困户发展种植养殖业和农产品加工业，同时，发挥贫困地区特色资源优势，依托自然人文风景文化，推动乡村旅游业的发展，促进贫困地区第一、第二、第三产业融合发展，为贫困人口带来增收。

以信阳为例，信阳始终强调产业是贫困群众增收致富实现美好生活愿景的优先保障，立足丰富多样的特色资源，以八种模式为基础，信阳创新"多彩田园"产业带贫模式，以此模式为重要抓手，深入推动产业融合发展，增加农民收入，建成示范基地 1952 个，创新性地走出了一条具有地方特色的产业扶贫之路，累计帮扶信阳贫困人口 30.2 万人。

（一）"一地两用、一水双收"助脱贫

"一地两用、一水双收"是信阳市打造的一种生态稻田综合种养模式，通过推进种养业实施标准化生产，打造规模化开发，实现产业化经营，强化品牌化运作，因地制宜地实现连片稻田渔生态种养，信阳运用独有优势进行扶贫开发，其中，有 12590 个贫困户直接参与到"稻虾种养"，有效带动贫困户实现脱贫就业。

（二）发展全域旅游脱贫

信阳依托山、水、茶、文等优势特色资源，将发展旅游与脱贫攻坚相结合，摸索出了"公司+合作社+农户""景区+农户""电商+旅游"等旅游扶贫模式，打造了新县田铺大塆、桥区郝堂村等一大批全国知名旅游特色村，吸引了全国各地游客前往信阳旅游，不仅带动了当地的经济发展、为当地村民拓宽了就业渠道，也提升了信阳的知名度，展示了信阳地区的特色文化。2019 年 9 月 16 日，习近平总书记在田铺大塆调研时强调："发展乡村旅游不要搞大拆大建，要因地制宜、因势利导，把传统村落改造好、保护好。"① 信阳始终牢记习近平总书记关于乡村旅游的重要指示，发展好全域旅游，带动贫困群众脱贫。

---

① 习近平：《坚定信心埋头苦干奋勇争先 谱写新时代中原更加出彩的绚丽篇章》，《人民日报》2019 年 9 月 19 日。

（三）做大做强茶产业助脱贫

茶产业是信阳地区的一大特色产业，当地大力推进茶产业集群式发展。截至 2019 年底，信阳全市茶园面积达 213.8 万亩，年均产量 7.2 万吨，年均产值 122 亿元，茶产业从业人员达 120 万人，茶农人均种茶收入超过 6000 元，信阳毛尖品牌价值达到 68.86 亿元，已连续 11 年位居全国前三；全市油茶种植面积达 97.4 万亩，年均产值 10.92 亿元，该产业带动 3.7 万名贫困群众增收脱贫。当前，茶和油茶两大产业已成为信阳革命老区振兴发展的"金叶子""金果果"，为信阳人民带来可观的收入。

（四）扎实推进电商扶贫

在新形势下，信阳通过电商加快推出农产品品牌，截至 2019 年 10 月底，信阳市贫困县实现电子商务进农村综合示范县全覆盖，信阳市与国内知名电商平台合作，包括"天猫优品""抖音短视频""拼多多""阿里海淘"等重点平台，培育了一批本地农产品电商平台，包括"易采光山""固始云""北纬商城"等，打造了一批农产品区域公用品牌，包括"光山十宝""息品味""新县味""原味商城"等。电商的发展助力信阳的味道、信阳的文化更好地走出去。

（五）大力推进金融扶贫

信阳市积极推进金融扶贫，截至 2019 年 10 月底，全市扶贫小额信贷历年累计投放 48.36 亿元，坚持"外转"和"内转"就业并举，帮助具备条件的贫困群众向省外、国外转移就业，引导新型农民经营主体和产业聚集区吸纳贫困人口就地就业，全市公益性岗位安置 31444 人，建档立卡贫困劳动力实现就业 27.9 万人。

信阳发展茶产业、创新生态稻田综合种养模式、发展全域旅游等，走出了一条独具特色的信阳产业脱贫之路，更是交给了人民一份满意的脱贫攻坚答卷。油茶产业脱贫模式更是得到了习近平总书记的充分肯定，鼓励信阳"路子找到了，就要大胆去做"。①

---

① 习近平：《路子找到了，就要大胆去做》，新华社，2019 年 9 月 18 日。

三　实施易地搬迁脱贫

"一方水土养不好一方人"是"三山一滩"地区面临的现实难题，结合全省实际，河南实施易地搬迁脱贫工程，拥有43万农村贫困人口的大别山、伏牛山、太行山地区较容易发生自然灾害，居民生存条件较差，就地脱贫难度大，根据各地自然情况及居民意愿，当地政府加快实施易地扶贫搬迁工程。同时加快推进黄河滩区居民迁建安居工程。合理确定安置建设标准，完善搬迁后续易地扶持政策，确保搬迁对象后续就业问题，通过易地搬迁实现转移就业促进稳定脱贫，让困难群众实现搬得出、稳得住，能进行就地发展、可实现稳定致富。2017~2019年，河南省易地搬迁工作连续三年获得国务院督查激励。

（一）坚持"四靠"引领选址，确保群众"搬得好"

河南省坚持"因地制宜""因人而异"原则，适度集中安置。根据搬迁群众需要，选择人民满意的安置地，以"四靠"为选址原则：靠县城、靠园区、靠乡镇、靠乡村旅游点。靠县城，是指对于有劳动能力且愿意进县城参加工作的群众，满足其进城务工需要；靠园区，是指对于不愿意外出务工但是有就业需求的群众，满足其实现家门口就业需要；靠乡镇，是指对于不愿离开家乡或者自身条件相对较差的群众，保障其基本生活需要；靠乡村旅游点，是指对于有意愿从事旅游相关行业的群众，拓宽其就业渠道。不同发展方向的搬迁选址，可确保搬迁群众能够在安置区得到长足稳定发展。

（二）坚持围绕公共服务"五个有"，确保群众"保障全"

河南省推动社会事业新增中央基金、项目向脱贫攻坚中的重点县和重点村倾斜，为了保障群众基本生活需求，各搬迁安置点加快推进公共服务设施建设，建立"五个有"公共服务：一是有义务教育学校，方便搬迁群众子女教育需要；二是有社区服务中心，给予搬迁群众便捷的社区服务；三是有卫生室，满足搬迁群众安心的就医需求；四是有幼儿园，保障搬迁群众幼儿群体健康成长；五是有文化场所，丰富搬迁群众精神生活。通过"五个有"满足群众教育、医疗、文化等基本生活，着力增加公共服务供给，提升社会保障水平。确保搬迁群众在安置区有健全的社会保障。

（三）坚持开展产业扶贫"五个一"，确保群众"收入稳"

河南开展产业扶贫"五个一"行动，落实一手抓搬迁住房建设，一手抓搬迁群众脱贫。"五个一"行动包含：因地制宜，落实一项产业帮扶措施，扶持当地产业发展；引导龙头企业，建设一个扶贫车间，保障困难搬迁群体就业；在有条件的安置点，建设一个村级光伏小电站，合理设置公益性岗位；有劳动意愿和劳动能力的贫困家庭，至少有一人稳定就业，带动全家收入稳定；贫困户有一份集中理财、定期返还的稳定收益，为基本收入兜底。助力稳定扩大就业。确保搬迁群众在安置地区能够解决就业问题、实现稳定的收入来源。

（四）坚持实施美好生活"五个新"，确保群众"生活好"

河南以搬迁贫困群众为主体，深入推进美好生活"五个新"专项活动，主要包括饮水思源感恩"新时代"、高高兴兴住进"新房子"、提振精神展现"新气象"、稳定脱贫实现"新作为"、齐心协力营建"新家园"。通过易地搬迁给困难群众营造美好生活，实现共建共商共享，切实增强搬迁群众的获得感、幸福感。确保搬迁群众在安置区获得幸福美好的生活。

以驻马店市易地扶贫搬迁工作为例，"十三五"时期，驻马店市易地扶贫搬迁工作共涉及和驿城区、泌阳县和确山县3个县区，规划建设19个集中安置点，计划搬迁建档立卡贫困人口1679户5690人。并于2019年春节前，所有集中安置点全部建成，搬迁户全部搬迁入住。同时，驻马店市易地扶贫搬迁安置区积极推进搬迁入住、住房质量安全、安全饮水到户、生活用电、社会兜底保障工作，重视安置区质量安全规范情况、教育卫生服务情况、产业培育情况、有劳动能力和就业意愿劳动力就业情况、基层党建情况。

驻马店市的易地扶贫搬迁工作以及后续帮扶的经验和做法，为驻马店市全面完成脱贫攻坚任务啃下了"最硬的一块骨头"，多次得到上级部门肯定。2020年3月，驻马店市易地扶贫搬迁工作经验被收入《宏观经济管理》；2020年6月，驻马店市有搬迁任务的三个县区被河南省易地扶贫搬迁工作领导小组通报表扬；2020年10月，驻马店市发改委入选全国"十三五"易地扶贫搬迁工作担当有为集体。

与此同时，河南各地在易地搬迁中结合自身特色自然人文资源优势，因地制宜地发挥自身优势，保护利用当地可开发且有价值的旧村落，积极发展乡村旅游产业，吸引各地游客，增加经济效益，使传统的老村庄被打造成新时代的民俗村落。在旅游产业中，村民享受入股分红，进一步促进贫困群众增收。

四　生态补偿脱贫

生态脱贫是河南省实行脱贫攻坚的重要举措。河南加大对贫困地区生态的保护修复力度，结合省级重点林业生态工程的实施，加大资金支持力度。结合国家公园体制的建立，河南统筹生态资金使用，促进当地有劳动能力的部分贫困人口实现转移就业，成为护林员等生态保护人员，积极推进贫困地区生态补偿脱贫。作为革命老区的信阳持续发挥生态建设在精准脱贫中的重要作用，通过落实"绿色"扶贫政策、加快国土绿化、发挥资源禀赋等一系列生态环境保护措施，帮助 3 万户贫困人口通过生态发展增收脱贫。

（一）落实"绿色"扶贫政策

践行"绿水青山就是金山银山"的理念。信阳市落实国家生态护林员等"绿色"扶贫政策，增加生态护林员就业岗位，为困难群众打造生态就业岗位，同时有效保障生态护林员补助资金足额用于扶贫生态护林员，在护林员等公益性岗位中优先聘用贫困人口。该政策带动了信阳 1.5 万名贫困人口增收，使保护生态的贫困户获得更多收益，不仅给群众带来了"绿水青山"的生态环境，带来了"金山银山"的生态福祉。

（二）加快国土绿化

一是加速林业生态建设工程。围绕《森林河南生态建设规划（2018—2027 年）》，抓住开展国家森林城市建设的有利时机，信阳市积极采取措施，在贫困地区加快推动开展绿色脱贫，加快国土绿化。二是加快推进水土保持建设工程。2020 年，信阳市对涉及国家水土保持重点建设工程的地区，投资 3130 万元，全部用于当地贫困村的扶贫工作，推进贫困地区生态补偿脱贫。

（三）发挥资源禀赋

一是加快推进特色林业产业扶贫。发展当地木本油料产业、茶产业、优质林果产业、苗木花卉产业及林下经济。支持农民发展油茶、核桃等木本油料产业，开展茶园建设，扶持重点苗木花卉企业做大做强，大力发展以林下种植、养殖、林产品采集加工、森林景观利用为主的林下经济。截至 2020 年，信阳市油茶产业年产值 10.92 亿元，带动贫困群众增收脱贫 3.7 万人；茶产业从业人员达 120 万人，人均种茶收入超过 6000 元。苗木花卉年产值 25 亿元，带动 10 万户农户致富。林下经济实现综合产值 97.3 亿元，带动建档立卡贫困户 3.4 万人脱贫，人均脱贫增收 4100 元。二是发展生态旅游业。当地支持利用自然资源开展扶贫，大力扶持有条件的县区发展乡村旅游，同时信阳地处大别山革命老区，拥有丰富的红色革命传统和文化，加大"红色+绿色"旅游宣传，推介旅游精品路线，创建省级森林城市 1 个、森林特色小镇 12 个、森林乡村 77 个。截至 2020 年底，信阳市初步形成特色旅游产品体系，旅游扶贫成效逐步彰显。

五 发展教育脱贫

河南是人口大省，教育是民生大计，尤其是贫困地区教育发展不均衡问题突出，河南从教育问题入手阻断贫困代际传播，让贫困家庭子女能够享受公平有质量的教育，更好地将教育经费向困难地区倾斜。以南阳市镇平县为例，解决教育难点，南阳群众幸福感明显增强。

（一）健全一套机制

镇平县建立"三位一体"教育脱贫攻坚体系，聚焦政府主导、专班推进、学校落实三个方面，统筹实现全县教育脱贫工作。第一，在责任落实上，镇平县实行"五级分包责任制度"和"四级对接协调机制"，从县政府到乡村、从教体局到学校、从领导班子到任课教师，做到层层连线、人人参与。第二，在控辍保学上，实行"三级报告"和"三级劝返"制度，落实到县、乡、村、校、家庭各个层面，各级做到合作协力，互联互动；开展"万名教师大走访、大回访"活动，逐户逐人对政策知晓情况、资助落实情况、控辍保学情况进行"过筛子"，确保政策真正落到基层、落在贫困家庭中。

（二）突出两个重点

对于贫困家庭而言，控辍保学和教育资助是两大重点，围绕这两项重点工作，镇平县对全县 1.2 万名建档立卡贫困家庭精准建档，做到"一乡一方案""一校一清单""一户一对策""一生一办法"，精准发力，解决贫困家庭子女因经济困难而辍学问题，争取在教育的路上不落下一个学生。2016~2020 年，镇平县发放各类政策资助资金 2.16 亿元，年均资助学生 3 万余人，资助覆盖率达 100%。完善教育保障、落实教育资助，对于农村孩子走出乡村、避免贫困代际传承具有重要意义。

（三）落实三项计划

第一，开展乡村教师支持计划，2016~2020 年，镇平县年均补进教师700 余人，累计培训教师 5 万人次，选推市级以上优秀教师 1000 余人，建成教师周转宿舍 681 套。第二，开展全面改薄及能力提升计划。先后改善166 所薄弱学校和 91 个贫困村学校的办学条件，建成标准化学校 19 所，贫困村学校师资及硬件水平高于全县同级学校水平。第三，开展扶智技能培训计划。依托县工艺美术中等职业学校平台，镇平县探索出精准技能培训办法，确保"同区同策、一村一案"，先后开班培训 22 期，培训学员 829人次，助力贫困户 1600 余人，做到"培训一人、成才一人、脱贫一户、带动一方"。

（四）创新四项举措

一是对在农村高中就读的贫困学生，镇平县为学生每人每年增发 2000元助学金，帮助困难学生提升生活质量。二是对在思源实验学校（教育部第三批国防教育特色学校）就读的贫困学生，镇平县为学生每人每年发放120 元交通补贴。三是自 2018 年起，当地免除义务教育阶段建档立卡家庭学生营养午餐自费部分，让贫困家庭子女吃上免费午餐，关注贫困家庭子女营养健康问题。四是建立县级贫困学生救助专项基金，对高招升入一本院校、家庭突发重大意外事故等贫困学生实行专项救助，确保贫困学生顺利完成各阶段学业。目前已累计发放县级补助 883 万元，受益学生 1 万余人，这四项创新举措推动了镇平县教育事业的发展。

六 社会保障兜底

河南强化社保兜底扶贫，对产业扶持、就业转移等无法照顾到的丧失劳动能力的贫困人口，通过社会保障兜底帮助其实现脱贫。并将其全部纳入最低生活保障范围，逐步提高低保标准，逐步实现低保线与扶贫线"两线合一"，通过社会保障实施政策性兜底扶贫。加强对未成年人的监护和对老年人的关怀照顾。作为拥有较大的贫困人口基数的农业大市，驻马店市织密筑牢兜底保障网，巩固脱贫攻坚成果。各类民政服务对象多，兜底保障任务重、压力大是驻马店市社会兜底保障工作中的难题。通过织密筑牢兜底保障网、贫困人口基本医疗保险应保尽保、贫困家庭重度残疾人集中托养实现社会保障兜底。

（一）织密筑牢兜底保障网

脱贫攻坚工作开展以来，驻马店市切实做实做好城乡低保提标、孤儿救助、特困人员供养、临时救助、残疾人"两项补贴"等各类兜底保障金的发放工作，着力开展社会救助兜底脱贫、挂牌督战、农村低保专项治理、贫困边缘人口救助、查弱项补短板促提升 5 个专项活动。在社会兜底保障中，驻马店市重点聚焦生活困难残疾人及重度残疾人、特困人员、"三留守"人员等特殊群体，关注临时性、突发性困难家庭等重点人群，扎扎实实做好应保尽保、应养尽养、应补尽补、应帮尽帮、应救尽救、应兜尽兜。

（二）贫困人口基本医疗保险应保尽保

驻马店市医疗保障局重点聚焦两个工作目标，稳定实现"贫困人口基本医疗待遇保障的落实"和"推动农村贫困人口基本医疗保险应保尽保"，持续巩固脱贫攻坚成果。2020 年全市实现贫困人口资助率、建档立卡困难群众参保率 100%，贫困人口参与基本医疗保险 50.54 万人，建档立卡贫困人口占 345936 人。为减轻群众负担，医疗保障局积极落实农村贫困人口医保倾斜、大病保险"一降一提高"倾斜政策，同时建立门诊常见病统筹支付制度。

（三） 贫困家庭重度残疾人集中托养

全面建成小康社会，一个人也不能少。贫困残疾人实现脱贫是全面打赢精准脱贫攻坚战的重点和难点。驻马店市残联持续接力助力打赢贫困残疾人脱贫攻坚战。截至 2019 年底，驻马店全市建档立卡贫困残疾人 9.03 万人，已脱贫 8.16 万人。当地政府努力改善残疾人生产生活条件，增强其自主脱贫的意识和能力，持续提升全体人民获得感、幸福感和安全感。在此基础上，结合残疾人特殊需求，驻马店市探索推进重度残疾人照护服务，建立贫困家庭重度残疾人集中托养中心 114 个，入住重度残疾人 2097 人，为重度残疾人家庭提供稳定增收岗位 1000 多个，幸福美好生活，绝不让残疾人掉队，实现了"托养一人、解脱一家、脱贫一户、温暖一方"。

在党中央、国务院坚强领导下，在全省上下一心的不懈努力下，河南脱贫攻坚取得了既波澜壮阔又战果辉煌的决定性胜利，2020 年底，脱贫喜讯传遍了中原大地。河南作为全国脱贫攻坚主战场之一，迎难而上，打赢了艰苦卓绝的脱贫攻坚战。53 个贫困县全部脱贫、9536 个贫困村全部出列、现行标准下农村贫困人口全部清零、人民群众生产生活水平明显提高的成绩，河南为人民交出脱贫攻坚最美答卷，彻底摆脱了束缚千百年的绝对贫困问题，梦圆今朝。

在脱贫攻坚战中，大别山区、伏牛山区、太行山区和黄河滩区是河南脱贫攻坚的主战场，河南在产业扶持、引导就业、社会保障、易地扶贫等方面为帮助困难群众实现脱贫做出许多努力，带领人民走向更加幸福美好的生活。2020 年 2 月，信阳市 8 个贫困县全部退出贫困县序列；南阳市 7 个贫困县全部脱贫摘帽；2020 年 10 月，驻马店市 7 个贫困县全部摘帽、31.14 万名贫困劳动力稳定就业。推翻了压在老区人民心头的一座贫困大山，带领老区人民走向更加富裕、美丽、开放的美好家园。

第二节 推动实现巩固拓展脱贫攻坚成果同乡村振兴有效衔接

河南省脱贫人口规模大，监测对象数量多，推动实现巩固拓展脱贫攻坚成果同乡村振兴有效衔接各项工作任务艰巨，责任重大。河南扛牢政治责任，强化组织保障，持续加强监测帮扶，巩固脱贫攻坚成果；大力推动产业发展，壮大村级集体经济；强化就地就业服务，不断夯实民生之本；加强农村低收入人口常态化帮扶，织密筑牢社会保障网。

一　持续巩固拓展脱贫攻坚成果

脱贫攻坚的成果来之不易，河南全体上下都加倍珍惜，在新的形势下，切实防止困难群众返贫再贫，坚决守住防止发生规模性返贫的底线是当前工作的重点。河南多地结合自身情况通过各项举措为贫困地区"引好路""兜好底"，持续巩固脱贫攻坚成果。

（一）健全防止返贫动态监测和帮扶机制

南阳市是河南全省脱贫人口、监测人口第一大市，共有 74.32 万名脱贫人口和 9.61 万名监测对象。2023 年，在河南省年度巩固拓展脱贫攻坚成果同乡村振兴有效衔接考核评估中，南阳市荣获全省第一。南阳深入贯彻落实河南省委、省政府工作要求部署，发挥数据赋能优势、健全预警响应机制、持续强化监测帮扶。

一是发挥数据赋能优势，建立以信息共享、精准帮扶为主要内容的"5+2"联动机制，实现跨部门信息整合，加强与民政、医保、人社等部门数据交换共享，加强防止返贫动态监测帮扶平台建设和应用，将信息拓展覆盖到全体农户。二是健全预警响应机制。快速发现返贫致贫人口及响应核查，重点关注已脱贫但不稳定的家庭户、处于边缘易致贫的家庭、因病因灾因意外事故等支出较大而出现困难的家庭，对其进行常态化预警监测，将其家庭收入支出情况重点监测，对符合条件的对象分层级、分类别按照相应程序纳入动态监测及帮扶政策范围。三是持续强化监测帮扶。积极落实帮扶政策，按照监测户返贫风险及劳动情况，因人因户有针对性地进行帮扶，对于没有劳动能力的监测户，民政等相关部门开展强化低保、基本医疗、养老保险等兜底保障；对于有劳动能力的监测户，重点采取就业帮扶、产业帮扶等方式，落实帮扶措施，引导监测户自主勤劳致富。同时研究推动防止返贫帮扶政策和农村低收入人口常态化帮扶政策衔接并轨。

（二）巩固提升"两不愁三保障"水平

南阳市扎实推进巩固"三保障"成果。一是筑牢义务教育保障防线，针对控辍保学持续完善动态监测机制，实行月通报、周汇总、日报告，对其早发现、早劝返、早安置，守住守好教育底线。同时积极落实教育帮扶资助政策，努力实现义务教育阶段适龄儿童无人失学、辍学。二是筑牢基本医疗保障防线。防止因病返贫发生，对南阳全市脱贫户、监测户落实县域内住院先诊疗后付费、家庭医生签约服务、大病救治、健康体检等帮扶政策；落细健康帮扶政策，发挥基本医疗保险、大病保险、医疗救助综合保障功能，确保2024年维持脱贫享受政策户、监测户居民医保参保率100%不变。三是筑牢住房安全保障防线。重点关注脱贫人口、监测对象等农村低收入群体，加强住房安全日常监测，确保危房不住人、住人无危房，做到发现一户、鉴定一户、提升一户。四是筑牢饮水安全保障防线，针对脱贫地区和供水薄弱地区饮水情况，加强动态监测，巩固维护好现有农村饮水安全工程成果，确保2024年农村自来水普及率达到92.5%，稳步提升供水保障能力。

（三）强化易地扶贫搬迁后续扶持

易地扶贫搬迁是脱贫攻坚的"头号工程"和标志性工程。河南各地有力有序推进易地搬迁后续扶持各项工作，确保实现搬迁群众"稳得住、逐步能致富"的美好愿景，持续巩固拓展易地搬迁脱贫成果。

为推动解决好搬迁群众生产生活等实际问题，对于易地扶贫搬迁安置区，南阳市开展巩固易地搬迁脱贫攻坚成果专项行动，积极争取并指导用好中央和省级财政衔接资金，用好对支持人口较多的易地扶贫搬迁安置区后续扶持的投入，强化对于易地扶贫搬迁群众的后续产业扶持及就业帮扶，完善安置社区的配套设施和公共服务，提升社区治理水平，在强化易地扶贫搬迁后续扶持阶段，进一步确保搬迁群众在安置社区能够稳得下来、融得进去，实现群众有发展、可致富。

（四）加强扶贫项目资产管理和监督

坚持"谋划必调研、审核必论证、入库必核实、建设必监管"要求，南阳市加强衔接资金和项目管理，突出衔接资金支持重点，将联农益农产业发展作为重点优先支持，保证资金投入规模总体稳定。

紧抓建设省域副中心城市机遇，南阳市吃透政策、精准研判、谋划项目，在此基础上，将线上调度与线下调研相结合，强化资金项目动态管理，加强重要时间节点跟踪监测，以项目建设筑牢成果巩固根基。常态化推进项目建设，规范项目入库程序，强化项目入库论证，提高入库项目质量，确保已完工项目、项目竣工率数据达标。推广应用《河南省衔接资金全流程操作手册》，加强衔接资金和项目管理培训，规范衔接资金项目全流程管理，确保中央衔接资金支出进度、省衔接资金支出进度序时，指导各地进一步做好项目资产确权移交，强化项目资产所有权、经营权、收益权、监督权、处置权管理。

二 接续推进脱贫地区乡村振兴

党的二十大要求发展乡村特色产业，有效拓宽农民增收致富渠道。河南通过推动乡村特色产业发展壮大，促进脱贫人口稳岗就业、增强脱贫地区基础设施支撑能力、提升脱贫地区公共服务保障水平，持续推进脱贫地区乡村振兴，壮大集体经济，推动乡村产业发展壮大，为全面推进河南乡村振兴提供坚实保障和强大动能。

（一）推动乡村特色产业发展壮大

2023 年，驻马店市人民政府印发《关于新时代加快大别山革命老区振兴发展的实施意见》，全面推动驻马店大别山革命老区振兴发展，推动乡村特色产业发展壮大，进一步推进乡村振兴，加快实现驻马店大别山革命老区高质量发展。

作为农业大市，驻马店市大力发挥自身优势采取多项措施引导扶持特色产业，推动驻马店农产品品牌建设，打响一批具有代表性的地方品牌。实现乡村产业高质量发展，带动群众致富。培育壮大特色优势产业、加快"国际农都"高标准、高质量、高效能建设；加快农产品加工业发展，叫响驻马店特色品牌；推动农业产业园规范建设，加快推动当地产业示范园融合发展。

一是培育壮大特色优势产业，驻马店市拥有十大优势特色农产品，包括优质小麦、生猪、肉牛、奶牛、肉羊、食用菌、中药材等，具有得天独厚的农业发展优势，有助于当地大力发展高效种养业，带动贫困地区实现就业，推动乡村特色产业发展，加快"国际农都"高标准、高质量、高效能建设。二是加快农产品加工业发展。驻马店市大力发展畜禽屠宰及深加工业，重视加强与重点知名农产品加工企业的合作，通过农产品加工打造具有驻马店特色的粮食、油料、食用菌等优势产业集群，制造饮料、休闲食品产业两大高成长性产业集群，叫响驻马店市"中国牛城、中国菌都、花生之都、中原奶都"等特色品牌，引导特色品牌走出河南，打响知名度。三是加快推动农业产业园高质量体系建设。推进一批特色优势省级农业产业园建设，如泌阳夏南牛国家级农业产业园、正阳花生和遂平优质小麦、汝南番茄、平舆白芝麻、确山中药材等，同时促进平舆县、上蔡县国家农村产业融合发展示范园加快发展。

（二）促进脱贫人口稳岗就业

为推动脱贫人口持续稳定增收，让脱贫基础更加稳固、成效更加持续，信阳市结合实际，制定《信阳市脱贫人口增收实施方案（2023—2025年)》，重点任务之一是通过稳定就业数量和提升就业质量，促进脱贫人口增收。主要有三个做法：一是深化劳务协作、稳定务工就业规模。信阳市持续开展"春风行动"，针对脱贫人口，具备劳动能力且有转移就业意愿的，给予就业政策扶持，同时提供岗位推荐，帮助实现稳岗就业。发挥苏信合作效用，建立健全常态化跨区域岗位信息共享机制。对跨省务工人员给予相应交通补贴，对于脱贫人口，在外务工连续三个月或累计六个月及以上，确保应补尽补。组织"点对点"送工服务，加强务工规范性、组织化，提升外出务工规模、质量、安全。同时鼓励有条件的地区对脱贫人口中在县外省内务工的给予务工交通补贴。有条件的县区根据脱贫人口务工收入情况给予补助。二是拓宽就业渠道，促进家门口就业。开展脱贫人口就业帮扶示范点创建活动，抓好就业帮扶车间管理运营，争创"河南省脱贫人口就业帮扶示范点"。围绕村级公共事务服务等领域，例如光伏帮扶电站运维等，设置相应的公益性岗位，优先安置劳动能力较弱的贫困劳动力，并确保工资按时发放、足额给予。同时，针对易地搬迁群众，开展就业帮扶专项活动，确保搬迁家庭每户至少一人就业。引导企业吸纳更多脱贫人口，实现稳岗就业。三是加大技能培训，提高就业创业水平。以大数据赋能充分利用各类信息平台，发挥县乡村三级、驻村第一书记、信息员等作用，及时准确掌握脱贫人口就业状态及就业需求和意向，更好实现对于就业状态的监测分析，以及就业需求帮扶指导。开展"雨露计划+"就业促进活动，帮助毕业生实现更高质量就业。持续推进"人人持证、技能河南"建设，培育有技能傍身的高素质农民，有培训能力的乡村致富带头人等，促进脱贫劳动力实现技能增收就业。

（三）增强脱贫地区基础设施支撑能力

交通、能源、信息对于地区发展具有重要作用。驻马店市通过健全综合交通网络、建立水安全保障体系、健全能源和信息保障体系方面强化基础设施保障能力，增强脱贫地区基础设施支撑能力。

当地围绕水、电力、通信等基础设施项目，开展规划布局，将资源向贫困村倾斜，推进农村供水工程提升质量、增加效能，更好地解决农村用水安全问题；保障群众住房安全，建立动态监测机制，持续改善脱贫摘帽地区群众生产生活条件，满足人民生产生活需要。

（四）提升脱贫地区公共服务保障水平

驻马店市加快推进教育、卫生、医疗等重点民生项目建设，进一步健全乡村基本公共服务体系，大力推动城市公共服务设施向农村延伸，逐步提升乡村基本公共服务水平及质量。

一是加大教育投入，保障教育资源在实现城乡均衡的基础上进一步向困难地区倾斜，提高困难地区的办学条件，改善中小学寄宿生活条件，对于家庭经济困难学生在义务教育阶段进行生活补助。关注困难学生营养健康问题，同时积极推进农村教师周转房建设，加强艰苦边远地区教师生活保障，为困难地区带去更加优质的教育资源。二是加强卫生服务体系建设，推进健康驻马店行动。推动优质医疗资源均衡布局，完善县、乡、村三级医疗卫生服务网络，着力提升基层医疗卫生服务水平，积极落实上级政策，与国内一流医院开展对口帮扶。同时做好中医传承创新发展，推动河南中医药大学第六临床医学院建设。三是加大公共养老服务设施建设力度，促进驻马店健康养老托育业发展，持续优化提升公共养老服务供给水平，加快养老服务体系建设，积极引进知名养老托育企业，构建"一老一小"服务网络。四是提升农村公共文化和公共体育基础设施建设运营水平，支持乡镇文化站、群众性健身设施建设，推进城乡公共图书馆、文化馆、体育场所等公共设施建设与维护。同时优化广播电视公共服务供给和基层公共文化服务网络。

三　加强农村低收入人口常态化帮扶

巩固脱贫攻坚成果，河南在健全防止返贫动态监测帮扶基础上，加快低收入人口常态化帮扶，对于符合条件的困难群众，实现不落下一人，纳入低收入常态化帮扶，巩固脱贫攻坚成果。

（一）加强农村低收入人口监测

农村低收入人口是巩固脱贫攻坚的重点人群，对于农村低保对象、农村特困人员、农村易返贫致贫人口等农村低收入人口，进一步完善现有社会保障体系，在此基础上，开展动态监测，构建起将低保户、特困户、易返贫致贫户都涵盖在内的农村低收入人口数据库，加强对农村低收入人口的动态监测，同时建立健全基层主动发现机制，联合联动多部门完善风险预警机制，对于风险点做到早发现、早帮扶。

（二）分层分类实施社会救助

精准识别、应救尽救，按照困难群众贫困程度和个体需求，围绕科学原则，在就业、医疗、教育等不同方面开展专项资助，分层分类实施社会救助，鼓励河南各地根据自身经济发展水平及实际需求"提标扩面"，分层分类实施社会救助，逐步提高农村低保标准、财政补助标准。针对有劳动能力的低保对象鼓励支持参与就业。完善农村特困人员救助供养制度。完善残疾儿童康复救助制度，关注残疾儿童身体和心理健康，帮助残疾儿童健康快乐成长。分层次、分类别实施社会救助，对群众做到有困境一定要帮、有难处一定要救、有需求一定要积极落实。

（三）合理确定农村医疗保障待遇水平

医疗是人民群众生活的重要民生之一。基本医疗保险、大病保险、医疗补助是困难群众的有力保障。河南在基本医疗保障基础上，针对对象类别不同采取分层次资助水平。对于农村特困人员继续实行全额资助，对于低保对象进行定额资助，对于仍然困难群体进行一定程度医疗资助政策性倾斜，夯实医疗救助托底保障，防止因病致贫、因病返贫问题发生。

（四）完善养老保障和儿童关爱服务

关于完善养老保障，河南省要求各地结合自身经济发展水平等条件，进一步提高城乡居民基本养老保险基础养老金最低标准，对于困难群体老人代缴部分或全部养老保险。同时，关爱困境儿童，关注农村留守儿童健康成长，健全关爱服务体系，对于孤儿和事实无人抚养儿童，落实基本生活保障，关注和帮助社会弱势群体。

（五）保障失能半失能人口基本生活

对于一部分完全或者部分丧失劳动能力的脱贫人口，其无法通过产业或就业获得稳定收入。关于这类特殊群体，河南按照规定将其纳入农村低保或特困人员救助供养范围，按照困难类型，给予专项救助、临时救助等，保障其基本生活，做到能给予保障的尽可能给予保障，能够兜底的尽可能兜底。同时，对于重度残疾人群体，鼓励各地探索实施集中托养等模式。对于农村严重精神障碍患者，加强日常监管，按照类型落实救治救助措施，照顾好困难群体，给予兜底保障，让发展成果更好地惠及全体人民。

第三节　促进大中小城市协调发展

推动城乡融合发展和区域协调发展，河南各地依托当地比较优势，通过区域间的联动合作，实现区域发展、内外兼修，推动以人为本的新型城镇化高质量发展。河南在城市发展中提升郑州都市圈协同发展力、提升中心城市区域带动力、提升县域城市综合承载力、实施乡村建设行动。

一　提升郑州都市圈协同发展力

2024 年河南省政府工作报告提出，到 2025 年郑州市经济总量突破 1.5 亿元，这就要求郑州在提升城市首位度的同时，带动都市圈内其他城市协同发展，增强区域协调发展平衡性、融入新发展格局，助力中原地区加快崛起。

（一）郑开同城打造都市圈强引擎

根据《郑州都市圈发展规划》，河南将开展"1+1+3+N+X"都市圈规划体系并推进落地实施。郑开同城化正在多方面同步推进。2023 年 4 月 9 日，作为郑开同城东部供水工程的重要组成部分，郑开同城东部供水工程郑州东部原水干管工程（一期）首段顺利贯通。2024 年有望顺利完工，并实现全线通水，有效促进郑开同城的深度融合。2024 年郑州将突出抓好重大项目，抓好郑开同城项目建设，加快推进陇海路东延等 25 个郑港融城项目建设，进一步加强郑州与开封紧密联系，推动实现共同发展，增强郑州都市圈高质量发展新动力。

（二）郑州都市圈推动中部加快崛起

党的二十大报告指出，促进中原地区加速崛起。为推动郑州都市圈之间更好地协同发力，河南省政府工作报告指出，深化郑开同城化、郑许一体化发展，建设兰考郑开同城化特别合作区。2023 年 12 月 28 日，郑州机场到许昌市域铁路正式开启初期运营，进一步拉近了郑州与许昌两个古都之间的时空距离，值得一提的是，许昌的"胖东来"近年来有流量"爆火"趋势，不仅在河南省内具有较大知名度，更是吸引了来自全国范围内的各地游客来到许昌参观消费，在老百姓中颇有商业口碑，是河南的"流量商超"，在带动了当地经济增长的同时拓宽了就业渠道，打造了独树一帜的河南商超品牌，同样在一定程度上提升了河南的影响力，带动河南其他城市发展。河南省政府工作报告中提出，支持"胖东来"等流量商超发展，并成为河南 2024 年扩内需、增消费的重要措施之一。郑许市域铁路的开通，也为许昌"胖东来"带去了更多的人流与消费，更重要的是，加快了城市之间的交流与资源的良性互动，加快郑许之间的区域融合发展。在郑州都市圈内，各地市依托自身的比较优势形成优势互补，通过产业融合发展带动区域协调发展。郑州都市圈将成为中部地区高质量发展的重要支撑。

（三）探索郑洛西高质量发展合作带

《河南省"十四五"深化区域合作融入对接国家重大战略规划》提出，河南区域协调发展不仅有国家重大战略叠加的突出优势，还有衔接连通国内重要增长极的地理中心优势，在这样的有利条件下，河南要抓住战略机遇，广泛开展跨区域合作。在黄河流域生态保护和高质量发展战略中，郑州还肩负着郑洛西（晋陕豫）高质量发展合作带联动建设的历史使命。河南、陕西、山西三省将联动建设郑洛西（晋陕豫）高质量发展合作带，培育黄河流域高质量发展极，形成中西部最具活力的经济区。

二 提升中心城市区域带动力

（一）支持洛阳加快中原城市群副中心城市建设

2024年河南省政府工作报告多处提到洛阳，支持洛阳加快中原城市群副中心城市建设。2024年洛阳市紧紧抓住产业发展、城市提质、乡村振兴三项重点工作，聚焦于建强副中心、形成增长极，不断开创现代化洛阳建设新局面。

一是稳中求进拼经济，增强发展内生动力。推动呼南高铁焦洛平段尽早开工，建设小浪底库区港航工程；持续抓好"三个一批"项目，力争488个省市重点项目一季度完成年度投资的30%；提质升级激发消费潜能，发挥新文旅消费引流作用；深化"万人助万企"活动，推动优质存量企业做大增量。二是构建创新大格局、大力发展新质生产力。聚焦"六新"突破，深化"五链"耦合；加速新兴产业集群集聚；前瞻谋划未来产业；加快发展数字经济，做好洛阳市创新文章。三是保持新文旅"顶流"态势，加快建设美丽洛阳。保持新文旅"顶流"态势，实施"汉服融城"行动，开展"天街奇幻夜"等系列活动；以龙门石窟、白马寺、关林片区为重要支撑的"1+3"高品质古都文化体验区，提升"盛世隋唐"IP影响力；升级老君山、白云山等品牌景区，提升"伏牛山水"IP支撑力；洛阳筑牢文旅文创支柱，加快建设全国沉浸式文旅目的地。

（二）支持南阳以高效生态经济为引领，加快建设省域副中心城市

2022 年，河南省委、省政府正式出台《关于支持南阳以高效生态经济为引领建设省域副中心城市的若干意见》，将南阳市打造为省域副中心城市。南阳全面开启建设省域副中心城市新征程。南阳抢抓战略机遇，发挥自身资源特色优势，加快从"盆地"到"高地"转变，发起"绿色崛起、美丽富民"目标动员令，牢牢抓住"工业立市、产业强市"契机，加快高质量跨越崛起。

南阳市擘画未来发展蓝图。围绕全面建设省域副中心城市任务，制定"四步走"战略。围绕相关战略目标，南阳聚力发力，一是紧抓创新第一动力。二是重塑产业发展新优势。大力实施"5+N"千百亿产业集群培育计划，重抓 21 个重点产业链。同时着重建设全国性综合交通枢纽。三是擦亮中医药特色名片。加快复建张仲景国医大学，打造全国中医药产业基地和中医药（材）交易中心。四是以高效生态经济为引领，牢固坚守生态底线，筑牢生态屏障，加强生态建设和修复，加速绿色转型。

（三）深化豫鲁毗邻地区合作发展

2024 年，山东省人民政府办公厅、河南省人民政府办公厅联合印发了《鲁豫毗邻地区合作发展实施方案》，聚焦于推进黄河流域生态保护和高质量发展重大国家战略，重点在生态保护、基础设施、产业发展、公共服务、文化旅游等领域深化合作，以生态优先、绿色发展，改革创新、先行先试，优势互补、彰显特色，市场主导、政府引导为原则，出台了 30 项举措，打造省际毗邻地区合作发展样板。

两省在合理保障黄河长久安澜方面，实施黄河下游防洪工程、蓄滞洪区治理提升工程、城乡防洪排涝治理工程；在共建生态保护治理示范带方面，实施沿黄防护林建设工程、滩区综合提升治理工程、重点河湖湿地修复工程；在协同推进水资源集约节约利用方面，实施农业节水增效行动、工业节水减排行动、城乡生活节水行动、供水保障提升行动；在共同打造乡村振兴样板方面，提升粮食安全保障能力、建设沿黄绿色农业示范带、推进美丽乡村建设、推进以县城为重要载体的城镇化等多方面措施，深化

豫鲁毗邻地区交流合作。

（四）关于革命老区振兴发展建设

支持信阳打造河南省对接长三角的桥头堡，《河南省大别山革命老区振兴发展规划实施方案》中提出支持信阳市建立大别山革命老区区域性中心城市，提升中心城区功能，扩大中心城区规模，增强信阳对大别山革命老区区域核心辐射带动能力。推动驻马店市中心城区扩容提质，完善相应的城市配套功能，辐射带动遂平、汝南、确山等周边县城发展。推动固始县、新蔡县建设地区副中心城市。

三　提升县域城市综合承载力

县域经济高质量发展已上升到了省级战略层面。新发展阶段河南县域经济高质量发展的新地位是提升经济质量的基本盘、推进区域协调的次核心、畅通内外循环的压舱石、促进城乡融合的动力源、推动乡村振兴的主战场、保障粮食安全的定海神针。

（一）区域经济发展的次级核心

县域经济正在逐步成为区域经济发展的次级核心。在河南当前的县区中，中牟、尉氏等县区积极承接郑州产业转移，融入郑州都市圈发展，利用核心区扩散效应发展自身经济，是河南县域发展的最好例证。

（二）城乡融合发展的动力源

县域是乡村振兴战略实施的主战场。2021年中央一号文件指出，要加快县域内城乡融合发展，把县域作为城乡融合发展的重要切入点。县域经济是国民经济的重要基石和支柱，是促进城乡融合发展的动力源，要在乡村振兴中走在前列，就需要县域主阵地发挥作用，以县域为基本单元推进城乡融合发展，强化县域综合能力和乡镇服务农民能力。当前，河南城乡发展不均衡、不协调的矛盾还比较突出，县域综合服务能力较弱，产业、基础设施、公共服务没有实现良性发展，因此，河南促进城乡要素、产业、资源等更多方面的深度融合，不断加快县域经济发展，提高城乡基本公共服务均等化水平，提升县域城市综合承载力。

当前，新发展阶段河南县域经济高质量发展面临新形势，发展基础更加扎实，河南县域经济高质量发展的动能活力持续释放，发展的基础条件不断完善，无论是临近郑州的中牟，还是地处偏远的淮滨，无论是传统农业县的内乡，还是工业县的辉县，近些年都在经济规模、产业基础、财政收入、民生福祉方面得到了大幅度提升。河南面临新的战略机遇，为县域经济发展过程中产业动能、价值动能的培育提供了新契机、新机会。因此，河南在新发展阶段推进县域经济实现高质量发展的新路径有拓展核心城市的辐射力、培育乡村振兴的内生力、强化产业集聚的支撑力、激活对外开放的引领力、释放创新要素的驱动力、厚植体制改革的引擎力，构筑全方位的县域经济高质量发展动力体系。

四　实施乡村建设行动

2021 年，河南省人民政府办公厅印发《河南省乡村建设行动实施方案》，坚持把乡村建设作为实施乡村振兴战略的重要任务，以城乡基础设施一体化和基本公共服务均等化为发展目标，促进城乡融合发展，进一步推动河南作为农业大省使命担当，加快实现乡村建设的更大突破。

（一）科学编制乡村规划

一是统筹各级规划编制，加快构建完成县域国土空间一体化的规划体系，并将发展规划覆盖乡村地区，加快乡村地区规划发展，科学编制乡村规划。二是优化城乡用地布局，落实最严格耕地保护制度，牢记河南作为农业大省、粮食大省重任，牢固河南稳定粮食安全不动摇。同时，加强农村宅基地管理，保障乡村产业发展用地，助力乡村特色优势产业发展，带动群众增收致富。三是乡村特色风貌塑造。打造乡村特色，避免因发展而造成的村庄发展千篇一律情况，保留村庄的特色和文化，塑造乡村良好风貌，加强农村精神文明建设。四是提升乡村规划质量。修订《河南省村庄规划导则》，制定《河南省乡镇国土空间规划编制导则》，探索建立规范性制度，科学有序地规范乡村规划。

（二）推进县域内城乡基础设施一体化

一是推动乡村交通建设。"要想富、先修路"，重点关注较偏远交通不发达的地区，推进城乡交通一体化，同时，实现农村物流便捷服务，进一步加强对于乡村公路的建设和养护，建立高品质农村交通网络，加快县域城乡发展。二是农村用水安全。确保城乡供水一体化，2025年底前基本实现县域城乡供水管护一体化。保障农村用水质量。三是清洁能源建设。实现重点乡镇燃气管网基本全覆盖。推进群众生活便利。四是信息通信网络建设。加快农村网络信息发展，促进新一代信息技术与农业现代化深度融合，加快发展。五是广播电视建设。提供广播电视公共文化服务，通过广播电视为乡村群众带来丰富的文化娱乐生活，满足乡村物质需求与精神需要相协调。六是物流体系建设。进一步健全县、乡、村三级物流服务网络，打造设施完善、运转高效、多方协同、绿色创新的城乡物流体系。七是农村房屋建设。加强相应的规范管理，对乡村房屋品质提升进行技术指导和培训，健全建设管理制度和标准，同时，对于有价值的河南传统民居、传统村落和历史文化名镇（名村）加强保护和利用，实现农村房屋建造品质显著提升。推进基础设施建设城乡一体化，进一步满足农民的基本生活需要，为农民带来生产生活便利。

（三）推进县域内城乡基本公共服务均等化

一是教育服务。切实保障乡村教师待遇，加强乡村学校建设，提升乡村学校教育质量与教师水平。基本补齐乡村义务教育学校办学条件短板，实现城乡教育均衡发展。二是公共文化服务。积极推进县域公共文化服务标准化建设，加快数字化、社会化发展。加快实现县级三级以上公共图书馆和文化馆全覆盖，丰富县域群众精神文化生活。三是医疗卫生服务。实施县域医疗卫生服务均等化行动，构建高效协同的县域医疗服务体系，加强乡村医疗卫生服务人才队伍建设，解决城乡群众看病就医难问题。四是社会保障。完善统一的城乡居民基本医疗保险制度。加强对农村留守儿童、妇女、老年人的关爱服务，稳定城乡居民基本养老保险和基本医疗保险县域内参保率。

（四）实施农村人居环境整治提升五年行动

新形势下，人民群众不仅仅只满足于物质层面的需要，还需要有精神层面的丰富，更加追求整洁干净美丽的幸福家园。习近平总书记强调："建设好生态宜居的美丽乡村，让广大农民在乡村振兴中有更多获得感、幸福感。"① 河南开展人居环境整治工作提升行动，积极推动改善群众生存环境，保护农村环境，提升农民生活质量。一是农村生活垃圾治理。普及垃圾分类制度，引导对可回收垃圾进行资源化利用，健全垃圾收运处置体系，解决农村的生活垃圾处理问题。二是持续推进厕所革命。继续扎实推进农村无害化卫生厕所的建设，加快对于农村厕所的新改造，并加强对于后续的管理和养护。三是农村生活污水处理。对于农村黑臭水体进行深入治理，提升农村生活污水治理效率。四是村容村貌整体提升。发挥各地乡土特色，围绕不同的地域特点，积极开展美丽乡村建设，加快有序推进农村风貌整治，引导村民自觉维护有序美丽的生存环境。实现"绿水青山就是金山银山"，通过良好的生态环境和人居环境推动乡村的全面发展、可持续发展。

---

① 习近平：《建设好生态宜居的美丽乡村 让广大农民有更多获得感幸福感》，《人民日报》2018 年 4 月 24 日。

第四章 实体经济育动能：在传承弘扬大别山精神中增强革命老区活力

大别山地区位于河南、湖北、安徽三省的交界地带，是我国乡村振兴的重要区域。改革开放以来，大别山革命老区发生了翻天覆地的变化。党的十八大以来，加快革命老区建设已成为党中央、国务院着眼全局、关心老区、推进区域协调发展的一项重大战略决策。河南省委、省政府始终坚持以习近平新时代中国特色社会主义思想为指导，紧紧围绕习近平总书记关于革命老区的重要讲话和指示精神，在推进完善基础设施网络、培育壮大特色产业、提升创新驱动发展能力的过程中传承弘扬大别山精神，积极发挥大别山精神的时代价值，在实现振兴老区发展，增强经济发展动能，缩小地区发展差距，促进区域协调发展的伟大实践中彰显了河南智慧和河南担当。

第一节 完善基础设施网络

大别山地处是多省交界地区，为振兴和发展革命老区经济，实现高质量发展，鄂豫皖三省积极部署规划大别山革命老区发展战略，提升当地人民收入水平和幸福指数。河南不甘落后、奋勇向前，出台完善基础设施网络的实施意见，推动完善交通基础设施网络，稳步提升能源水利保障能力，加快新型基础设施网络建设，为大别山地区振兴发展提供坚实基础。

一 大别山地区基础设施网络建设情况

改革开放以来特别是党的十八大以来，国家和地方不断加大对大别山地区基础设施建设的支持力度，铁路、公路、能源、水利等建设飞速发展，基础设施网络布局日益成熟。河南在基础设施建设上聚焦薄弱点不断发力，取得了不小成效，但受当地发展情况和地理环境等因素影响，大别山地区基础设施网络建设仍有待完善。

（一）大别山地区基础设施网络建设的基本现状

"十三五"时期，国家和地方加大了对老区基础设施建设的投资力度，基础设施网络布局日趋完善，人民出行更加便利。一是铁路方面。基本形成以京广高铁、商合杭高铁、京九铁路、沪汉蓉城际、郑阜高铁、阜六铁路、宁西铁路等为主骨架的铁路网。2020年，铁路营运里程为3145公里，其中高速铁路1003公里，铁路网络覆盖大部分县城。二是公路方面。2020年，区域公路总里程18.3万公里，其中省干线公路里程2.2万公里，农村公路达16.9万公里。高速公路快速发展，里程4031公里，覆盖区域所有县城。高等级公路广泛连接乡镇、旅游景区等主要经济节点，普通国省干线中二级及以上公路占比达71%。三是水运方面。以长江、淮河干流航道与皖河、华阳河、淠河、洪河和汝河等内河支流航道构成的航道网络基本形成。内河航道里程为3329公里，其中三级及以上航道639公里。重要内河港口主要分布在长江航道，拥有六安、安庆、武汉（阳逻）和黄冈等港口。港口总泊位为221个，千吨级及以上泊位数164个。四是民航方面。拥有安庆天柱山、信阳明港民用运输机场和随州厉山通用机场。

（二）大别山地区基础设施网络建设存在的主要问题

大别山地区受连绵山脉和河川湖泊的地理环境影响，基础设施网络建设存在一定问题，地区综合交通运输通道有待加强完善，能源开发有待提高，水利工程建设有待加强，新型基础设施网络建设相对滞后。

一是交通基础设施网络建设方面。首先，铁路建设特别是高速铁路建设线路辐射范围尚小。京广、京九、宁西3条普铁途经河南大别山地区大部分县（区），京广高铁穿过信阳西部、驻马店中西部，共设置3个高铁站点，导致两市联系线路单一且对各自东部地区以及桐柏、唐河两县辐射带动能力弱，加之地区没有横向高铁线路，与周边省份联系不畅。其次，公路道路建设标准、层次还比较低。一方面道路建设技术等级有待提升，高速公路比例较低；另一方面地区部分地域公路干线密度偏低、标准偏低，与内部乡镇的连接性较差，无法畅通与部分村庄的联系。最后，综合交通网络有待进一步完善。大别山地区的内河航运资源未有效开发，现有民航服务支撑能力不足，旅客联程联运效率有待提高、货物多式联运水平亟待提升。

二是能源开发利用保障方面。首先，地理环境约束增强。随着绿色低碳转型战略深入实施，大别山地区可再生能源利用量逐年增加，加之可再生能源装机快速增长，未来发展也面临多重挑战。比如，河南所涉及地区的山区水土生态较为脆弱且多位于生态红线内，地势较为平坦的地区耕地面积占比大，项目选择困难，阻碍了装机规模和占比。其次，能源供应能力和可靠性有待增强。地区内输电通道和输变电装备存在陈旧、老化问题，农村地区特别是偏远深山地区易受海拔、天气等原因影响，存在电网瘫痪问题，导致供电能力不稳定，时常断电、停电。最后，地区油气资源开发不充分。南襄盆地等油气资源勘查开发不足，相关基础设施不健全，天然气推广使用规模有待加强。

三是水利工程服务保障方面。首先，存在一定水质不优。大别山地区居民的基本用水需求得到充分保障，但部分区域病险水库、农村饮水安全仍需全面解决。其次，农田水利灌溉保障还不够到位。部分地区由于管理缺位，水资源利用率低，机井不通电，生态水量不足等问题在一定程度上导致部分农田无法及时灌溉。最后，局部防洪能力低。近年来受极端天气影响，地区农田遭遇洪涝灾害频率增加，部分地区的水库蓄水能力较低，水生态系统破碎，洪区防洪建设工作有待加强。

四是新型基础设施网络建设方面。一方面，新型基础设施建设的相对滞后在一定程度上约束着大别山地区的高质量发展。新型基础设施是以新发展为理念、以技术创新为驱动、以信息网络为基础，主要包括5G基站建设、物联网、工业互联网、人工智能、大数据中心、特高压、城际高速铁路和城市轨道交通、新能源汽车充电桩等基础设施体系。新型基础设施的建设将有力承接新兴产业的落地，大力增强地区创新驱动能力，加快数字化转型，推动高质量发展。另一方面，智慧交通还处于起步阶段。大别山地区通信基础设施未能实现完全覆盖，特别是一些偏僻山区和贫困地区的4G网络覆盖广度还有待加强，网络速率有待提高，集中连片特困地区学校宽带接入问题有待解决，信息基础设施建设的相对落后制约了传统交通基础设施转型升级和智慧交通建设。

二 大别山地区完善基础设施网络的主要做法

河南坚决深入贯彻落实党中央以及省委、省政府关于大别山地区基础设施建设的相关意见和决策要求，推动交通基础设施网络建设，稳步提升能源水利保障能力，加快新型基础设施网络建设，着力完善大别山地区基础设施网络。

（一）大别山地区推动交通基础设施网络建设

河南深入贯彻落实党的二十大精神，在总体谋划地区交通基础设施建设之时，以胸怀全局的战略思维和战略眼光，立足大别山地区的长远发展和整体利益，把服务大局的思想境界贯穿于交通基础设施的建设中，大力推进交通网络内畅外通、互联互通。

一是加快基础路网广泛覆盖。重点推进骨干路网建设，着力开展京港铁路阜阳至黄冈段铁路、南阳经信阳至合肥高铁、加强经信阳和驻马店东西方向高铁、国省干线公路网等多个交通基础设施项目。全面推动"四好农村路"建设升级，实施县（市、区）到乡镇通二级及以上公路建设改造，强化高速公路出入口等交通节点连接道路建设，推进"黄河古都、太行云天、生态伏牛、红色大别"四大一号旅游公路建设，助力农村发展致富，集中整治危桥断桥，拓宽修整狭窄旧路，排除安全隐患保障出行安全，加快城乡交通一体化建设。

二是加强综合交通枢纽建设。河南统筹考虑大别山地区的地理环境和资源优势，综合建设铁路、公路、水运、港口、民航等交通设施。首先，加快推进新乡至焦作等地区的铁路线路建设，深入实施高速公路"13445"工程，优化现有高速公路以及出入口建设。其次，积极整治地区水运航道，推进淮河淮滨至息县航运工程息县段、唐河省界至社旗航运工程（省界至马店段）、淮滨县公铁水一体化淮河淮滨港码头工程建设。再次，完善民航运输机场网络，推动信阳机场改扩建工程、潢川机场前期工作，依托现有通用机场大力发展商城、新县等通用航空，积极拓展航空服务范围，对接国际航线网络。最后，依托已有交通网络打造衔接高效的客运、货运枢纽，布局建设驻马店上蔡县综合客运站等一批新的县级客运站、货运站，推动各种运输方式立体或同台换乘、配送。

三是促进省际交通网络联通。大别山地区涉及河南、湖北、安徽部分地区，在推动地区交通基础设施建设时，河南坚持大局意识深入实施鄂豫皖省际交通网畅联工程，加快沿大别山、沿太行山，沿安罗、许信等高速公路项目建设，推动 G107 绕信阳城区段一级公路、G230 线新县县城至豫鄂省界段升级改造，推进淮河淮滨至息县航运工程息县段、固始段等"两河两港"项目用地等前期手续加快办理。

（二）大别山地区稳步提升能源水利保障能力

河南深入贯彻落实省委、省政府决策部署，在确保高质量建设现代化河南、确保高水平实现现代化河南的新征程中，只争朝夕、勇当前锋，把大别山精神融入高质量发展中，切实加强基础设施建设，着力提升大别山地区的能源水利保障能力。

强化能源保供能力方面。一是因地制宜开发风电资源。坚持生态保护优先，根据地理环境推动风、光等可再生能源工程建设。譬如，在生态脆弱地区做好生态修复工作，在山区丘陵地带采取风电与传统供能一体化开发模式，在遂平县、桐柏县等丘陵地区推进风力发电、光伏发电项目建设，在京广铁路以东平原地区以及沿黄丘陵地带加快建设 4 个百万千瓦高质量风电基地。二是大力发展清洁能源。在加强风、光等清洁能源开发的同时扩大地热能、生物质能、氢能等新能源和可再生能源的使用规模，开展纤维乙醇与秸秆发电，积极推进固始县生物质热电联产等电源重大工程建设，探索支持罗山县、确山县、上蔡县、桐柏县等创建绿色能源示范县。三是加强对大别山地区油气资源的开发利用。加强南襄盆地油气资源勘查开发，加快相关配套设施建设，增强油气资源的研发利用，提高农村地区天然气使用规模。四是提高供电能力和可靠性。完善电网布局，加强大别山地区特别是主要区域以及深山偏僻地区的输配电能力，加快输变电工程以及输电装备的扩容、改建，加快 220 千伏及以下城市配电网和农村电网改造升级，加快推进新农村电气化、水电代燃料等工程建设。

加快水利工程建设方面。一是加快大中型水库建设。加快罗山张湾、光山袁湾和白雀园等大型水库的研究谋划，推进出山店大中型水库建设，推动驿城区、固始县、唐河县等地建设中小型水库，充分发挥水资源优势，不断提高人民群众的用水安全和饮水质量，打造更加宜居的生活环境。二是加强供水灌溉工程建设。加强抗旱应急水源工程建设，优化水资源配置，大力实施大别山革命老区引淮供水灌溉工程建设，积极推动西霞院水利枢纽输水及灌区工程建设，继续推进出山店、板桥、虎山、鸭河等大中型灌区工程改建项目。三是增强涝区排涝工程建设。加大对板桥水库等水利设施除险加固、清淤扩容工程的推进力度，加快汝河等重要支流以及湖泊、洼地的防洪加固治理，做好老王坡等重点滞洪区的防洪救灾体系建设，定期开展洪涝灾害调查评价工作。

（三）大别山地区加快新型基础设施网络建设

河南持续加快大别山地区新型基础设施建设，坚持目标导向，切实树立担当精神和责任意识，把增强地区发展活力和服务人民幸福生活作为谋篇布局地区发展的重要出发点，不断促进区域协调发展。

一是加强信息基础设施建设。加快老区通信网络建设，推进电信网、广播电视网、互联网"三网"融合，加大4G网络覆盖点，稳步推进5G网络建设，支持信阳与黄冈、六安协同推进省际交界地区以及城乡通信基础设施全覆盖，在山区等偏僻地区实现100%互联网覆盖，解决集中连片特困地区学校宽带接入问题，大幅提高网络速率，推动物联网、大数据在民生领域的应用。

二是推动交通基础设施转型升级。在有条件的地方推动新技术、新科技与交通基础设施融合发展，以现代技术赋能传统交通，提高综合交通运输网的转运效率和服务质量，推动交通基础设施数字转型、智能升级。加快构建数字化采集体系、网络化传输体系和智能化应用体系，利用大数据等技术采集、整理、分析交通运输情况，为优化交通规划布局、高效高质管理交通运行、设计改造交通网络、降低道路养护成本等提供决策，推动交通基础设施网络转型升级。

三是因地制宜打造数字乡村和智慧城市。在大别山地区重点领域推动建立工业互联网平台以及重大应用网络平台建设，加大窄带物联网基站部署力度，实施一批综合性网络应用工程、公益性信息服务工程、信息化与工业化融合工程。因地制宜打造数字乡村，发展数字农业、数字水利、数字林业，适当培育和壮大地区电子商务市场，打造电商物流平台，推动农产品网络销售，拓宽农产品销售市场。支持黄冈、信阳、驻马店、六安、安庆建设数字城市。

三 大别山地区完善基础设施网络取得的成效

河南秉持胸怀全局、服务大局的大别山精神，以服务社会的责任意识、担当精神推动交通基础设施网络不断完善，加强能源水利保障能力和新型基础设施网络建设，不断加强与鄂皖两省的合力协作，加大相互支持力度，加快构建安全、便捷、高效、绿色、经济的现代化基础设施网络，为大别山革命老区的长远发展提供了支撑。

（一）大别山地区交通基础设施网络不断完善

河南坚持以人民为中心的发展思想，以促进大别山革命老区振兴发展为目标，立足发展基础、环境承载力和经济社会发展特点，充分发挥当地已有交通资源，着重解决老区交通运输发展的瓶颈制约和突出矛盾，构建规模适宜、结构优化、衔接顺畅的综合立体交通网，为加快大别山革命老区振兴发展作出贡献。

一是交通基础设施建设布局更为完善。河南通过强化综合交通网络的广泛覆盖，铁路网结构进一步完善，高速铁路的延伸辐射范围不断扩大，高速公路贯通加密和扩容提升，加强了省内外中心城市与周边乡镇的快速联通，促进了城乡资源要素双向流动，进一步开发了地区红色旅游资源，带动了当地经济发展。通过畅通水运网络，整合港口资源，大幅提升了内河航运能力和港口运转能力。通过升级改建通用机场，航空运输服务能力明显增强，一体衔接、集约高效的综合交通运输网格局正在形成。

二是便民利民的客货运输服务品质更加凸显。综合交通基础设施网络的优化，一体化、立体化的旅客联程运输服务的提升，显著改善了群众的出行品质特别是偏远乡村地区居民的出行体验，也提高了货物多式联运的效率。比如信阳市先后投资 330 亿元为老区乡村振兴构建现代化交通体系，全市实现"县县有国道、乡乡通干线、20 户以上自然村通硬化路"，干线铁路网实现"县县通铁路、县县设站"。截至 2023 年 10 月，信阳全市 1744 个村建成寄送物流平台，覆盖率超 60%，为地区发展提供了有力支持。

三是平安交通、绿色交通等成效明显提升。随着综合交通基础设施建设升级，大别山地区交通设施设备安全水平不断提升，环境友好的基础设施和清洁低碳的运输装备初步形成。驻马店市泌阳县在深入实施"四好农村路"建设中，把平安交通、绿色交通作为工程的着力点之一，通过改造危旧桥梁和路段，积极打造农村公路绿色走廊。截至 2023 年 8 月，该县 20 户以上的 2537 个自然村已全部通硬化路，自然村通硬化路率达 100%。通畅的道路也大大推动了当地产业发展，带动了乡村旅游业的壮大，为乡村振兴打下了坚实基础。

（二）大别山地区能源水利保障能力进一步加强

随着河南在能源水利基础设施建设上的深入推进，大别山地区在能源开发使用以及水利工程建设保障上取得长足的进步，为保障国家粮食安全、有效涵养水源、保持生态良好、打造生态经济带提供了基础设施保障，为实现革命老区振兴发展提供了重要支持。

能源支撑保障功能显著增强。一是能源结构不断优化。在天然气等清洁能源大规模使用的基础上，因地制宜开发利用风能、太阳能、地热等新能源，已建成 4 座总容量 30 万千瓦的光伏电站、30 座规模化大型沼气工程和 1 座规模化生物天然气试点工程，促进了地区可再生能源高质量发展。二是电网改造全面加强。截至 2019 年年末，河南累计完成 220 千伏及以下电网改造、220 千伏输变电工程建造等 16 项，2023 年又新建、改造配电变压器 5008 台、10 千伏及以下线路 6384 千米，超额完成年度目标的 100.2%、127.7%。三是供电能力和可靠性大大提高。地区农村供电能力和可靠性不断提高，2023 年度夏季高峰期重过载线路同比下降 1/2，10 千伏线路停运率同比下降 7.13%，农网电压合格率提升到 99.84%。

水利服务保障功能快速提升。一是灌溉工程促进农田抗旱和增产。近年来，河南在大型水利工程投资建设上持续发力，为中国式现代化建设河南实践提供坚实水安全保障。大别山革命老区引淮供水灌溉工程于 2023 年年底完工，其拥有 1.2 亿立方米的蓄水库，每年可引淮河水 1.65 亿立方米，发展灌溉面积 35.7 万亩；正在建设的总长达 200 公里的西霞院水利枢纽输水及灌区工程，未来将灌溉 171 万亩农田，每年可新增粮食产能 4.1 亿斤。二是防汛排涝体系不断健全。河南有序推进已有水利设施改造加固，宿鸭湖水库等清淤扩容，淮河流域重点平原洼地治理，海河流域重要蓄滞洪区建设等工作，大幅提升了地区的蓄洪排涝能力。三是地区农村居民供水能力加强。河南不断加强大别山地区供水工程管理，已建设完成的引淮供水灌溉工程以信阳息县枢纽工程为龙头，直接惠及该市息县、淮滨县、潢川县，既可用于农业灌溉又保障了城市供水，解决了地区 103 万人吃水、用水问题。

（三）大别山地区新型基础设施网络建设成效凸显

近年来，全省深入落实党中央重大决策部署，着眼高质量发展前景，迎接问题挑战，紧抓发展机遇，抢跑数字经济发展、新型基础设施建设"新赛道"，相继出台系列政策措施，加强与周边主要经济强省沟通合作，推动重大项目实施落地，新型基础设施网络建设取得明显成效。

一是信息基础设施建设成效显著。自 2019 年 5G 正式商用以来，河南加快信息基础设施建设，由南向北、自西向东纵深推进 5G 新基建，大别山地区的 5G 网络覆盖范围不断拓展。信阳市积极谋划 5G 产业发展三年行动计划，加快信息基础建设，到 2022 年底，该市 5G 基站将达到 8000 个，实现乡镇以上区域网络连续覆盖，并建成 5G 智能终端配套产品生产基地和 2~3 个 5G 技术研发平台，为形成 5G 配套产业集群打下良好基础。驻马店市信息通信业加快构建以 5G、千兆光网等通信网络为基础，以工业互联网等融合基础设施为突破的新型基础设施体系，该市 5G 基站数量达到 9600 多个，10G-PON 及以上端口 69000 多个，并在 2023 年成功跨入千兆城市行列。

二是交通基础设施更为智慧便捷。河南将人工智能风控技术融入交通运输基础设施，推动感知、通信、分析等应用于交通发展，统筹路网、车辆、环境、人等以打造智慧支持轨道交通、智慧公路、智慧航空、智慧港口等基础设施，构建智慧交通基础设施体系。2023 年底，河南基本完成京广、郑万、郑徐、郑西、郑合、郑济、郑太 7 条高铁 5G 专网建设，覆盖大别山地区的同时加强与周边省份联系协作，高铁线路 5G 网络信号稳定，为高铁旅客提供了更加智能化、个性化的高品质 5G 专网服务。2024 年，河南货车智能视频安全管控平台累计服务运输企业 289 家、运输车辆 50000 余辆，成功避免轻微交通事故 18091 次，避免严重交通事故 624 次，事故率同比降低 69.3%，为交通安全撑起一把"数智"保护伞。

三是数字乡村和智慧城市建设成果凸显。河南统筹城乡新型基础设施建设，加快实施新型城镇化战略，分级分类推进新型智慧城市建设，推动农村基础设施和公共服务设施提档升级取得了显著成效。截至 2020 年 5 月，河南共认定电商进农村综合示范县 95 个，其中升级版示范县 21 个，累计建成县级电商公共服务中心 121 个，乡村电商服务站点 23000 多个，淘宝村由 2018 年的 50 个增加到 135 个。2020 年，全省实现农村网络零售额 669 亿元，同比增长 61%。截至 2021 年底，随着驻马店农村网络设施条件得到改善，农村宽带实现行政村全覆盖，美丽宜居乡村建设成效显著，乡村绿化覆盖率达到 33.4%，累计建成"四美乡村"示范乡镇 33 个、示范村 914 个，省级"千万工程"示范村 145 个。2023 年，信阳市建立信阳大别山青创中心电商小镇，是该市推动产城人融合发展和产业园区有机更新迈出的关键一步，为实现信阳电商行业高质量发展奠定了坚实基础。

第二节　培育壮大特色产业

大别山地区是国家重点扶持的连片特困区，独特的自然资源禀赋使农业产业在大别山地区县域经济中占有重要地位，农业特色产业的转型升级对于提升大别山地区农业现代化水平、促进区域发展有着极其重要的作用。近年来，国家扶贫开发政策的深入推进，大别山地区积极探索培育壮大特色产业，以产业发展带动贫困地区脱贫致富，取得了显著成效。本节将围绕大别山地区特色产业的培育壮大展开论述，分析其发展现状、存在问题和主要做法，旨在为弘扬大别山精神的河南实践提供参考。

一　大别山地区特色产业的发展的现状

大别山地区内生物多样性丰富，特产众多，具有独特的地理、生态和文化优势。在政策扶持和市场需求的双重推动下，大别山地区特色产业得到了快速发展。

（一）大别山地区培育壮大农业产业的发展现状

全面推进社会主义现代化建设，最广泛最深厚的基础依然在农村，最艰巨最繁重的任务依然在农村，坚持做好"三农"工作仍然是大别山地区发展工作的重中之重。稳固农业基础的同时加快推进现代农业发展建设是当前地区培育壮大特色产业的重大任务之一，"十四五"时期，大别山地区现代农业发展机遇与挑战并存。

在发展机遇方面，一是全面推进革命老区发展振兴的普惠政策为大别山地区带来发展红利。党和国家始终把解决好"三农"问题放在突出位置，把振兴发展革命老区作为新时代的使命和要求，大别山地区战略叠加优势明显。二是国家战略布局带来有力发展支撑。大别山地区地跨河南、湖北、安徽这三个全国农业大省，必将成为国家乡村振兴战略的重大受益者。黄河流域生态保护和高质量发展，中部地区高质量发展等国家战略实施，河南省第十一次党代会提出锚定"两个确保"、实施"十大战略"等，必将为地区特色产业发展带来更多政策、技术、资金等要素支持，为乡村发展注入强大动能。

在面临挑战方面，一是农业服务体系不健全。农业公共服务差距明显，缺乏特色产业发展所需的农产品集散、交易中心、物流园区以及电子商务平台。二是农业发展不确定因素增多。受国际形势、气象灾害、疫病防控等影响，特色产品特别是粮食出口的不确定性因素增多，转型发展面临不确定性，保障粮食安全的紧迫性也随之增强。三是农业发展自身存在短板弱项。农业质量效益不高，品牌优势和影响力较小，现代农业产业发展不足，农民持续较快增收动力不强劲。

（二）大别山地区制造业发展的现状

地处中国中部的大别山区拥有丰富的自然资源和地理优势。在国家政策的扶持和地区政府的不懈努力下，大别山区的工业已经取得显著的成就，并逐步成为推动地区经济发展的主导力量。然而，在制造业发展过程中，仍然面临如地理环境、产业基础和人才资源等方面的挑战。

首先，科技引领产业结构持续优化升级。信阳市是河南省的六大特色钢铁生产基地之一，当地的钢铁产业对经济的发展起到了关键作用。然而，这个行业也是能源消耗和二氧化碳排放的主要来源。为了应对这一挑战，以安钢集团信阳钢铁有限责任公司（以下简称"信钢公司"）为首的钢铁企业，已经开始积极推进生产方式的转型，加快绿色发展的步伐。它们在钢铁生产的主要环节，如烧结、焦化、炼铁、炼钢和轧钢等方面，进行了一系列节能增效的技术改革。信钢公司等企业投资了干法除尘炼钢、电除尘高炉、球团烧结、脱硝脱硫焦化、炼钢转炉煤气回收设备等。它们还完成了燃烧高炉煤气发电、脱硫烧结、烧结机烟气余热发电、干熄焦化、精密铸造、微粉炉渣节能等项目。这意味着在现有主体装备生产过程中产生的煤气、余热、余压、余能全部被回收用于发电。这些节能减排项目不仅提高了企业废气、废水、废渣、余热的循环利用率，实现了废物变宝，降低了成本，带来了良好的经济效益和社会效益，还确保了环保监控数据实时达标上传。原燃料货场实现了全封闭，实现了超低排放。从 2016 年至 2020 年，由于能源使用效率的提升和一系列节能技术改革，信阳市钢铁行业的生铁产量增长了 33.26%，综合能耗下降了 18.86%，焦炭消耗量下降了 28.86%。这表明，通过技术创新和环保措施，钢铁行业可以在保持生产增长的同时，实现节能减排，为可持续发展作出贡献。

其次，钢铁行业作为技术密集和资本密集的行业，目前正遭遇绿色转型的紧迫挑战。许多非上市和非国有的钢铁公司面临的主要难题是资金短缺。为了应对这个挑战，这些钢铁公司可以把握与东部地区的合作机会，推进自身按照更高级别标准改进，积极与节能服务领域的领头企业建立合作关系，采纳先进的电力代替技术和合同能源管理模式。通过建立余热发电设施，安装光伏和风力发电系统，钢铁公司能够增加自产电力的比重，同时建设储能设备和电网调峰中心，以此减少能源成本。另外，推进燃油重卡向电动化转变，加速建立绿色物流系统，也有助于降低运输成本。此外，通过采用高级的高强钢炼制和轧钢技术，开发满足市场需求的各种品种，如厚板、合金及耐候钢等，钢铁公司能够融入当地风电设备和钢结构建筑产业链。从长期视角来看，采纳焦炉煤气制氢技术，可以推动交通能源向低碳转型。在资金筹集遇到困难时，钢铁公司可以通过转让股份、实施混合所有制等策略，引入技术或资金支持。例如，通过将场地、设备入股的方式参与合资企业，与顶级的钢铁和能源服务公司合作，共同推进产业现代化和升级。这样的策略不仅能解决资金问题，还能加速技术引入和产业转型升级。

（三）大别山地区现代服务业发展的现状

首先，大别山地区为推动现代服务业的发展，将着力拓展高品质服务业和制造业，同时推进现代服务业开发区及专业园区的功能优化和服务升级。除此之外，大别山地区还致力于提高制造业的竞争力，促进多式联运示范项目的建设，为促进现代物流网络的迅猛发展，助力国家级物流枢纽城市的建设。大别山地区聚焦于推进包括恒兴、福和、万邦、马庄、驻马店港、丰树、农都冷链物流等核心物流园区的建设任务，致力于构建一个以"通道、枢纽、网络"为灵魂的物流体系。其次，为了提升金融扶持强度，计划吸引商业银行的资本投入，同时致力于培养在科技服务、研发设计、检测认证、中介服务、信用服务等领域具有号召力的机构。大别山地区通过有效的资本、金融机构和企业的互助活动，强化产业发展基金，创立信用担保基金，并进一步完备融资担保体系，从而加强对农业、农村和中小微企业的支持。在生活服务业改革方面，大别山地区致力于提升服务品质，推动商贸、餐饮、体育、康养、托育、家政等传统服务业的创新与提升，以激发其发展潜力，并扩大高品质服务的供给。大别山地区计划优化城乡配送网络，将城市作为全国"快递进村"试点城市来推进该计划。最后，大别山地区大力执行新兴服务业的升级规划，持续推动平台经济、会展经济等新型业态，以培育服务业的新增长点，进一步拓宽电子商务市场，推进农产品的电商销售，快速建设农产品交易中心、农机交易市场、智慧电商物流园区，打造具有地方特色的商品交易中心和区域性网络购物商品集散分拨中心，进而为革命老区人民提供更多收入来源。

二　大别山地区特色产业发展存在的主要问题

大别山地区位于我国中部，拥有丰富的自然资源和深厚的文化底蕴，具备发展特色产业的独特优势。然而，在当前的产业发展过程中，大别山地区仍面临一些问题。

（一）大别山农业产业发展结构相对单一，产业链条尚短

大别山地区的特色产业主要以农业为主，农产品加工业和旅游业发展相对较好，但产业链条较短，产品附加值低，市场竞争力和抗风险能力较弱。首先，在农业领域，大别山地区的经济构成较为简单，主要种植如稻米、小麦、棉花、油料等传统作物，缺乏具有地方特色的农产品和高附加值的经济作物。此外，农业生产方式较为传统，主要依靠手工和畜力，农业的机械化和智能化程度不高。这种情况导致农业产出效率较低，农产品

增值能力弱，难以在市场竞争中占据优势。其次，农产品加工业的发展也存在局限性。在大别山地区，农产品加工业以简单的初加工为主，如面粉、食用油等，缺乏深度的加工和高端产品的开发。这种状况使得农产品加工业的产业链条较短，无法实现农产品价值的最大化，也限制了就业和产值的增长。再次，尽管大别山地区拥有美丽的自然景观和丰富的文化内涵，旅游业作为一个发展中的产业，其产品开发程度仍有提升的空间，产业链条同样较短。目前，地区的旅游业以观光游为主，缺乏深度的体验式和休闲度假产品，难以满足不同游客的多样化需求。最后，旅游基础设施和配套服务也相对落后，这对旅游业的发展造成了一定的影响。

（二）大别山地区制造业发展科技创新能力还不够足

在科技创新能力方面，大别山地区内企业普遍存在研发投入不足、技术创新能力不强的问题，使得特色产业的发展难以满足市场需求，制约了制造业产业升级和转型。

首先，研发资金的缺乏是限制企业科技研发实力的重要问题。科技研发过程中，研发资金是企业提高技术水平和增强研发实力的基础。但是，目前很多公司对研发资金的必要性缺乏认识，导致研发投入不足，难以进行高水平的科技研发活动，这使得企业在科技研发上进展缓慢，无法及时适应市场的变化和产业的发展需求。其次，科技研发实力的不足也是企业面临的一大挑战。在科技日新月异的当下，企业需要不断地进行科技研发，提升产品和服务的竞争力。然而，一些企业由于人才、技术、资金等多方面的限制，科技研发实力不足，导致其产品和服务的市场竞争力弱，难以满足消费者日益增长的需求。

此外，大别山龙头企业数量偏少。龙头企业在推动产业成长与扶贫工作中扮演着至关重要的角色。然而，目前遇到的挑战主要聚焦在两个层面：一方面，缺乏领头羊企业。当前的领军企业大多面临经营规模有限、设施设备老化、经济实力较弱等挑战，这些问题严重打击了它们在跨区域及跨行业的发展潜力、影响力范围及带动效应方面的实力。同时，这些企业往往缺乏应对市场波动和自然灾害的能力，这对扶贫成果产生了负面影响。另一方面，深加工行业的领军企业数量不足，这导致了当地农产品深加工能力的欠缺。当前，大部分企业仍仅限于初加工和简单的生产方式，缺乏自主创新和研发能力，这导致了产业链条短小、产品附加值不高。同时，受制于资金限制，这些企业缺少持续发展所需的动力，难以在激烈的市场竞争中维持竞争力。

（三）大别山地区现代服务业发展水平有待提升

首先，产业结构失调。在大别山地区，服务业主要聚焦在传统的餐饮、住宿和旅游等领域，而金融服务业、教育培训、科技创新等现代服务业的发展相对缓慢，这种产业结构使得服务业对经济增长的贡献有限，限制了区域经济的发展潜力。其次，服务水平提升需求迫切。受人才储备和技术实力的限制，大别山地区服务业的整体服务水平不高。在旅游、医疗、教育等关键领域，服务水平和专业能力都有待提升。再次，产业链条单一。大别山地区服务业的产业链条较为单一，上下游产业的深度融合和协同发展的程度不足。例如，在旅游业的发展过程中，只关注景区的开发，而忽视了旅游服务设施、旅游纪念品开发等相关产业的同步发展。最后，信息化建设滞后。信息化是推动现代服务业发展的重要动力。然而，大别山地区的信息化建设进度并不理想，信息化水平的不足限制了服务业向智能化、网络化方向的转型。

三　大别山地区特色产业发展的主要做法

近年来，大别山地区凭借其独特的地理位置和丰富的自然资源，积极推动特色产业的发展，实现了显著的区域经济增长。但由于历史和地理等原因，这里的经济发展一直较为缓慢。为了改变这一状况，我国高度重视大别山地区的扶贫开发，尤其是在特色产业的培养上，采取了一系列有效的政策措施。

（一）大别山地区进一步做优现代农业的主要做法

河南着眼大别山地区战略叠加的机遇期、风险挑战的凸显期，牢牢把握地区现代农业的发展机遇，着力补齐短板、发挥优势，大力推动地区现代农业高质量发展，促进农业全面升级、农村全面进步、农民全面发展。

一是持续推进粮食生产核心区建设。加强对大别山地区粮食主产区耕地保护，稳定粮食播种面积，继续推进高标准粮田"百千万"工程，推进潢川、光山、西平、上蔡、唐河等县高标准粮田万亩方示范建设，着力提高粮食生产能力。建设粮食科技示范区，鼓励种子企业与科研院所合作，培育优质高产粮食品种，加快推进全程机械化，形成从种到收"一条龙"式技术组合。

二是着力发展特色农业。因地制宜围绕优势特色农产品，加快研发和培育大别山地区农产品知名品牌，加快建设诸如南阳（唐河）黄牛、豫南黑猪、淮南麻鸭等畜产品基地，商城天麻、新县银杏、确山夏枯草等中药材种植基地，信阳、驻马店、固始等优质无公害水产基地。加强绿色食品、有机农产品、地理标志农产品认证和管理，力争每个县（区）打造1~2个具有大别山地理标志的农产品品牌。

三是完善农业服务体系。加快电子商务进农村，大力实施新农村现代流通服务网络工程，建设一批农村产业融合发展园区、农产品质量检验检测中心和冷链物流基地等，鼓励电商企业与地区共建农业全产业链加工、集散、配送和交易中心，大力实施新农村现代流通服务网络工程，支持信阳国际茶城、驻马店新农交易综合体、泌阳夏南牛交易中心、汝南县蔬菜交易中心建设国家级农产品交易中心，加快建设固始、商城、淮滨、唐河、平舆等县农产品物流园区。

四是加快农业产业化进程。培育一批农产品龙头企业，实行规模化种植、标准化生产、品牌化销售、公司化经营，扩大农产品加工规模，推进农产品精深加工，促进现代农业全产业链加快发展。建立固始县等国家现代农业示范区和正阳县等国家农业科技园区，打造信阳、桐柏等茶产业集群示范区，建造一批20亿元以上的现代农业产业化集群。

（二）大别山地区建设先进制造业集群的主要做法

近年来，大别山地区积极响应国家关于产业转型的号召，全力推进高端制造业的集群发展，并取得了显著的成绩。其核心的成功因素主要包括四个方面。

首先，积极推动传统制造业的技术创新和设备升级，通过提升技术水平和增加产品的附加值，实现产业结构的优化。同时，大力支持新兴产业的培育，为高端制造业的集群发展奠定了坚实的基础。其次，运用政策、资金和技术等多种手段，培育一批具有国际竞争力的重点企业，这些企业成为高端制造业集群的支柱。同时，积极引导企业间的协同进步，构建了紧密的产业生态体系。再次，注重产业生态系统的打造，为高端制造业的集群提供良好的环境。积极推动产业链、创新链和资本链的深度融合，提升产业的整体竞争力。同时，加强工业园区的建设，提升基础设施和公共服务，为制造业集群提供支持。最后，积极抓住产业转移的机遇，有序地接受高端产业的转移。利用本地区的资源和政策优势，吸引国内外知名企业投资，推动高端制造业项目的实施。同时，加强和发达地区的合作交流，引入先进的技术和管理经验，提升本地产业化水平。

（三）大别山地区大力发展现代服务业的主要做法

近些年，大别山地区积极探索服务业发展新路径，作为推动区域经济转型和提高居民生活水平的重要途径。以下是促进现代服务业发展的核心策略。

首先，特色旅游产业的优先发展。大别山地区凭借其超凡的自然风光和红色文化资源，全力推进特色旅游产业的发展。一方面，深入挖掘红色文化价值，修复历史遗址，并加强旅游基础设施的完善，以此打造与众不同的旅游品牌。另一方面，以美丽的山水和生态农业资源为依托，拓展生态旅游和休闲旅游等新型旅游业态，满足游客的多元化需求。同时，通过举办各类节日庆典活动，进一步提升旅游项目的知名度和吸引力。其次，服务业新业态的推动。大别山地区着眼于引导和培育服务业新业态的发展，并加快与互联网、大数据、人工智能等现代技术的融合。一方面，大别山地区全力推动电商平台的发展，促进传统产业与电商的线上线下整合，以提升当地农产品和特色手工艺品的市场竞争力。另一方面，积极发展远程教育、在线医疗、智慧物流等现代服务业，以提高当地居民的生活质量。除此之外，还着力发展文化创意和养老养生等新兴产业，为地区经济发展注入新的活力。最后，提升老区品牌影响力。为了提升大别山地区的知名度与影响力，各地纷纷加大对其特色产业的宣传力度，通过多种渠道展示该区域的资源特色和发展潜力。同时，加强区域品牌建设，培养一批具有市场竞争力的知名品牌，如"大别山特产"和"大别山旅游"等。此外，积极参加各类农产品、旅游、文化等展览和展示活动，进一步扩大该区域的对外影响力。

综上所述，大别山地区通过特色农业产业的优先发展、制造业科技创新提升以及现代服务业发展的新业态等措施，有效地推进了大别山特色产业的发展。展望未来，大别山地区将持续深化改革，创新政策，推动特色产业的高质量发展，为地区的振兴和繁荣注入强大的动力。

第三节　提升创新驱动发展能力

新时代以来，大别山革命老区充分发挥独特的政治、区位、生态、人文等优势，加快完善革命老区基础设施建设，发展特色产业体系，综合实力实现新的更大跃升，自我发展能力显著提高。为了进一步增强革命老区振兴发展新动能，提高经济质量效益和核心竞争力，大别山地区聚焦提升创新驱动发展能力的战略目标，围绕完善支持创新体制机制，打造先进技术创新平台，推进科技服务综合体建设，全面提升科技创新水平等具体举措着力提升创新驱动发展能力。

一　大别山地区提升创新驱动发展能力的重要性

大别山地区科技创新整体实力不强，仍然是制约其经济高质量发展的最大短板，尤其是与先进区域相比，其在研发规模、创新平台、高端要素、双创活力等方面存在差距。面对区域科技创新和产业升级新竞争格局，大别山地区打造全国创新高地，探索适合区域实际的创新驱动发展路径至关重要。

（一）大别山地区开拓发展空间的需要

从经济转型的角度来看，提升创新驱动发展能力是大别山地区实现跨越式发展的必由之路。在全球化的浪潮中，传统产业的竞争日益激烈，利润空间逐渐压缩。唯有通过创新，才能打破这一僵局，开辟新的发展空间。大别山地区拥有丰富的自然资源和深厚的文化底蕴，这为创新发展提供了得天独厚的条件。通过深入挖掘资源的内在价值，结合现代科技手段，大别山地区可以打造出独具特色的产业集群，为区域经济注入新的活力。

（二） 大别山地区优化资源利用的需要

从资源利用的角度来看，提升创新驱动发展能力有助于大别山地区实现资源的可持续开发与利用。大别山地区拥有丰富的自然资源，但如何合理、高效地利用这些资源，是其必须面对的重要课题。通过创新，当地可以找到更加环保、经济的资源利用方式，实现资源的最大化价值。同时，创新还能推动绿色产业的发展，为大别山地区的生态环境保护贡献力量。

（三） 大别山地区改善人居质量的需要

从民生的角度来看，提升创新驱动发展能力对于提高大别山地区居民的生活水平具有重要意义。经济发展是民生改善的基础，而创新则是推动经济发展的重要引擎。通过创新，大别山地区可以创造更多的就业机会，提高居民的收入水平；可以推动医疗、教育等公共事业的发展，提升居民的生活质量；可以丰富文化生活，满足居民的精神需求。这些都将为地区的社会稳定与和谐发展提供有力支撑。

（四） 大别山地区增强可持续发展能力的需要

从可持续发展的角度来看，提升创新驱动发展能力是大别山地区实现长期繁荣的必然选择。在全球环境问题日益严峻的今天，可持续发展已成为人类共同追求的目标。大别山地区在追求经济发展的同时，必须注重生态环境的保护与修复。而创新则是实现这一目标的重要途径。通过科技创新和制度创新等手段，我们可以推动绿色、低碳、循环经济的发展模式在大别山地区落地生根、开花结果。

综上所述，大别山地区提升创新驱动发展能力的重要性不仅体现在推动区域经济转型升级、实现资源可持续开发与利用、提高居民生活水平等方面，更在于为区域的可持续发展奠定坚实的基础。

二　大别山地区提升创新驱动发展能力的主要做法

信阳市围绕省市创新驱动重大部署，聚焦提升创新驱动能力，不断完善支持创新体制机制、打造先进技术创新平台、增强企业创新内生动力，打出了一套切实提高创新驱动能力的"组合拳"。

（一）大别山地区不断完善支持创新体制机制

一是完善政策引领，做好支持创新顶层设计。2023 年 1 月，信阳市印发了《信阳市科技创新"六大行动"工作方案》（以下简称"《工作方案》"），旨在贯彻党的二十大精神，全面践行新发展理念，推动《河南省创新驱动高质量发展条例》落地见效。《工作方案》结合信阳实际，围绕开辟发展新领域新赛道，不断塑造发展新动能新优势，实施科技创新"六大行动"，包括未来人居创新高地建设行动、产业创新赋能增效行动、创新平台载体建设行动、科技企业倍增行动、信阳英才拔节行动、创新生态优化行动，推动构建服务信阳"1335"工作布局的科技创新体系。为推动《工作方案》实施，信阳致力于加强现有科技、金融、人才、产业相关政策集成，强化政策激励、要素保障和金融支撑，形成"一把手抓、抓一把手"的工作推进机制和考核评价机制，明确重点任务清单，推动各项工作落实。为建设"两个更好"示范区、"美好生活目的地"提供坚实科技支撑，为塑造"美好生活看信阳"城市品牌贡献创新力量。信阳顶格部署、顶格推进，成立了市委科技创新委员会，统筹指导全市科技创新工作，印发出台了《信阳市人民政府关于加强科技创新推进活力信阳建设的意见》，加大对国家级、省级各类平台载体、人才等各类科技创新活动的奖励额度和奖励范围。建立了以《信阳市鼓励加大全社会研发投入的若干政策措施》为引领的"1+N"科技创新政策体系，涵盖金融、人才、成果转化、主体培育等多个方面，对首次成功享受研发财政补助的规模以上企业和经统计、教育、科技等部门认定的有研发投入的高校院所、重点医院按其研发投入的一定比例给予后补助。同时，严格兑现落实企业研发费用税前加计扣除优惠政策等各类科技创新政策。

二是聚焦重点关键，全面提升科技创新能力水平。围绕绿色能源装备制造、电子信息、绿色家居、绿色食品、生物医药、纺织服装六大主导产业，通过技术创新、管理创新、市场创新等方式，增强企业的核心竞争力和可持续发展能力，推动科技创新和产业创新深度融合取得新突破。坚持以新质生产力引领人居科技产业发展，探索"四好"建设信阳实践，创新建设完整未来社区，深入践行"将城市轻轻放在山水之间"发展理念，打造山水交融、城景相依、宜游宜业、产城融合的花园城市。坚决扛起粮食主产区政治责任，依靠模式创新、科技创新，推动从"望天田"向"吨粮田"转变、"兴农场"向"兴工厂"转变、"首发创新"向"应用科技"转变，以科技创新助推农特产品产销两旺，助力乡村振兴。发力沉浸式文旅新赛道，延伸文旅消费长链条，集聚研学旅行大流量，推进文旅与科技融合发展。注重教育办学模式创新，加强医疗服务能力创新，推动就业创业服务创新，加快农村养老服务创新，推动品质生活全面提质增效。

三是聚人才之力，赋能高质量发展。近年来，信阳作出了全方位培养、引进、使用人才的一系列部署，先后出台了涵盖引才措施、推进机制等各环节的《信阳市"万名学子回归工程"实施方案》等重磅政策，并从2018年以来，信阳市坚持招才引智工作常态化，招引的"985""211"等名校学子环比增长10倍。同时，信阳实施"信阳英才计划"评选等工作，并为其颁发人才证书，还深入开展职称改革，相继出台一系列面向新行业、面向一线、面向基层、面向高层次和急需人才的政策措施，打破"四唯"和各类限制，向更深领域和层次拓展，不拘一格评价使用人才。该市按照"总量稳定、动态调整"的原则，统筹市直单位300个全供事业编制，建立高层次人才周转池，用于引进该市急需的项目建设方面的高层次专业人才，人才周转池人员招聘后，安排到市直相关经济管理、投融资等企事业单位，服务于信阳经济社会发展。不仅如此，信阳还成功组建信阳人才集团，高标准谋划打造建成了一站式综合性人才服务中心——"信才之家"和"青年公园"。围绕信阳重点产业发展，按照"愿设能设尽设"的原则，加强博士后科研场所建设，全市现有国家级博士后科研工作站3家，省级博士后创新实践基地30家。

（二）大别山地区持续打造先进技术创新平台

一是搭建高能级科技创新平台，为创新主体"筑基"。聚焦"两茶"产业创新发展，谋划推进大别山实验室建设；与"中原食品实验室"共建"中原食品实验室信阳预制菜协同创新中心"。信阳高新区汇盈孵化器成功备案为国家级科技企业孵化器；先后获批河南省风电装备及多能源耦合技术创新中心、油茶绿色深加工中试基地、河南省经皮给药制剂创新联合体，实现"0"突破，省级创新平台数量达130余家。

二是聚焦"高""新"定位，着力建设产业科技创新高地。近年来，信阳高新区始终围绕"4+5+N"主导产业发展体系，培育创新企业集群，构建从科技型中小企业到高新技术企业、瞪羚企业的梯度培育体系，着力培育一批具有竞争力的创新型企业。在科技创新实践中，信阳高新区积极搭建创新平台体系、建设高能级创新载体、集聚一流创新人才、营造良好创新生态，全方位多角度为企业科技创新提供支持与帮助。2023 年，信阳高新区共组织 11 家企业申报科技项目 14 项，申请专项资金 1073 万元，兑现各级科技奖补资金 2369 万元，指导企业申报英才计划项目，获批扶持资金 150 万元，共引进高层次人才 80 名。2023 年完成开发科研助理岗位 1057个，帮助 382 名应届高校毕业生走上工作岗位，实现就业和科研"双赢"。信阳高新区 2024 年力争创成 1 家省级、1 家市级创新联合体，新增省级以上创新平台和新型研发机构 10 家。

三是优化科技资源配置。一方面，加大财政科技投入力度，为创新主体"添力"。信阳集中财力保障科技创新需求，建立支持创新的财政投入稳定增长机制。2023 年 1～11 月全市财政科技支出 16.88 亿元，同比增长 10.3%。安排市本级科技发展专项资金 1800 余万元，为市级科技项目、各类平台载体、创新主体及创新创业活动奖励、科技人才等工作提供资金保障，先后拨付科技惠企政策资金 1070.5 万元，创历年之最，有效激发创新活力。另一方面，提升科技金融服务水平，为创新主体"解渴"。信阳推动金融机构、科技贷专业机构与科技型企业的良性互动和有效对接，召开科技金融服务推进会，举办"万人助万企"科技金融银企对接会，积极与中国银行、中国建设银行、郑州银行签订战略合作协议，加大了政银企对接力度，加快了信阳中部半导体技术有限公司、河南天扬光电科技有限公司、潢川县鹏升畜产品有限公司、信阳市图丽光电有限公司等多家高新技术企业、科技型中小企业利用金融资本促进创新发展的步伐。

（三）大别山地区大力推进科技服务综合体建设

为建立健全高效区域创新服务体系，提升科技管理部门服务效能，信阳按照河南省科技厅统一部署，大力推进科技服务综合体建设工作。建立了由省科技厅、市科技局、县（区）科技管理部门组成的三级联动对接的科技服务综合体，高质量征集和办理创新要素需求，为各类创新主体提供规范化、便利化、精准化、常态化的科技创新服务。

一是制定方案，夯实工作基础。制定出台了《信阳市科技服务综合体工作方案（试行）》，明确了工作总体要求、五项主要任务和三项保障措施，要求县（区）科技管理部门加强组织领导，强化宣传引导，营造浓厚的工作氛围。成立了由市科技局主要领导为组长，其他局领导为副组长，各科室负责同志为成员的科技服务综合体领导小组，发挥"谋大事、议大事、抓大事"作用，每季度研究科技服务综合体工作。制定了小组包联县（区）制度，每个班子成员带领一个小组包联两个县（区），围绕县（区）优势特色产业、产业链及其需求重点，深入调研，开展创新需求征集，提出针对性的服务举措，开展精准服务。市级和县（区）科技管理部门对创新主体的需求和问题实行常态化受理，提供精确化服务，自创新主体提交需求起1个工作日进行受理，2个工作日内转交业务科室办理，30日内完成办理并向创新主体反馈办理情况，对暂时不能落实的需要说明理由，对市委、市政府部署的重大任务或应急性需求，采取"一事一议"方式实时办理。

二是会议部署，压实工作责任。信阳组织召开了信阳市科技服务综合体工作推进会，邀请省科学技术情报中心进行了科技服务综合体政策宣讲培训。信阳市科技局由局班子成员带队深入各县（区）调查走访，与100余家创新主体开展座谈，面对面推介科技服务综合体工作，对信息平台的使用进行了培训，实现了科技服务综合体县（区）培训全覆盖。

三是加强服务保障。信阳市科技局主动对接企业，以送政策、问需求为目标开展"一企一策一专班""万人助万企""科技企业服务行""三服务大比武"活动。2022年通过选派40名高校、科研院所高层次人才到企业兼任技术副总，解决企业"卡脖子"难题，8个产业科技特派员服务团、469名科技特派员常驻企业等多种形式摸清企业在科技创新方面的需求、解决产业发展中的共性关键技术问题。整合"科技部门+服务机构"力量。全市各县（区）积极引入第三方科技服务机构，针对科技企业发展中的难点和痛点，充分发挥科技服务机构优势，为企业"量身"定制解决方案，并持续跟进，切实帮助企业解决发展中遇到的问题和困难，助力企业做大做强。2023年以来，各县（区）先后为科技企业引入会计、税务、企业管理等各类第三方科技服务机构10余家；全市高新技术企业预计净增72家，总数将达到306家；评价入库国家科技型中小企业640家，完成省定任务149%。

三　大别山地区提升创新驱动发展能力取得的成效

河南深入贯彻落实习近平总书记对大别山革命老区作出的系列重要讲话指示批示，弘扬伟大建党精神，进一步加大政策支持，激发内生动力，发挥比较优势，切实提升大别山地区的创新驱动能力，在提高企业自主创新能力，加快推进创新平台建设，优化研发创新环境等方面取得了明显成效。

（一）大别山地区企业自主创新能力大幅提高

河南着力增强大别山地区企业的科技研发能力、关键技术突破能力以及核心竞争力，企业自主创新地位不断加强，区域辐射带动能力持续提高，企业自主创新能力实现大幅提升。

一是企业自主创新地位不断加强。大别山地区积极发挥领军型企业的主导作用，加快推进创新联合体培育工作，鼓励企业结合自身需求开展产业关键核心技术攻关，探索建立企业创新联合体联动机制。其中，信阳市已组建第一批"信阳市新型显示创新联合体"等6家市级创新联合体，涉及生物医药、电子信息、先进制造、新材料等领域。截至2024年7月，该市拥有国家级"小巨人"企业8家、高新技术企业303家、省级"瞪羚"企业13家、专精特新企业124家、科技型中小企业640家，全市高新技术企业、科技型中小企业目标完成率在全省分别排名第2位、第3位。

二是企业科技创新能力持续增强。大别山地区加快整合各类创新要素、创新资源向企业聚集，建立产学研用一体的技术创新体系，全面提升企业自主创新能力和核心竞争力，着力破解企业发展的关键性技术难题。位于信阳市羊山新区的河南凯源水务科技有限公司通过创新质量管理方法、完善质量管理过程、加强科技研发、推动智能化改造等途径，形成了独具特色的高质量管理经验，对全行业质量提升起到了带头作用；信阳景红实业有限公司通过与高等院校实现产学研一体化合作，创新研发出双室熔炼炉和低温冶炼等先进设备和工艺技术，这一核心技术的掌握加快了企业发展。

三是区域创新能力明显提升。随着企业自主创新地位的持续稳固和科技创新能力持续增强，辐射带动周边区域的能力显著提高，大别山区域创新能力明显提升。2022年6月，信阳高新区成功获批国家高新技术产业开发区。2023 年，信阳市成功获批电子信息产业研发联合基金，争取省财政资金 6000 万元，全年累计争取省级各类科技经费 4970.2 万元。全市技术合同登记额达到 30 亿元，增速达到 36%。

（二）大别山地区创新平台建设取得显著成效

河南鼓励支持大别山地区与高校、科研院所合作建立研究中心和重点实验室，通过各种方式汇聚各方创新资源来推动产业链、供应链、创新链、资金链、人才链、政策链协同贯通，积极培育创建国家级科技创新平台。

一是高水平研发平台助力科技创新。大别山地区通过构建高水平研发平台，不断拓展企业转型升级的广阔空间，强化企业科技创新。比如，信阳市加快构建高水平研发平台，积极争取各类科研基金、项目经费，先后选聘 120 名专家人才担任全市科技型企业"科技副总"，大幅提高了企业的研发能力和生产效益。地区内各类研究中心和研发平台也将凝聚国内外的杰出管理人才、技术人才、科技人才等各行业的佼佼者齐聚信阳，打造国内一流的"两茶"科技创新平台和高层次人才聚集地。

二是高水平研发机构建设成效显著。河南积极推进大科学装置在大别山地区延伸布局，鼓励支持创建省级以上重点实验室、工程研究中心、产业创新中心、制造业创新中心、企业技术中心等创新平台。河南获批成立了省内首个实验室——大别山实验室，这一实验室由多个科研院校和骨干企业组成，通过人才集中、平台搭建来攻克"两茶"（茶叶、油茶）科技领域的关键核心技术，打造国内"两茶"产业高端人才聚集和科技创新高地，提升"两茶"产业科技创新能力。

三是科技成果转移转化能力加强。近年来，驻马店市高新技术企业不断加强与国内外知名科研机构和大学合作交流，突破了一批关键技术，加快农业科技成果转化应用。该市通过举办多场科技成果发布对接活动，吸引全国全省的高校科研人员、企业代表、科技管理人员等推动科技成果在企业落地，转化为现实生产力。

（三）大别山地区企业研发创新环境日益优化

作为革命老区和国家脱贫攻坚的主阵地，大别山地区不断拓宽科技型企业融资渠道，加大招商引资的力度，激发人才创新活力，破解企业研发创新难题，为增强企业自主创新能力营造了开放包容的环境。

一是招商引资力度持续加强。大别山地区通过政府招商引资和争取"科技贷"，精准破解轻资产科技型企业"融资难、融资贵、融资慢"难题，切实促进了企业科技研发创新。河南省连续多年促进"科技贷"业务不断落地，2023 年以来为信阳市谷麦光电子科技有限公司等 12 家企业争取"科技贷"9440 万元，累计争取"科技贷"4.24 亿元。采取后补助方式给予贷款贴息，对全市 9 家企业贴息 125 万元，缓解企业融资难、融资贵问题，企业融资贷款利息降低 50%。

二是创新创业环境不断改善。大别山地区积极营造创新创业的浓厚氛围，先后出台多项实施意见，不断完善创新创业政策支撑体系，支持青年人才、领军人才创新创业，提升中小企业创新创业能力。近年来，驻马店市通过抓实优质中小企业梯度培育，全力推进小微工业企业"升规入统"，建立健全中小企业公共服务体系等举措，大幅提升了中小企业创新能力和专业化水平，增强了中小企业综合实力和核心竞争力。

三是人才创新活力显著提高。突出"高精尖缺"导向，河南支持实施新阶段高质量发展人才政策，加大人才培育和引进力度，完善人才柔性引进机制，健全人才评价激励机制，强化人才联系服务，妥善安排高层次人才子女就学，努力营造人才发展良好氛围。例如，信阳市大力实施"雁归来"工程，出台"返乡就业创业十条支持政策"，在子女教育、住房保障等方面为返乡就业创业者提供保障服务。

第五章　公共服务强民生：在传承弘扬大别山精神中增进革命老区人民福祉

　　《大别山革命老区振兴发展规划》《国务院关于新时代支持革命老区振兴发展的意见》《新时代大别山革命老区协同推进高质量发展实施方案》等一系列战略部署旨在催生革命老区内生活力，为大别山革命老区在新时代背景下实现高质量发展描绘了幸福图景。面对国家政策机遇，河南传承弘扬大别山精神，坚持为民服务的初心，树立全局观念，加强区域合作，团结奋进，勇于担当，积极面对挑战和困难，不断探索公共服务新的模式和方法，增进革命老区人民福祉。

第一节　提升公共服务质量

　　公共服务质量对民生改善有着关键性影响。公共服务质量的提升有助于缩小社会贫富差距，促进社会公平，增强社会凝聚力；优质的公共服务能够满足民众的基本需求，提高民众的幸福感和满意度。2024年7月党的二十届三中全会审议通过的《中共中央关于进一步全面深化改革、推进中国式现代化的决定》中强调要完善基本公共服务制度体系，加强普惠性民生、基础性民生、兜底性民生的建设，解决好事关人民最直接最现实的利益问题，完善收入分配和就业制度，健全社会保障体系，增强基本公共服务均衡性和可及性，不断满足人民对美好生活的向往，聚焦提高人民生活品质。坚持提升服务质量强民生，充分保障群众享有经济、政治、文化、生态等各方面发展所带来的权益，不断朝向共同富裕的方向稳步前行，这不仅是大别山精神精髓的体现，也是传承与弘扬大别山精神在河南的生动实践。近年来，大别山革命老区干部群众秉持"坚守信念、胸怀全局、团结奋进、勇当前锋"的大别山精神，不断激发内生动力。坚守初心，树立全局观念，在提升公共服务质量时，充分考虑地区发展特点和群众实际需求，科学整体规划公共服务布局，梯度增加教育事业的投入力度，整体提升医疗卫生的服务水平，完善就业保障机制，优化社会资源配置，提高资源的利用效率，增强人民群众的获得感和幸福感，向着现代化建设和共同富裕的方向前进。

一　大别山革命老区提升公共服务质量的河南做法

（一）统筹布局，加强教育事业内涵式发展

习近平总书记对教育事业发展提出了一系列新要求，阐明教育事业改革与发展的重要性。教育事业的发展成为关系国家各方面发展的重要因素。河南加强红色文化挖掘，大力弘扬大别山精神，以全局性观念推动大别山地区教育发展，为经济社会发展提供从思想到文化和智力支持。

第一，支持基础教育优质发展。河南加大对学前教育的奖补资金支持，扩大普惠性学前教育资源，提高公办园在园幼儿占比，提升幼儿教师师资水平，对编制缺口大的市县探索实行员额制管理。推进农村学校教育信息化建设等方面给予资金和项目支持；指导学校布局调整和资源整合，促进教育资源配置与城镇化水平相适应；加强教师培养培训，在中小学教师素质提升工程、"国培计划"、中小学校长培训、特岗教师和河南省地方公费师范生培养计划等方面加大倾斜支持力度。第二，支持发展现代职业教育。河南在生产性实训基地、示范性职业教育集团等重大项目中予以政策倾斜，加快技能型人才培养，实施全民技能振兴工程。根据当地经济社会发展需要，有重点地发展职业院校，支持符合条件的高职学校提升办学档次，建设本科层次职业学校。第三，支持高等教育内涵发展。重点支持信阳师范大学建设成为大别山地区综合性大学，积极推行纳入省特色骨干大学建设高校，并支持其淮河校区发展。启动新农科建设大别山行动计划，依托涉农高校围绕人才、科技和社会发展需求，通过成立新农科发展联盟，建设涉农新专业、新农科建设人才培养实践基地、特色农业研究与技术转化基地、生态文明建设示范基地等，推动校地精准对接和科技成果转化，助力特色农业发展。

（二）科学规划，提升医疗卫生服务水平

医疗卫生服务是政府为人民群众提供的重要基础服务之一，它不仅事关民生，也关乎国家与社会的稳定与长治久安。大别山地区始终将保证人民群众的健康，放在检验生活水平是否提升的重要位置，努力提升医疗卫生服务水平。

第一，积极引进优质医疗资源。支持市域内医疗机构与省内外高水平医院合作共建，完善相关共建机制，推动市直医疗机构与省内外高水平医院的合作交流。第二，加强中西医协同医疗。建立中西医协同医疗长效机制，加快推进综合医院中西医协同"旗舰"医院建设，争取建设省级中西医协同"旗舰"科室，推动二级以上综合医院、专科医院全部建成标准化中医科，使 70% 以上二级妇幼保健院达到中医药科室标准化建设要求。第三，打造特色专科医院。开展县级中医医院"两专科一中心"建设，每个二级以上中医医院建成多个市级重点专科，推进妇幼保健机构提质升级，使 60% 以上的县级妇幼保健院达到二甲水平。第四，完善老年医疗服务网络。加强老年医疗服务网络建设，提升相关医院老年医疗服务能力水平。建设医养结合示范县（区）、示范机构，争创全国医养结合示范机构，新（改）建一批社区（乡镇）医养结合服务中心，选取部分社区（乡镇）探索推广全链式医养结合模式。第五，深化县域医共体建设。采取责权利一体、人财物统一的合作模式，实现标准、制度、管理、服务、质量等方面的统一。持续提升县级医院服务能力，使各医共体牵头医院达到二甲以上水平，各县均有公立医院达到三级医院水平，提高县域就诊率。

（三）加大支持，建立健全多层次就业与社会保障体系

劳动与社会保障体系是群众最为关切的民生问题之一，也是社会关注的热点问题，是维护社会稳定的重要条件。大别山革命老区通过政策扶持，建立健全多层次的就业与社会保障体系。第一，健全防止返贫动态监测和帮扶机制。统筹推动财政衔接推进乡村振兴补助资金等政策、资金、项目向革命老区倾斜。提高老红军、烈军属、农村困难群众等对象生活补助标准，落实"三红"人员（在乡退伍红军老战士、在乡西路军红军老战士、红军失散人员）、烈士老年子女、年满 60 周岁农村籍退役士兵等人群的优

抚待遇。加大对革命老区在职业技能提升行动、全民技能振兴工程等方面的倾斜支持力度。第二，促进重点群体就业。持续关注高校毕业生、返乡农民工，脱贫家庭、低保家庭以及零就业家庭等关键就业群体，构建多元化的供需对接平台，通过多种渠道促进就业机会的精准匹配与有效传递，着力破解"用工荒""就业难"问题。例如，平桥区人社局主动收集镇周边、平桥工业园区的招工信息，送到贫困户家中，针对无法离乡务工的贫困劳动力，开发公益岗位，联系镇内企业让贫困劳动力就近工作。光山县人社局借助本地媒体、相关 App 等收集和发布企业用工信息；潢川县黄寺岗镇召开支持重点群体创业就业有关税收政策宣讲会，帮助各村负责人熟悉政策内容。市财政局根据相关政策和资金使用规定，聚焦高校毕业生、退役军人、农民工及就业困难人员等核心就业群体，实施一系列扶持政策，包括但不限于社会保险补贴、职业培训补贴以及求职创业补贴等，以全方位支持其就业与创业需求。截至 2024 年 2 月，共下达就业补助资金 15364 万元。浉河区五星街道幸运社区积极宣传相关政策，发布政策服务信息 200 余条。第三，强化培训见习工作。持续实施全民技能振兴工程、职业技能提升行动、失业人员就业技能提升计划等；扩大就业见习规模，实施青年就业见习计划、青年就业创业促进行动等，提升离校未就业高校毕业生及失业青年就业创业能力。第四，优化就业创业服务。推进就业信息化建设，提升信息系统应用能力，实现信息共享，推进政策服务帮办、快办、打包办；精心组织公共就业专项服务系列活动，为企业和求职者搭建对接平台。

二　大别山革命老区提升公共服务质量的主要成效

在大别山精神的激励下，河南大别山革命老区始终坚持将提升公共服务质量放在首位，使群众能够充分享受改革发展的成果，坚持普惠性、均等化的可持续发展方向，取得了较为明显的成效。

（一）教育事业高质量发展稳步推进

大别山革命老区的教育事业坚持全面布局，均衡发展的目标，支持基础教育优质发展，积极推进现代职业教育，深化高等教育内涵式发展，出台一系列政策措施，在政策、经费、人才等方面给予优惠和保障；坚持优先发展教育战略，加大教育投入，改善办学条件，集聚优质资源，推动高校发展迈入新阶段，学前教育、义务教育等各级各类教育都取得了进步，人民群众对教育的满意度不断提升。

新建和改扩建的中小学及幼儿园共计1239所，新增学位数量高达21.6万个，极大地缓解了学位紧张问题。学前教育的普及率更是实现了大幅提升，毛入园率相比五年前增长了9.2个百分点，显示出学前教育事业的蓬勃发展。值得骄傲的是，信阳市所有县区均成功通过了国家义务教育基本均衡发展认定，标志着全市义务教育质量的全面提升。在空军招飞方面，信阳市更是连续十年在全国地级市中名列前茅，彰显了其优质的教育资源及学生出色的综合素质。同时，为进一步优化教育资源配置，信阳市还成立了信高、平桥、司马光等五个教育集团，通过集团化办学模式，推动教育资源的均衡分配与教学质量的持续提升。信阳师范大学淮河校区、华北水利水电大学江淮校区、信阳艺术职业学院建成招生，全市拥有4所普通本科院校、5所高职高专院校。

信阳市在基础教育方面，坚持"五育并举"，构建全面育人体系，加快省市级"书香校园""书香班级"创建，研发研学精品课程和线路，普及"每天两个大课间"活动，举办"市长杯"校园足球比赛等；同时加强未成年人思想道德建设，开展各类教育实践活动，还通过"教室里的党史馆"等方式传承红色基因。在职业教育方面，建设雷山匠谷，打造职业教育高地；联合有关部门制定校企合作实施方案，提高实训课开课率，大力联办专业，多家企业入围产教融合型企业培育名单；该市在国家级农村职业教育和成人教育示范县、省级职业教育强县、国家级示范校、省级品牌示范校、省级特色院校等建设方面均有成果，在全国职业院校技能大赛和"人人持证、技能河南"建设中表现出色。

（二）医疗卫生服务提质增效成效显著

大别山革命老区不断加强卫生服务机构建设，城乡居民之间医疗资源和医疗水平的差距逐渐缩小，医疗服务质量和效率及群众的满意度显著提高。城乡居民基本养老保险与基本医疗保险的覆盖面达到了100%，确保了每位市民都能享受到基本的社会保障。此外，城乡低保标准与特困人员救助供养标准均得到了稳步提升，进一步增强了社会弱势群体的获得感与幸福感。截至2023年，信阳市的三级医院数量已增至13家，标志着该市医疗服务能力的显著提升。同时，急诊急救体系中的"五大中心"（通常包括胸痛中心、卒中中心、创伤中心、危重孕产妇救治中心、危重新生儿救治中心）已全面覆盖市、县两级，为居民提供了更加高效、便捷的紧急医疗服务。此外，市中心医院东院区的全面开诊，更是进一步增强了市区的医疗服务能力，为市民提供了更多元化、更高质量的医疗服务选择。农村居家养老上门服务"戴畈模式"荣获全国改革试点优秀等次。

通过以上措施，信阳市人均预期寿命不断提高，各项健康指标持续优化，人民群众健康获得感、幸福感、安全感持续增强。信阳市三级医疗机构各项指标稳步向好，二级医疗机构绩效考核位居全省第一。在全国率先达成了每个行政村拥有一所标准化的村卫生室的举措，确保村民能享受到便捷、规范的医疗服务。同时，作为全国及河南省县域医疗改革的试点县，息县在医疗体制改革方面勇于探索、敢于创新，特别是在按病种付费和协作医疗等领域，其改革成果显著，走在了全国的前列，为其他地区的医疗改革提供了宝贵的经验和借鉴，率先在全省出台了《关于加强全市基层卫生人才队伍建设的意见》。特别是市委、市政府面向卫生和教育系统实施的"双千工程"，社会反响很好。市政府成立了中医药工作局际领导小组，统筹推进全市中医药工作，力促中医药发展的良好氛围。已建成市级中医药文化宣传教育基地 21 家；浉河区、罗山县、息县被命名为全国基层中医药工作先进单位。市委、市政府连续多年将卫生健康建设项目列入政府"十件民生实事"。近 3 年共争取上级资金 49.88 亿元，年均增幅超过 10%。2023 年，谋划重点项目 68 个，纳入省级储备推送国家的项目共有 54 个，总投资 92.46 亿元，申请新增中央投资 62.85 亿元，卫生健康事业发展动力更加强劲。

（三）就业与社会保障体系逐步完善

第一，政策支持与资金投入。河南省政府及大别山革命老区各级政府积极响应国家号召，出台了一系列促进就业的政策措施，包括就业扶贫、技能培训、创业扶持等，为老区居民提供了全面的就业支持。2023 年 12 月印发的《信阳市公共服务和社会保障三年行动方案（2023—2025 年）》，旨在构建与社会经济同步发展、与信阳新时代高质量发展要求相适应的公共服务和社会保障体系。

政府加大了对就业保障体系的资金投入，自 2019 年至 2023 年，信阳市累计投入民生资金高达 2222 亿元，相比前五年实现了 1.7 倍的增长。用于建设就业服务平台、开展技能培训、提供创业补贴等，为就业保障体系的建立健全提供了坚实的物质基础。在此期间，城镇地区年均新增就业岗位稳定在 9 万个以上，为市民提供了坚实的就业保障。2024 年，信阳市全省新增发放创业担保贷款目标为 120 亿元以上。这一措施旨在通过金融支持促进创业，从而带动就业。2024 年 7 月 1 日起提高了城乡最低生活保障标准和特困人员救助供养标准。这一调整将惠及大量城乡低保对象和特困人员，需要政府增加相应的财政投入。在 2022 年，信阳市财政安排预算资金 3861 万元用于积极筹措资金，加大财政投入，支持农民工返乡就业创业、人才引进等工作。

第二，就业服务平台建设。在大别山革命老区，创新建立了就业扶贫驿站。就业扶贫驿站是一个综合性服务平台，它巧妙融合了就业扶贫车间、电子商务服务中心、全方位公共就业服务窗口以及多功能培训教室等多种功能于一体。这一创新模式为贫困劳动力搭建了一个既便捷又高效的就业桥梁，不仅提供了丰富的就业机会，还通过系统化的技能培训，助力他们提升自我，增强市场竞争力，实现稳定脱贫与可持续发展。

第三，就业渠道拓展。发展特色产业、壮大产业集群等，为大别山革命老区创造了更多的就业岗位。例如，发展高效种养业、农产品加工业、乡村旅游等产业，为当地居民提供了多样化的就业选择。在劳务输出方面，大别山革命老区加强与外部地区的劳务合作，组织劳务输出，帮助老区居民到外地务工就业。同时，也注重引导外出务工人员返乡创业，带动家乡经济发展。

三　传承弘扬大别山精神，进一步提升公共服务质量

习近平总书记始终强调："党的一切工作都是为了实现好、维护好、发展好最广大人民根本利益。"① 让老区人民过上好日子，是我们党的庄严承诺。公共服务质量事关民生福祉，人民生活幸福感、获得感、满足感，很大程度上取决于政府提供的公共服务质量高低。在新时代支持革命老区高

---

① 习近平：《必须坚持人民至上》，《求是》2024 年第 7 期。

质量发展的征程中，需要以大别山精神为指引，必须始终赓续红色血脉，用党的奋斗历程和伟大成就鼓舞斗志、指引方向，用党的光荣传统和优良作风坚定信念、凝聚力量，用党的历史经验和实践创造启迪智慧、砥砺品格，把革命先烈流血牺牲打下的红色江山守护好、建设好。在传承和弘扬大别山精神中，进一步提升公共服务质量。第一，坚守信念，明确目标。将提升公共服务质量作为改善民生、促进发展的坚定信念。以大别山精神为引领，制定明确、长远且符合老区人民需求的公共服务发展目标。第二，胸怀全局，统筹规划。从全局出发，整合资源，打破部门壁垒，形成统一高效的公共服务体系。综合考虑教育、医疗、文化、社会保障等各方面，实现协同发展。第三，团结一心，形成合力。政府部门、社会组织、企业和群众应团结协作。鼓励各方积极参与公共服务的提供和监督，形成强大的工作合力。第四，勇当前锋，创新实践。在公共服务领域大胆探索创新，借鉴先进地区经验，结合本地实际，勇于尝试新的服务模式和技术手段。比如利用互联网技术推动教育、医疗资源的共享，提升服务效率和覆盖面。

第二节　改善人民生活品质

"改善人民生活品质，提高社会建设水平"是在 2020 年党的十九届五中全会审议通过的《中共中央关于制定国民经济和社会发展第十四个五年规划和二〇三五年远景目标的建议》中作为一个重大目标进行系统阐述的，这也是第一次在党的全会文件中明确提出"人民生活品质"的新概念。2022 年党的二十大报告再次明确"增进民生福祉，提高人民生活品质"是党的重大历史任务，2024 年 7 月党的二十届三中全会审议通过的《中共中央关于进一步全面深化改革、推进中国式现代化的决定》中的任务之一是加强普惠性民生、基础性民生、兜底性民生建设，提高人民生活品质，解决人民群众急难愁盼涉及最直接最现实的利益问题，不断提高民生福祉。提高人民生活品质具有深远的历史意义和深厚的理论逻辑，是以习近平同志为核心的党中央从全面建设社会主义现代化国家的战略全局作出的重大战略部署，生动诠释了我们党为民造福的勇毅担当。提高人民生活品质不是一个一蹴而就的过程，而是久久为功的复杂过程。提高人民生活品质的本质是要维护和实现人民群众最现实、最根本的利益，是以人为本发展理念的体现，是党坚持"立党为公、执政为民"的生动体现。新时代新征程，大别山革命老区继承红色革命传统，弘扬大别山精神，坚守信念、无私奉献、团结一心、勇当先锋，在保障和改善民生新征程中砥砺前行。

一　大别山革命老区改善人民生活品质的河南做法

生活品质是人生活的品位和质量，是一个集政治、经济、文化、生态与社会为一体的综合性概念。人们收入水平和消费能力、人的文明素质和社会文化氛围、生活的自然环境等因素都会影响人民生活品质的高低，其生活涵盖面广泛，并惠及全体人民。提高人民生活品质是实现全体人民共同富裕的必然要求，也是全面实现现代化的必然过程。2019年9月，习近平总书记在河南省新县考察时指出，我们绝不能忘记革命先烈，绝不能忘记老区人民，要把革命老区建设得更好，让老区人民过上更好生活。近几年，大别山革命老区在大别山精神的引领下，牢记嘱托，砥砺前行，以巩固脱贫攻坚成果为指引，在提高发展质量和效益的同时，不断满足人民群众对美好生活的需求，扎实推进共同富裕。

（一）探索增收途径，稳步提高群众收入水平

第一，发展特色农业，培育知名农产品品牌。加快建设畜产品基地、中药材种植基地、优质无公害水产基地等；推广双低油菜、油茶、芝麻、花生、油用牡丹等油料作物种植；支持知名农产品品牌发展；积极推广稻鳅、稻鱼、稻鸭共生技术，实施稻田种养一体化生态农业项目。第二，推动制造业高质量发展，打造特色产业链。深化"中国药谷"的建设，聚焦构建中医药产业强市的宏伟蓝图，积极实施中药产业全面振兴战略，创新性地推动农产品深加工、畜牧产业与生物医药产业三者之间的无缝对接与深度融合，形成"三产联动、协同共生"的崭新发展模式。这一模式旨在打破行业壁垒，促进资源高效配置，通过跨界合作与技术革新，引领区域经济向更高质量、更高水平的方向发展。第三，加快现代服务业发展，推动服务业优化升级。全力推动现代服务业向更加优化、高效的方向发展。在生产性服务业领域，将着力提升其发展层级，通过实施多式联运示范项目，进一步健全现代物流体系，力争成为引领全国物流网络的国家级枢纽城市。同时，关注生活性服务业的提质增效，优化城乡配送网络效率，加

速推进"快递进村"全国试点城市建设，让便捷服务惠及更广泛的人群。此外，实施新兴服务业的培育与提升计划，聚焦平台经济、会展经济等新兴业态与模式，激发服务业发展的新活力，培育新的经济增长点。在电子商务领域，持续壮大市场规模，特别注重推动农产品的线上销售，加快构建农产品交易中心和电商园区，旨在打造具有地域特色的商品交易平台和区域性的网购商品集散中心，实现商品流通的高效与便捷。第四，加强对外开放载体建设。支持申建保税物流中心（B型），争取设立对外开放口岸、保税监管场所等；推动经济技术开发区与发达地区国家级经开区结对合作，推进体制机制改革；支持发展跨境电子商务，建设相关园区和平台，符合条件的优先认定并给予支持。

（二）繁荣发展文化事业，丰富人民精神文化生活

文化的繁荣发展对经济增长、社会进步及人民生活品质的提升有着积极意义。大别山革命老区蕴含着丰富的文化资源，政府通过多举措繁荣文化事业，使承载着历史记忆、红色基因的"文化符号"焕发新生，提高红色文化资源的吸引力和感染力。

2023年4月驻马店市人民政府印发了《关于新时代加快大别山革命老区振兴发展的实施意见》，明确提出要大力传承红色基因，加强红色资源保护和利用。聚焦竹沟革命纪念馆、杨靖宇将军纪念馆及其故居、遂平豫中抗日根据地旧址、鄂豫边省委旧址、雷岗战役遗址等一系列重要革命博物馆、纪念馆等场馆的新建、改造与品质提升工作。同时，加大对革命遗址、旧址及烈士陵园的修缮与保护力度，确保这些承载着厚重历史记忆与革命精神的文化遗产得到妥善维护，让后人能够深刻铭记历史，传承红色基因，弘扬革命精神。2023年3月信阳市委宣传部印发了《关于推进书香信阳建设的若干措施》，着力完善公共阅读服务体系建设，为提高人民生活品质提供强大的思想保证、文化滋养和精神力量。在"书香品牌"打造的目标下，培育和丰富"一县一品""一地一特"等书香品牌，如平桥区连续14年举行经典名篇朗诵会；淮滨县打造"悦读·滨城"全民读书志愿服务项目；潢川县举办"传承中华经典 赓续红色血脉"朗诵比赛等，提升社会的文明程度，加强文化强市建设。

推动文化旅游合作，开展全域旅游示范区创建工作。2005年河南省编

制了《河南省红色旅游发展规划纲要》，在做好规划的基础上，以大别山红色旅游区建设为龙头，以革命遗址和重大战役、重大事件为重点，充分挖掘、保护和利用红色文化遗存，精心打造红色旅游品牌，努力形成点、线、面相结合的红色旅游格局。例如，推动确山、泌阳等区域联合，打造跨区域的大别山红色旅游精品线路，如"四点一线"的红色旅游线路，将杨靖宇将军纪念馆、竹沟红色小镇等红色景点串联起来，形成规模效应。

支持建设爱国主义教育研学游基地，推动相关地区创建国家 5A 级旅游景区等。例如，全力支持新县依托其独特的红色资源，如鄂豫皖苏区首府旧址、首府烈士陵园及革命博物馆等核心景点，积极申报并创建国家 5A 级旅游景区，同时组织编制《长征国家文化公园（河南段）建设保护规划》，以高标准规划引领红色旅游与文化传承的深度融合。鼓励大别山革命老区与长三角地区的结对城市及周边中心城市深化合作，共同打造革命传统教育基地与红色研学基地，促进红色文化的跨区域交流与传播。在推进过程中，以信阳市及下属各县区政府为引领，实施全域旅游发展战略，特别是以新县、商城县、罗山县、光山县、固始县、浉河区等县区作为主力军，通过全域统筹、共建共享、联动发展的模式，携手创建省级全域旅游示范区，树立跨县级行政区域的全域旅游示范区创建典范，推动旅游产业成为区域经济社会发展的新引擎。

以竹沟革命纪念馆、确山县临时治安委员会旧址等红色教育基地为依托，开展形式多样的红色教育活动，如红色研学游、红色主题党日活动等，引导广大党员干部和群众传承红色基因、赓续红色血脉。依托河南大别山干部学院、何家冲学院等红色教育基地，开展红色文化展览、教育培训等活动，打造全国知名的红色文化研学基地和爱国主义教育基地。将红色文化纳入学校教育体系，通过课堂教学、课外活动等方式向学生传授红色知识，培养学生的爱国情怀和革命精神。利用新媒体平台广泛传播红色文化，通过微信公众号、短视频等方式让更多的人了解大别山的红色故事和革命精神。

（三）持续改善生态环境，提升群众获得感幸福感

对生态环境质量的要求是人民对美好生活向往的重要内容之一。生活品质的提升，与良好的生态环境相生相随。大别山革命老区通过政策制定，

着力推进生态环境改善，推进革命老区绿色发展，民生与生态协调发展。2023 年 4 月驻马店市人民政府印发了《关于新时代加快大别山革命老区振兴发展的实施意见》明确提出加强生态环境保护。促进革命老区振兴发展和生态环境保护、民生保障相互协调。2022 年 10 月息县人民政府印发了《息县 2023 年国土绿化建设暨创建省级森林城市提升实施方案》，将造林任务暨创森指标分解至各乡镇（办事处），进一步细化量化目标任务，强化创新措施举措，做到造管并重提质增效。2023 年淮滨县获"河南省省级生态县"荣誉称号，一直以来，淮滨县积极践行"绿水青山就是金山银山"的理念，举生态旗、打生态牌、走生态路，围绕"滨淮福地、临港强县"奋斗目标，坚定不移走"港产城"融合发展之路，努力探索可持续的"两山"理念转化模式，把生态优势转化为经济优势，实现了"水患大县"的美丽蝶变。淮滨县按照"四结合一保障"要求，全面落实林长制，大力推进国土绿化提速行动。国土绿化与项目建设相结合。筹措整合资金，采取项目化运作模式，强力推进国土绿化工作。淮滨县成立碳达峰碳中和工作领导小组，科学制定碳达峰、碳中和行动方案，积极发展可再生能源。加快高能耗产业绿色化、清洁化改造。在纺织、食品等主导产业中推广绿色低碳技术的应用，加速绿色转型，为打造"绿色淮滨"植入生态动能。

河南大别山革命老区在改善生态环境方面采取了全面而具体的措施，这些措施的实施不仅有助于保护当地的自然生态环境，还促进了经济社会的可持续发展。这些举措旨在保护和改善大别山革命老区的生态环境，推动绿色发展，实现生态保护和经济发展的相得益彰。同时，河南省也注重发挥生态环境职能优势，加大对革命老区在技术、产业、项目、资金等方面的帮扶力度，促进革命老区振兴发展和生态环境保护协同并进。

二　大别山革命老区改善人民生活品质取得的成效

从物质生活、精神生活再到生态环境改善，大别山革命老区政府采取了一系列做法，使人民生活品质的"高度""广度""温度"不断提升，人民群众幸福感指数不断增强。

（一）人民群众收入稳步提高

河南省政府印发实施的《新时代河南省支持大别山革命老区协同推进

高质量发展工作方案》提出，到 2027 年，河南省大别山革命老区人均地区
生产总值增速和居民人均可支配收入增速要位居全国革命老区前列。该方
案旨在支持信阳市、驻马店市和南阳市桐柏县、唐河县协同湖北、安徽等
大别山革命老区推进高质量发展，以实现到 2035 年，与全省、全国同步基
本实现社会主义现代化，与湖北、安徽协同推进大别山革命老区高质量发
展格局全面形成，与长三角、长江中游地区的合作更加紧密的目标。近年
来，河南大别山革命老区在提高人民群众收入方面取得了显著成效。截至
2023 年信阳市全年居民人均可支配收入 27179 元，比上年增长 7.1%（见
图 1）；居民人均生活消费支出 19883 元，较上年增长 11.6%。按常住地分，
农村居民人均可支配收入 19446 元，较上年增长 8.5%，农村居民人均生活
消费支出 16142 元，较上年增长 12.7%；城镇居民人均可支配收入 36525
元，较上年增长 4.9%，城镇居民人均生活消费支出 24403 元，较上年增
长 9.7%。

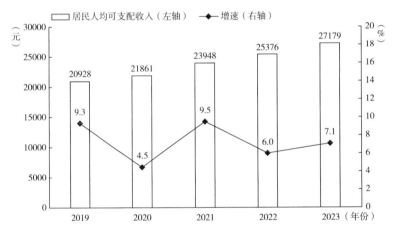

图 1　2019~2023 年信阳市居民人均可支配收入及增速
资料来源：信阳市统计局《2023 年信阳市国民经济和社会发展统计公报》。

以信阳市新县为典范，该县通过深耕旅游产业发展，不仅大幅提升了
基础设施水平，还积极优化乡村环境，实现了旅游产业的多元化与丰富化。
新县精心策划并成功打造了首批 25 个独具特色的红色文化旅游村，这些村
庄不仅承载着厚重的红色历史，还融入了现代旅游元素。与此同时，新县

紧跟旅游市场趋势，精心设计了 5 条红色旅游精品线路，这些线路覆盖了全县的主要红色景点与自然景观，为游客提供了一站式、高质量的红色旅游体验。2020 年，新县旅游业迎来了前所未有的繁荣，全年共接待游客数量达到 926.5 万人次，旅游综合收入更是跃升至 69.3 亿元，充分展示了红色旅游在新县经济社会发展中的重要地位与积极作用。

信阳市还通过多种方式带动群众脱贫致富。发展特色产业增加收入。光山县油茶种植面积达 27.1 万亩，并建成茶油加工厂，开发化妆品等高附加值产品。光山县以"企业+基地+农户"的模式发展油茶产业，带动近 30 万名农民增收致富。发展乡村旅游脱贫致富。郝堂村曾经是交通闭塞的贫困村，经改造后成立村集体经济组织，大力发展近郊乡村旅游，如今人均年收入超过 2 万元。像郝堂村这样通过发展旅游脱贫的村落还有很多，全市乡村旅游综合性收入可观，众多贫困人口通过参与旅游经营实现脱贫。

数据显示，2020 年，河南省大别山革命老区生产总值增速高于全省近 2 个百分点，居民人均可支配收入增速高于全省 0.7 个百分点。

（二）文化建设事业蒸蒸日上

大别山精神是大别山地区文化形成、发展与壮大的重要根基。近年来，在国家和政府引导下，大别山地区对传统的红色资源进行充分挖掘和充分宣传，对文化惠民工程和成效指标进行细化，推动文化产业的多元化变革和发展，成效凸显。

公共文化设施不断完善。在城区，高标准建设"六馆一公园"（图书馆、文化馆、博物馆、体育馆、美术馆、首府旧址纪念馆和大别山体育公园），推进城市书房建设，构建"15 分钟公共文化服务圈"。例如，投资 2 亿元的大别山体育公园和投资 3400 万元的县图书馆，成为文化新地标。图书馆、文化馆、博物馆获评国家一级馆。在乡村，文化、旅游、体育服务设施共建共享，乡镇综合文化站、村级综合性文化服务中心、农家书屋、文化广场、应急广播实现全面覆盖并提档升级，还建成了多处文化旅游驿站、群众登山步道和现代化厕所，一大批民俗馆、村史馆等特色场馆也纷纷涌现，拓展了群众文化空间。河南省在大别山革命老区建设了一批市县图书馆、文化馆，加强了城乡居民科技活动中心及乡镇（街道）综合文化站、村（社区）综合性文化服务中心、农家书屋等文化基础设施建设。这些设施为当地居民提供了丰富的文化活动和学习资源，提升了他们的文化素养。例如，通过实施"舞台艺术送基层"等文化惠民活动，将高质量的文艺演出送到老区群众的家门口，丰富了当地群众的文化生活。

积极进行红色文化地标与景区建设，全面加速鄂豫皖苏区首府革命博物馆、鄂豫皖革命纪念馆等标志性红色文化地标的改造升级进程，并同步推进了鄂豫边革命纪念馆等红色景区的扩容与品质提升工程，促进了红色文化的传承与弘扬。深入实施革命文物保护利用工程，确保每一处历史遗迹都能得到妥善保存与合理利用。同时，鼓励文化创新，支持创作了一系列红色精品剧目、展览及文化创意产品，以新颖的形式展现红色故事，让红色文化更加生动鲜活、深入人心。建设爱国主义教育研学游基地，并积极推动新县以鄂豫皖苏区首府旧址、首府烈士陵园、革命博物馆等为核心资源，向建设国家5A级旅游景区目标迈进。同时，编制了《长征国家文化公园（河南段）建设保护规划》，旨在通过科学规划与合理布局，进一步挖掘和展示长征文化的深厚内涵，为红色旅游与文化产业的融合发展注入新的活力。

文明创建工作成效显著。从全国文明县城"三连冠"到全国文明城市提名城市成功入围，再到成功创建全国文明城市，这些工作成效见证着老区的"美丽嬗变"。在文明创建过程中，模范群体发挥了积极引领作用，"一约五会"推动移风易俗，文明细胞创建崇德向善。同时，"红细胞"志愿服务彰显着"文明使者"的风范。这些文化惠民工程的实施，不仅丰富了当地群众的精神文化生活，也促进了地方文化的繁荣和发展，提升了大别山革命老区的文化软实力和综合影响力。

文旅融合蓬勃发展。以红色旅游为引领，加快旅游基础设施建设，推动了该地区红色文化旅游融合发展。新县、信阳市浉河区成功创建国家全域旅游示范区；成功创建了多个国家休闲农业和乡村旅游示范县、全国乡村旅游重点村；大别山露营公园成为全国首批4C级自驾车旅居车营地。实施"红色旅游+"工程，加快红色旅游与乡村旅游、研学旅游等有机融合，推进红色旅游产品体系创新。这种融合发展模式不仅提升了红色旅游的吸引力和竞争力，也带动了老区相关产业的发展和升级。

为了更好地传播大别山的红色精神与革命传统，采用多元化的宣传手段，积极讲好大别山故事，成功打造了一批具有鲜明特色的红色文旅品牌。

信阳市与中央媒体联合主办了"2021 大别山再出发"走进大别山学党史系列主题活动，举办了大别山北麓全域旅游目的地推介会等 30 余场节会活动。7 个红色景区（点）入选全国"建党百年红色旅游百条精品线路"，大力发展以"重走红军长征路"为主题的深度体验游，完善提升"将军故乡"等 4 条红色旅游专线。

（三）生态环境质量持续改善

大别山革命老区秉持"绿水青山就是金山银山"的"两山"理念，坚守生态环保底线，向环境要资源，大力改善生态环境建设，不仅促进了当地经济发展，也为人们提供了更好的生活环境。

生态保护与修复不断增强。河南省大别山革命老区加强了重点河流源头区、自然保护区、湿地、水土流失严重区等生态脆弱区域的保护修复工作。这些措施有效提升了区域的生态产品生产能力，增强了生态系统的稳定性和自我恢复能力，环境污染攻坚综合成绩全省第一。淮滨县空气质量三项指标均位居省市前列，连续三年成功创建国家空气质量二级达标县，扎实推进河长制，国控断面水质均达到地表水 Ⅲ 类标准，断面水质达标比例为 100%。绿化造林 1.08 万亩，建成中原最大的落羽杉苗木繁育基地。新县作为大别山革命老区的重要组成部分，其植被覆盖率高达 95% 以上，森林覆盖率达 78.56%，空气中负氧离子含量每立方厘米最高可达 20 多万个，有"天然氧吧"之美誉。一些地区的环境质量得到提升。

人居环境质量大幅提升。大力改善县乡村基础设施建设，提升人居环境。例如新县县、乡、村三级的道路网、公交网、物流网全面建成，17 个乡镇全部创建成为国家级生态乡镇、省级以上卫生乡镇，新县成功创建国家森林城市、全国传统村落集中连片保护利用示范县。全县发展文化旅游业态和古色乡村资源，打造"红色传承""生态康养""大别原乡"三条精品线路，实现村村互连、景景互通，实现"处处是美景、路路都畅通、村村有服务、主客能共享、全域皆可游"。特色产业蓬勃发展。大别山老区不断探索"绿水青山"生态产品向"金山银山"现实价值的转换路径，良好的生态环境为一批特色产业发展提供生存空间。比如，信阳毛尖等品牌影响力不断扩大；新县吴陈河镇的羚锐中药材基地通过"公司+基地+农户+合作社"的经营模式，种植颠茄草等中药材，壮大了集体经济，提供了就业岗位，还采用轮作提高了土地利用率。同时，该基地还成为中小学中医药研学示范基地等，不断拓展着自身附加值。

全域旅游快速发展。河南省大别山革命老区依托丰富的生态资源和红色文化资源，大力发展全域旅游。通过整合"红绿古"资源，串联县、乡、村三级，融合一、二、三产业，实现了旅游全景化建设、全要素配置、全社会参与。这不仅推动了当地经济的发展，也提升了居民的生活品质。例如，新县围绕"一镇一主题、一湾一特色"定位，构建"九镇十八湾"乡村旅游发展布局，把全县作为一个大景区来谋划，把乡镇作为一个景点来构图，把村庄作为一个小品来设计，形成了"处处是风景、路路是景廊、村村有游客中心"的全域发展态势。

三 传承弘扬大别山精神，进一步改善人民生活品质

以人民为中心，为人民谋幸福是大别山精神鲜明的底色。河南深知传承与弘扬大别山精神，需要以胸怀全局的格局、团结奋进的担当、勇当前锋的勇气，牢牢坚守为人民谋幸福的初心使命，在新征程中，努力改善人民生活品质，推动革命老区高质量发展。

第一，秉持坚守信念的大别山精神，坚定为人民谋幸福的决心。政府部门应制定明确的民生发展目标和规划，确保在教育、医疗、住房、就业等关键领域持续投入资源，保障人民的基本生活需求。加大对贫困地区和弱势群体的帮扶力度，建立长效的扶贫机制，防止返贫现象的发生。第二，以胸怀全局的精神为指引，统筹城乡发展。加强农村基础设施建设，推动农业产业化发展，提高农民收入水平。促进城乡教育、医疗资源的均衡配置，让农村居民也能享受到优质的公共服务。第三，发扬团结一心的精神，凝聚社会各方力量。鼓励企业履行社会责任，积极参与公益事业和民生项目建设。引导社会组织发挥自身优势，为改善人民生活品质提供多样化的服务和支持。同时，加强社区建设，促进邻里互助，营造和谐的社会氛围。第四，发扬勇当前锋的精神，不断创新。在民生领域不断创新。积极探索新的教育模式，提高教育质量；推动医疗技术创新，提升医疗服务水平。利用科技创新改善居住环境，发展智能交通等，提高人民生活的便利性和舒适度。第五，建立健全民生保障监督机制。加强对民生政策执行情况和民生项目建设的监督，确保资源的合理使用和政策的有效落实，让改善人

民生活品质的工作真正落到实处、取得实效。

第三节　提高社会治理水平

社会治理现代化是中国式现代化的重要内容，是增进人民福祉的基本保障。在 2019 年党的十九届四中全会上，审议通过了《中共中央关于坚持和完善中国特色社会主义制度、推进国家治理体系和治理能力现代化若干重大问题的决定》，这一里程碑式的决策明确指出，唯有在坚持和完善中国特色社会主义制度的基础上，进一步加大力度推进国家治理体系和治理能力的现代化，方能持续满足人民群众日益增长的美好生活需求。2022 年党的二十大报告深刻阐述了"完善社会治理体系"的重大意义，强调要健全共建共治共享的社会治理制度，不断提升社会治理效能，这不仅是坚持和完善中国特色社会主义制度的内在要求，也是推进国家治理体系和治理能力现代化的关键环节。在此进程中，务必坚守以人民为中心的发展思想，紧密围绕人民群众的实际关切与期盼，精准解决群众所思所想、所急所盼，通过不断优化和创新社会治理体系，确保各项政策与措施真正惠及民生，切实增强人民群众的获得感、幸福感、安全感，让发展的成果更多更公平地惠及全体人民。在中国革命过程中形成大别山精神，其内涵包括坚守信念、对党忠诚的政治本色，敢打敢拼、勇猛善战的战斗精神，不屈不挠、不胜不休的顽强意志，以及勇于担当、胸怀全局的大局意识。这种精神不仅在革命战争年代发挥了重要作用，而且在新的历史时期，依然激励着老区人民凝心聚力，团结一心，确保党的政策的有效实施和社会治理的顺利进行。

一　大别山革命老区提高社会治理水平的河南做法

社会治理水平直接关系人民生活福祉和社会的和谐稳定。通过加强和创新社会治理机制，可以有效地提升人民生活品质，确保人民安居乐业，社会和谐稳定，国家长治久安。近几年，大别山革命老区在大别山精神的引领下，创新矛盾纠纷处理机制、完善基层治理体系、健全治安防控体系，为社会经济发展提供坚实保障。

（一）创新纠纷处理机制，推动矛盾化解提质增效

为深入贯彻与持续发展新时代"枫桥经验"，需要构建更为完善的重大决策社会稳定风险评估体系，并不断优化社会矛盾纠纷的多元预防、调处与化解机制，确保信访稳定工作取得实效。以罗山县人民法院为例，该法院积极探索并创新矛盾纠纷多元化解的新路径，成功搭建了互联网视频调解室、专业律师调解室、家事特色调解室以及行政争议调处中心等多元化平台，这些举措极大地促进了矛盾纠纷及时、有效且实质性的化解，为构建和谐社会贡献了重要力量。其中，互联网视频调解室借助相关设备和系统，为调解员和当事人提供调解服务，自投入使用以来在线调解了一定数量的案件；行政争议调处中心在成立后也受理了委派和解案件。

建立健全跨区域涉军维权协作机制。例如，河南、湖北、安徽三省高院与三省军事法院联合印发《大别山（鄂豫皖）革命老区军地法院涉军维权工作协作规定》，明确协作主体职责，统筹军地司法资源，在规范性文件制定、重大问题研究、矛盾纠纷调处、骨干人才培养等方面构建一体化工作格局，协作内容包括个案受理移送、情况信息反馈、联合督办案件等。该机制明确了协作服务对象和协作范围，以加强涉军维权工作。

全面强化乡村人民调解工作，通过构建更加完善的组织体系来夯实这一基层治理基石。具体举措包括优化并充实村级人民调解队伍，确保每支队伍都具备高效处理复杂问题的能力；同时，健全工作机制，确保调解过程规范有序，特别是针对农村土地承包经营等棘手纠纷，采取专项措施，力求精准化解，维护农村社会的和谐稳定。在常态化的纠纷排查与化解工作中，尤为重视婚姻家庭等民生领域的纠纷处理，通过细致入微的工作，促进家庭和睦与社会稳定。以罗山县为例，该县成功打造了县、乡、村三级联动的调解平台体系，有效畅通了群众反映问题、表达诉求的渠道，其创新性的经验做法得到了省委办公厅的高度认可与推广，为其他地区提供了宝贵的借鉴与参考。

深化基层公共法律服务体系建设，实现"一村（社区）一法律顾问"的全面覆盖。通过精心整合律师、公证员及基层法律服务工作者等专业力量，分配至各村（社区）担任法律顾问，确保每个基层单位都能获得专业的法律支持。在此基础上，强化对法律顾问团队的管理与考核机制，鼓励

他们积极为村（社区）治理贡献法律智慧。法律顾问们不仅需为村（社区）重大决策提供法律意见，还需定期举办法治讲座，普及法律知识，提升居民的法律素养。同时，他们还将深度参与人民调解工作，运用专业法律知识协助解决邻里纠纷、家庭矛盾等，促进基层社会的和谐稳定。

着力打造农村公共法律服务平台，鼓励律师、法律服务工作者向基层、边远地区流动，完善乡镇法学会服务站和村（社区）法学会服务点建设。持续开展"双百千万"法律服务进基层活动，营造浓厚法治氛围。这些做法有助于及时化解矛盾纠纷，维护社会和谐稳定，提升社会治理效能，为大别山革命老区的发展营造良好的社会环境。

（二）完善基层治理体系，推进社会治理现代化水平

大别山革命老区通过加强社会治理体系建设，提升了社会治理的科学化、精细化、智能化水平。需要完善社区治理机制，强化社区、社会组织、社会工作者之间的"三社联动"，以此为核心，积极构建一个共建共治共享的社会治理新格局。在此过程中，需要特别注重加强基层自治组织的建设，通过提升居民参与社会治理的积极性和主动性，促进政府主导、社会协同、公众广泛参与以及法治保障的社会治理体制的形成。这样的体制不仅增强了社会治理的效能，也进一步提升了社会和谐与稳定。

一些地区也在积极探索创新基层治理方式，例如叶集区史河街道借鉴"枫桥经验"，贯彻落实"无事"找书记党建引领基层社会治理工作。构建"党建+网格"基层治理新格局，推进各类网格整合，实现党建引领"多网合一"。以党小组统领网格组，充分发挥网格内党员先锋模范作用，整合各方力量成立服务队伍，开展网格民主议事活动，将群众烦心事"一网打尽"。

推动乡村治理创新，实施"三治融合"，即自治、法治、德治相结合，推动乡村治理体系的完善。通过强化乡规民约的约束力、生活礼俗的教化作用、乡邻美德的广泛弘扬以及行业章程的严格规范，引导广大村民树立正确的价值观念，培育积极向上的社会风尚。鼓励村民自我约束、自我管理，将法治精神内化为自觉行动，外化为具体实践，共同营造和谐有序、文明法治的乡村生活环境。通过加强村民自治、推进法治乡村建设、弘扬乡村道德风尚等方式，形成多元共治的良好局面。

推广"互联网+乡村治理",利用现代信息技术手段,推动乡村治理智能化、精准化。通过数字化手段驱动组织流程的深度优化,精心构建了市县社会治理中心、乡镇(街道)社会治理室、村(社区)网格工作站三级联动体系,形成了上下贯通、左右协同的治理网络。该体系秉承"实用、高效、亲民"的设计理念,创新性地开发了"H"形基层治理数字平台,该平台集群众诉求快速响应(上行事项)、高效精准指挥调度(下行事项)以及与"12345"政务服务热线无缝对接(横向协同)三大核心功能于一体,极大提升了基层治理的智能化、精细化水平,确保了信息上传下达的畅通无阻,使得治理决策更加贴近民意、响应迅速。

(三)健全治安防控体系,筑牢社会和谐稳定基础

河南大别山革命老区通过实施"红色领航"工程,依托大别山精神筑牢立体化社会治安防控体系。这一体系不仅强化了基层党组织的领导作用,还广泛发动了群众参与,形成了群防群治的良好局面。信阳市深入实施"红色领航"战略,将红色教育作为锤炼队伍精神的"必修课程",依托大别山革命老区的深厚红色底蕴,构建起坚不可摧的立体化社会治安防控体系。该工程通过一系列丰富多彩的活动,如重踏红军征途、庄严重温入党誓词、举办红色主题知识竞赛等,并特别邀请百岁老红军亲述革命岁月的艰辛历程,深刻触动民警心灵,促使他们从内心深处思考"为何从警、为谁而战",将宝贵的红色文化资源转化为推动工作的强大精神动力,有效激发了全体民警的积极性、主动性和创造性。

同时,信阳市巧妙利用独特的地理文化资源,将红色教育与廉政教育有机融合,通过举办主题鲜明、内容丰富的演讲比赛等形式,多管齐下,全方位提升党员民警的政治素养和道德情操,进一步锤炼其忠诚干净担当的政治品格,为守护一方平安、服务人民群众提供了坚实的思想保证和强大的精神支撑。

二 大别山革命老区提高社会治理水平的成效

革命老区是党和人民军队的根,承载着中国共产党人的初心和使命。形成于大别山老区的大别山精神是老区人民引以为傲的精神财富,也是老区振兴发展的内在动力。在大别山精神的感召下,大别山革命老区始终坚

持人人共建、人人共享的发展理念，保障人民群众享有各方面的成果，在社会治理中取得较显著的成效。

（一）矛盾纠纷化解工作取得扎实成效

通过创新完善矛盾纠纷多元化解机制的构建，矛盾纠纷解决工作取得显著成效。以河南省罗山县人民法院为例，该法院建成互联网视频调解室、专业律师调解室、家事特色调解室、行政争议调处中心等，促进矛盾纠纷实质性化解。自投入使用以来，共在线调解案件152件，在线调解案件占调解案件总量的6.58%，调解数量及调解占比均位居全市基层法院第一。

罗山县法院龙山人民法庭积极响应党委号召，深度融入基层社会治理格局，创新构建了矛盾纠纷多元化解联调机制。这一举措成效斐然，实现了新收案件数量的显著下降，同比降幅达14.15%，彰显了法院在诉源治理方面的卓越成效。为进一步强化纠纷解决效能，龙山人民法庭还精心搭建了"法庭+"系列调解模式，包括"法庭+特邀调解"、"法庭+人民调解"以及"法庭+行业调解"等，旨在整合多方资源，形成调解合力。通过邀请基层调解组织入驻专业调解平台，不仅拓宽了调解渠道，还充分发挥了"行业专家解决行业纠纷"的专业优势，有效提升了调解的专业性和成功率，为人民群众提供了更加便捷、高效的纠纷解决途径。

2020年7月信阳市率先在全省建立首家行政争议调处中心，自该中心成立以来，共受理委派和解案件15件，达成和解7件，达成和解率47%，取得了良好的法律效果和社会效果。信阳市中级人民法院在"枫桥式人民法庭"创建过程中也采取了一系列措施来处理矛盾纠纷。2023年上半年，信阳市全市人民法庭诉前调解分流案件共计13112件，诉前调解成功7801件，诉前调解成功率约达60%，助力实现"小事不出村、大事不出镇、矛盾不上交、就地化解"。浉河区法院董家河人民法庭、罗山县法院龙山人民法庭、息县法院杨店人民法庭、商城县法院达权店人民法庭入选全省首批"枫桥式人民法庭"。

（二）社会治理工作成效显著

通过加强基层社会治理，有效维护了社会稳定和谐。加强了矛盾纠纷排查化解工作，建立健全了矛盾纠纷排查化解机制，及时化解基层矛盾纠纷，防止了矛盾纠纷的激化和扩大。矛盾纠纷调解机制不断健全，信访量下降，邻里关系更加和谐，群众的获得感、幸福感、安全感增强。

河南大别山革命老区通过加强基层党组织建设，确保党的政策方针在基层得到有效落实。基层党组织在乡村治理中发挥了战斗堡垒作用，增强了基层党组织的号召力、凝聚力和战斗力。通过加强基层党组织建设、创新社会治理机制、提升公共服务水平等措施，使基层社会治理更加贴近民生、服务群众，提高了群众对基层社会治理的满意度和认同感。

加强对党员的教育、管理和监督，提高党员的政治素质和业务能力，使党员成为基层社会治理的骨干力量。通过选配优秀基层党组织的领头人，干部配备时优先考虑"三农"优秀干部，并对村"两委"现有干部进行历练培训考核，建立完整的晋升渠道。

推动社会治理重心向基层下移，鼓励基层首创精神，创新社会治理方式和方法。这种创新不仅提升了基层社会治理效能，也促进了基层党组织建设的不断完善。例如，大别山地区通过建立健全基层治理的责任落实机制、资源共享和统筹联动机制，实现基层治理的精细化、精准化，同时也加强了基层党组织在治理过程中的协调能力和组织能力。

信阳市通过"H"形基层治理数字平台，让基层治理上通下达、方便快捷。数据显示，截至2023年9月，信阳市"H"形基层治理数字平台系统累计处置各类事项64万件，其中"吹哨报到"处置事项964件、办结率91.1%，为民办事效率大幅提升。①

（三）社会治安防控体系不断健全

公安机关在"红色领航"工程中发挥了重要作用，通过加强巡逻防控、矛盾纠纷排查化解等措施，有效维护了社会治安稳定。信阳市公安机关高度重视红色教育，将其作为锤炼队伍忠诚、纯洁、担当精神的"必修课程"，成功锻造出一支政治过硬、业务精通、作风优良的公安铁军。这一做法不仅赢得了全省公安系统的广泛认可，在多次省级会议上，信阳市公安机关还受邀分享其宝贵经验，并受到了省公安厅的贺电表彰。并在省级以上比赛、竞赛中获奖多次，多个集体和个人获得荣誉称号。充分证明了信

---

① 《基层治理解民忧》，《河南日报》2023年12月7日。

阳市在社会治安综合治理方面所取得的显著成效。

在军人维权方面持续完善"信阳模式"，将维权对象由现役军人延伸至其近亲属和复转军人、烈士后代，用心用情用法审结涉军案件1280件，捍卫军人尊崇地位。将对军人军属人身权、财产权的保护深化到对红色遗址遗迹、红色文化的保护，在中共鄂豫皖分局旧址设立司法保护基地，通过公益诉讼推动鄂豫皖特委箭厂河会议旧址实现腾退和修复，让革命丰碑永驻、大别山精神永传。"信阳模式"创立以来，5次写入最高法院全国两会工作报告，最高法院院长两次到信阳召开座谈会总结推广，退役军人事务部两次到信阳市中级人民法院调研。

近五年以来，信阳市两级法院18项业务指标中14项处于优良区间，6项位居全省第一方阵，4项进入全省前3位。信阳市中级人民法院先后荣获全国爱国拥军模范单位、集体二等功、省文明单位标兵等称号，并一举摘下"全国优秀法院"最高荣誉，全市法院87个集体、128名个人受到省级以上表彰。

三　传承弘扬大别山精神，进一步提升社会治理水平

历史是最好的教科书，大别山精神不仅是革命年代的精神支柱，更是奋斗新时代、奋进新征程的精神动力。在传承与弘扬大别山精神的过程中，进一步提高社会治理水平是河南一个重要目标。河南深知，大别山精神作为中国共产党人精神谱系的重要组成部分，蕴含着丰富的历史内涵和时代价值，对于推动社会治理创新、提升社会治理水平具有重要意义。未来，需要在传承与弘扬大别山精神中，进一步推动社会治理创新发展。

第一，强化党的领导。大别山精神所彰显的政治本色与对党的绝对忠诚，在老区体现为持续强化党的领导与组织建设，深入研习并践行习近平新时代中国特色社会主义思想，坚决增强"四个意识"，牢固树立"四个自信"，自觉做到"两个维护"。在社会治理的广阔舞台上，我们坚持党的领导不动摇，充分发挥党组织的坚强战斗堡垒作用和党员的先锋引领作用，确保党的各项政策精准落地，有力推动社会治理工作高效、有序开展，维护社会稳定与繁荣。这种政治本色和对党忠诚的精神是推动老区社会治理的重要保障。第二，践行以人民为中心的发展思想。始终坚守以人民为中心的发展理念，坚定不移地将人民的福祉置于发展的核心，将人民对美好

生活的深切向往作为奋斗的方向。在社会治理的征途上，紧密贴近民生，聚焦人民群众最关心、最直接、最现实的利益诉求，以扎实的行动回应人民期待，不断增进人民群众的获得感、幸福感和安全感，确保发展成果能够广泛而公平地惠及每一位社会成员，让人民群众共享发展红利。第三，坚持团结奋斗。大别山精神的战斗精神和顽强意志体现在面对困难和挑战时的不屈不挠和勇往直前，这种精神激励着老区的居民和领导者在面对各种挑战时能够坚持到底，不断克服困难，实现自我超越。弘扬大别山精神中的团结奋斗精神，凝聚社会各界力量共同参与社会治理。加强基层组织建设，完善社区治理体系，推动形成共建共治共享的社会治理格局。第四，勇于担当作为。营造勇于担当、积极作为的良好氛围，深入挖掘并充分发挥大别山精神的内在激励力量，广泛传扬其蕴含的崇高奉献精神，以此激发党员干部及社会各界人士在社会治理中的责任感与使命感，鼓励他们勇于承担重任、积极贡献智慧、无私投入奉献。为实现这一目标，需要构建科学、公正、高效的激励机制与容错纠错体系，为敢于担当风险、勇于开拓创新、积极投身实践的干部提供强有力的支持与保障，确保他们的辛勤付出与卓越贡献能够得到充分的认可与回报，从而进一步激发全社会的活力与创造力。弘扬大别山精神推动社会治理创新是一个长期而艰巨的任务。我们需要深入挖掘大别山精神的历史内涵和时代价值，将其融入社会治理的各个方面和环节中去。同时，我们还需要结合时代特点和地方实际不断创新社会治理理念和方式方法，努力构建符合人民群众需求、具有地方特色的社会治理体系。只有这样我们才能更好地推动社会治理现代化进程，为全面建设社会主义现代化国家作出积极贡献。

第六章　合作共赢展新颜：在传承弘扬大别山精神中积极对接国家战略

国家战略是一个国家面对未来的发展蓝图和行动指南，它指明了国家前进的方向和路径，对推动国家稳定有序长期发展至关重要。中国特色社会主义进入新时代以来，推进中国式现代化，加快中华民族伟大复兴步伐，需要一系列战略规划相互配合，形成发展合力。在传承弘扬大别山精神的过程中，河南要积极对接国家战略，把握时代机遇，通过深化区域合作、创新驱动发展、优化营商环境和推进绿色发展等实践路径，实现合作共赢展新颜的目标，让大别山精神成为推动国家战略实施的重要力量。这不仅是对大别山精神的最好传承和弘扬，也是推动地方和国家发展的重要使命和责任。

第一节　在中部崛起中奋勇争先

中部地区作为中国的重要区域，其崛起不仅对于自身，而且对于推动全国经济社会发展具有重要意义，是进一步全面深化改革，加快区域协调发展不可缺少的重要内容。大别山精神所蕴含的坚守信念、胸怀全局、团结奋进、勇当前锋等精神特质，为中部地区的人民群众在追求发展的道路上提供精神支柱、促进协同发展、凝聚发展力量、开创发展新局，不断突破自我，实现新的跨越。

一　中部崛起的提出和实践

中部地区，包括河南、湖北、安徽、湖南、山西、江西六省，截至2023年底，人口3.6亿人左右，占比超过25%，国土面积102.8万平方公里，占比超过10%。对实现中华民族伟大复兴战略全局具有重要意义，是实现中国式现代化、建成富强民主文明和谐美丽的社会主义现代化强国的重要推动器。加快实现中部崛起，对于推动构建全国统一大市场，建成以国内大循环为主体、国内国际双循环相互促进的新发展格局意义重大。这一战略也是落实新发展理念，推动中国东中西部协调发展，进而保持经济可持续良性发展的战略举措。

（一）中部崛起战略的发展历程

2004 年 3 月，国务院政府工作报告明确提出中部崛起战略构想，正式开启了党中央、国务院对中部地区高质量协调发展的战略部署。2005 年 3 月，国务院政府工作报告进一步明确中部地区发展的目标和任务，对具体推动中部崛起战略进行安排部署。2006 年 3 月，中共中央政治局召开会议，把中部地区崛起和东部地区率先发展、实施西部大开发、振兴东北老工业基地等战略一体推进，高度强调这一战略重要性。之后，中共中央、国务院发布《关于促进中部地区崛起的若干意见》，对中部地区六省进行"三基地、一枢纽"的定位，"三基地"就是全国重要粮食生产基地、能源原材料基地、现代装备制造及高技术产业基地，"一枢纽"就是综合交通运输枢纽，并对总体要求、基本原则和主要任务进行明确。之后，国家促进中部地区崛起工作办公室设立，建立相关部门和单位组成的部际联席会议制度，制定通过《促进中部地区崛起规划（2016—2025 年）》，中部地区崛起战略不断深化。

党的十八大以来，党中央持续深化中部崛起战略，并立足中华民族伟大复兴战略全局高度进行谋划，2016 年 12 月，国务院召开常务会议，就新形势下进一步促进中部崛起审议相关规划。2019 年 5 月，推动中部地区崛起工作座谈会强调，中部地区要积极主动融入国家战略，推动高质量发展，不断增强综合实力和竞争力，奋力开创中部地区崛起新局面。2024 年 3 月，新时代推动中部地区崛起座谈会强调，中部地区在全国具有"三基地、一枢纽"的举足轻重的地位，要贯彻落实党中央关于中部崛起的政策举措，形成推动高质量发展的合力，在中国式现代化建设中奋力谱写中部地区崛起新篇章。会议还指出，过去五年来，中部地区发展成就明显，站到了更高起点上，但推动中部地区崛起仍面临不少困难和挑战。要针对具体问题，坚持以科技创新引领产业创新，积极培育和发展新质生产力。要加强与京津冀地区、长三角地区、粤港澳大湾区深度对接，加强与长江经济带发展、黄河流域生态保护和高质量发展的融合联动，更好融入和支撑新发展格局。要深度融入共建"一带一路"，统筹推进深层次改革和高水平制度型开放，持续打造更具竞争力的内陆开放高地。要加强生态环境系统治理，加快各领域绿色低碳转型，发展低碳产业，协同推进生态环境保护和绿色低碳发展，加快建设美丽中部。要坚持城乡融合发展，扎实推进乡村全面振兴。要推进以县城为重要载体的新型城镇化建设，加快城乡一体化进程，推动城市基础设施和公共服务向农村延伸，实现城乡协调发展。健全基层治理体系中自治、法治、德治相结合，推进乡村文化振兴，推动移风易俗，营造积极健康的社会生态。会议对党中央加大支持力度，制定新时代推动中部崛起的战略安排，地方党委和政府扛起主体责任，推动各项重点任务、重大改革事项落到实处，把党中央的各项决策不折不扣落到实处，提出意见和要求。

（二）中部崛起战略的河南实践

中部崛起战略自 2004 年正式提出以来，经过近二十年的实施，尤其是新时代的大力推动和实施，取得了显著的成效，不仅推动了中部地区经济的快速发展，还促进了全国区域经济的协调发展。作为其中的重要省份，河南省在多个领域取得了显著成就，贡献了河南力量。

1. 产业结构优化升级，经济增长与综合实力提升

中部崛起战略实施以来，河南省积极推动传统产业的技术改造和创新升级，通过引进先进技术和设备、加强自主研发等措施，提高了传统产业的竞争力和附加值。在产业链改造升级的过程中，河南省注重产业链的延伸和拓展，通过上下游企业的协同发展，形成了完整的产业链条和产业集群。同时，大力发展战略性新兴产业，如新能源、新材料、生物医药等，这些产业展现出强劲的发展潜力和活力。高技术制造业在河南省经济中的地位日益凸显，一批具有自主知识产权的高技术产品相继问世，市场竞争力不断增强。

新时代十年来，河南省的产业结构实现了历史性转变，从传统的"二三一"结构向"三二一"结构转变，第三产业比重不断提升，成为经济增长的重要引擎。同时，第二产业也通过技术改造和创新实现了高质量发展。

内需动力增强，投资和消费协同发力，成为经济增长的重要驱动力。全省投资年平均增速高于全国平均水平，社会消费品零售总额持续增长，内需动力不断增强。

在产业结构优化升级的推动下，河南省经济总量实现了跨越式增长。据河南省统计局数据，河南地区生产总值从 2013 年的约 3 万亿元增长到 2023 年的近 6 万亿元，实现了从 3 万亿元到接近 6 万亿元的跨越，年均增长率显著高于全国平均水平，稳居全国第五位。随着经济的快速发展，河南省居民人均收入实现了大幅增长，人民生活水平不断提高。

2. 藏粮于地、藏粮于技、藏粮于民，粮食安全保障能力增强

河南作为我国重要的粮食生产基地，粮食产量在全国占有举足轻重的地位。近年来，河南通过加强农业基础设施建设、推广现代农业技术、提高农业生产效率等措施，确保了粮食生产的稳定增长。近年来，河南粮食产量长期占全国总产量的十分之一左右，常年稳定在 1300 亿斤以上，其中小麦产量占全国的四分之一左右。河南省作为全国重要的粮食生产基地，始终把保障国家粮食安全放在首位。通过加强耕地保护、提高农业科技水平等措施，确保了粮食生产的稳定增长。

积极推进高标准农田建设，通过土地整治、农田水利设施建设、土壤改良等措施，提高了耕地的质量和产能。高标准农田的建设不仅提高了粮食单产水平，还有效抵御了自然灾害对农业生产的影响，增强了粮食生产的稳定性和可持续性。目前，河南省已建成高标准农田约 7600 万亩。

注重农业科技的创新和推广应用，通过引进和培育优良品种、推广现代农业技术、加强农业科技人才培养等措施，提高了农业生产的科技含量和附加值。农业科技的进步为粮食生产的稳定增长提供了有力支撑。培育出了一批优质高产的农作物新品种，并广泛推广应用。随着科技的进步和应用推广，河南省智能农业快速发展。智能灌溉、病虫害监测等科技设施在农田管理中得到广泛应用，提高了农业生产效率和农产品质量。

建立了完善的粮食储备体系，通过加强储备粮管理、提高储备粮质量、优化储备粮布局等措施，确保了粮食市场的稳定供应和应急保障能力。在应对自然灾害、突发事件等情况下，河南的粮食储备体系发挥了重要作用，有效保障了人民群众的口粮安全。

3. 能源原材料基地、现代装备制造及高技术产业基地不断巩固

河南省矿产资源丰富，储量规模巨大，开发利用矿产资源取得显著成果。这些原材料产业的发展不仅为河南省的工业发展提供了有力支撑也为全国的经济建设作出了重要贡献。在原材料产业发展的过程中河南省注重产业链的延伸和升级，通过上下游企业的协同发展形成了完整的产业链条和产业集群，提高了产业附加值和市场竞争力。河南省加快能源结构转型，大力发展可再生能源，积极推广节能减排技术，有效减少碳排放，提升能源利用效率。新时代十年来，河南构建了坚实的能源原材料基地。通过提升资源开发利用效率，加强产业链上下游整合，不断巩固其在能源原材料领域的优势地位，在保障国家能源安全方面发挥着重要作用。

河南省在装备制造领域取得了显著成就，形成了一批具有国际竞争力的先进装备制造产业集群，如工程机械、农机装备等产业集群在国内外市场上占据重要地位。注重技术创新和突破在装备制造领域取得了一系列重大技术成果。这些成果的转化应用提高了河南省装备制造产业的核心竞争力和市场占有率。近年来通过技术创新和产业升级，不断提升装备制造水平。河南省积极引进先进技术和管理经验，加强与国际国内知名企业的合作，推动装备制造向高端化、智能化、绿色化方向发展，在国内外市场上具有较强竞争力。

河南省高技术产业蓬勃发展在信息技术、生物医药、新材料等领域取得了一系列重大突破。这些高技术产业的发展不仅推动了河南省经济结构的优化升级也为全国乃至全球的高技术产业发展作出了重要贡献。积极建设创新平台与载体如国家超级计算郑州中心、嵩山实验室等。这些平台与载体的建设为河南省高技术产业的发展提供了有力支撑和保障。注重高技术产业的培育和发展，通过政策扶持、资金投入等措施，推动高技术产业快速成长，在高新技术领域取得了显著成果，形成了一批具有自主知识产权和核心竞争力的高技术企业。特别是在信息技术、生物医药、新材料等领域，正逐步成为全国的重要创新高地。

4. 交通枢纽地位不断增强，区域协调发展取得新进展

河南省已经建成"米字形"高铁网，以郑州为中心的高铁网络辐射全国各大城市，极大提升了河南省的交通枢纽地位，为中部崛起贡献中原力量。郑州、洛阳等城市不仅提升了自身的交通枢纽地位，还带动了周边地

区的经济社会发展。除了高铁外，河南省的公路、航空、水运等交通方式也实现了协同发展。高速公路里程不断增加，机场设施不断完善，内河航运能力不断提升，形成了立体化的综合交通网络。河南省加快建设辐射欧亚大陆的国际物流通道，目前已有多条线路直达境外多个国家和地区，业务范围覆盖全球多个城市。积极推动物流园区的建设和发展，通过引入先进的管理模式和技术手段，提高了物流效率和服务水平。目前已经形成了以铁路、公路、航空和水运为主的综合交通运输体系。

河南交通的四通八达促进了中部地区与东部地区、西部地区、东北地区的协调发展，推动了产业布局优化，加快构建新发展格局。充分发挥中原交通便利优势，加强和长江经济带、京津冀协同发展、长三角一体化发展、粤港澳大湾区建设的深度对接，深入融入黄河流域生态保护和高质量发展，形成了推动区域协调发展的强大合力。

5. 绿色发展成效显著，为高质量发展提供动力支撑

河南省深入实施大气、水、土壤污染防治行动计划等措施，有效改善了生态环境质量。全省空气质量、水环境质量等指标均呈现出稳中向好的态势。注重生态保护与修复工作通过实施生态修复工程、加强自然保护区建设等措施提高了生态系统的稳定性和服务功能。推进绿色低碳发展转型工作，通过发展可再生能源、推广节能减排技术等措施降低碳排放强度并提升能源利用效率。加强生态文明制度建设，完善相关法律法规和政策措施，推动全社会共同参与到生态文明建设进程当中去。积极推动绿色产业发展，培育了一批具有竞争力的绿色企业。河南省依托丰富的自然资源和良好的生态环境，大力发展新能源、节能环保、生物医药等绿色产业，形成了绿色发展的新模式。这些措施的实施不仅有助于应对气候变化挑战也为河南省经济的可持续发展提供了有力支撑。

二 大别山精神与中部崛起的关系

大别山精神与中部崛起的关系是一个深刻而广泛的主题。大别山精神作为中国革命精神的重要组成部分，包含的坚守信念、胸怀全局、团结奋进、勇当前锋的精神特质，不仅在中国革命史上留下了浓墨重彩的一笔，而且在中部崛起进程中仍然发挥着重要的作用。

（一）坚定信念，提供精神支柱

坚定信念是大别山精神的核心所在，它指的是在革命战争年代，大别山区的军民面对极端艰苦的环境和强大的敌人，始终坚守共产主义信仰，不屈不挠地坚持斗争。这种坚定的信念，正是中部崛起过程中我们所需的精神支柱，更是中部地区，尤其是河南在经济社会发展中面对困难不畏惧、面对挑战勇向前，推动各项事业实现跨越式发展的精神支柱。中部崛起需要广泛的共识和支持。大别山精神作为中部地区宝贵的精神财富，能够凝聚起社会各界的共识和力量，形成推动中部崛起的强大合力。在中部崛起的过程中，需要明确的发展方向和目标。大别山精神中的坚定信念，为中部地区的发展提供了明确的方向指引，确保中部崛起始终沿着正确的道路前进。

（二）胸怀全局，促进协同发展

大别山精神强调胸怀全局，即在革命紧要关头，大别山军民总是从全局出发，用自己的牺牲为全局的胜利创造条件。这种全局观念，对于中部崛起同样具有重要意义。中部地区包括多个省份，作为中国经济发展的重要区域，其协同发展对于全国经济格局的优化和区域经济的崛起具有关键作用。而大别山精神正是推动这一协同发展的精神动力。要实现崛起，必须加强区域间的协同合作，加强中部六省之间的政策沟通、设施联通、贸易畅通、资金融通和民心相通，打破地域壁垒，促进要素流动，形成优势互补、协同发展的良好局面，形成发展合力。胸怀全局的精神，有助于中部地区各省份树立共同的发展目标，加强沟通协作，实现优势互补、资源共享，共同推动中部地区的全面发展。它要求我们在思考和行动时，不仅要关注本地区、本部门的利益，更要站在全局的高度，以整体的利益为重，实现资源的优化配置和区域的共同发展。

（三）团结奋进，凝聚发展力量

大别山精神中的团结奋进是其重要特征之一。在革命斗争中，大别山区的党组织和人民军队与人民群众同甘苦、共命运，万众一心、协同奋进。这种团结奋斗的精神，对于中部崛起同样至关重要。中部地区的发展需要凝聚各方力量，包括政府、企业、社会组织以及广大人民群众等。只有团结一致，才能形成强大的发展合力，推动中部地区在各个领域取得突破性进展。

团结奋进体现在对共同目标的坚定追求上。在大别山精神的引领下，中部各省能够超越地域限制，以全局的视角审视自身发展，将个体利益融入整体利益之中。这种共同的愿景和目标，为中部地区的协同发展提供了强大的精神支撑。团结奋进的精神还体现在相互支持、携手共进的实际行动中。中部各省在经济发展、科技创新、文化传承等方面具有各自的优势和特色。通过团结协作，可以实现资源共享、优势互补，推动中部地区整体实力的提升。团结奋进的精神也激励着中部人民勇于面对挑战、敢于攻坚克难。在中部地区的发展过程中，难免会遇到各种困难和挑战。但正是凭借着团结奋进的精神，中部地区人民能够凝聚起强大的力量，共同应对挑战，推动中部地区不断向前发展。

（四）勇当前锋，开拓发展新局

大别山精神还体现在勇当前锋上。在中国革命最紧要的关头，大别山根据地军民总是处在最前沿的地位，发挥着重要而特殊的作用。这种勇于担当的精神，激励着中部地区在崛起过程中敢于突破传统思维模式的束缚，勇于探索新的发展路径和模式。

勇当前锋精神激励着中部地区人民敢于担当、勇于创新，积极应对各种挑战和机遇，以开拓创新的姿态推动地区经济社会的全面发展。在中部崛起的过程中，面对经济发展相对滞后、产业结构层次较低、疫情和自然灾害等多重挑战，中部地区需要有一批敢于冲锋陷阵、勇于开拓创新的先锋力量，在本部门、本单位和本地区发展中发挥领头雁作用，形成示范合力，引领区域经济实现跨越式发展。勇当前锋精神有助于推动中部地区在关键领域取得突破。中部崛起不仅需要量的积累，更需要质的飞跃。在高新技术产业、现代服务业等领域，勇当前锋精神将激励中部地区人民敢于尝试、敢于突破，抢占发展制高点，形成新的竞争优势。

近年来，大别山精神在全国范围内得到广泛传播，来自全国各地各单位各行业领域的党员领导干部走进革命老区，感悟大别山精神给当地、给河南和周边省份带来的实实在在的发展成效，加深对大别山精神的接受认同，把精神力量转化为推动工作高质量发展的强劲动力。新时代，大别山精神仍然具有重要的现实意义。它不仅是中部崛起的精神动力，更是推动整个国家发展的重要力量。我们要深入挖掘和传承大别山精神，将其与新时代的发展需求相结合，为中部崛起乃至全国的繁荣发展贡献更大的力量。

三　大别山精神在中部崛起中的河南实践

大别山精神在推动河南崛起中的作用体现在多个方面，这些方面不仅与河南的经济社会发展紧密相连，也深刻影响着河南人民、中部地区，乃至全国更大范围人民群众的精神面貌和价值追求。

（一）巩固强化党的全面领导

坚定理想信念，强化党性教育。大别山精神的核心体现了共产党人对共产主义理想的坚定追求和对革命事业的无比忠诚，发展到今天体现为广大党员群众对中国共产党和党中央的无比忠诚。大别山精神为党员干部提供了宝贵的精神财富，河南通过加强精神教育，帮助他们坚定理想信念，对新时代如何践行使命担当，弘扬大别山精神不断有政治感悟。通过组织党员干部学习大别山革命历史，重温革命先烈的英勇事迹，可以激发党员干部的爱国热情和革命斗志，使他们更加自觉运用党的路线方针政策武装头脑、用习近平新时代中国特色社会主义思想指导实践、推动工作。

弘扬优良传统，加强作风建设。大别山精神蕴含艰苦奋斗、无私奉献、团结协作等优良传统。这些优良传统对于加强党的作风建设具有重要意义。在全面从严治党的新形势下，弘扬大别山精神有助于引导党员干部始终保持艰苦奋斗的作风，自觉抵制享乐主义和奢靡之风；有助于培养党员干部的无私奉献精神，使他们更加关注群众利益，积极为群众排忧解难；有助于增强党员干部的团结协作意识，促进党内团结统一，形成推动工作的强大合力。

促进党群关系和谐，增强党的执政基础。大别山精神中蕴含深厚的群众基础。在革命战争年代，大别山军民紧密团结在一起，为中国革命的胜利作出了巨大贡献。这一精神对于促进党群关系和谐、增强党的执政基础具有重要意义。弘扬大别山精神，可以引导党员干部更加关注群众利益和需求，积极为群众办实事、解难事、做好事；可以激发群众的爱国热情和参与意识，形成党群共建共享的良好局面；可以巩固和扩大党的群众基础，为党的长期执政提供坚实保障。

（二）推动经济社会发展

大别山精神在河南经济发展过程中，其独特魅力和对地方经济发展的驱动力，激励和吸引一大批企业家和劳动者们积极投身经济建设，推动产业结构优化升级，加快经济发展方式转变，为河南的经济腾飞贡献力量。这种精神在社会治理和社会建设中同样发挥着重要作用。它有助于促进河南社会的和谐稳定，提升公共服务水平，改善民生福祉，推动河南社会全面进步。党的十八大以来，河南为加强大别山革命老区建设，制定实施《大别山革命老区振兴发展规划》，常态化组织大别山区鄂豫皖三省相关单位联席会议，推动现代农业发展、产业结构优化升级、生态建设和环境保护、基本公共服务及基础设施建设不断取得新成就。在大别山精神的感召下，区域内各省、市、县之间加强了合作与交流，共同推进基础设施建设、生态环境保护、文化旅游开发等各项工作，提高了区域内资源的利用效率，还增强了区域的整体竞争力和影响力。

大别山精神是河南宝贵的精神滋养，成为河南提升区域竞争力的重要法宝，推动提升河南的区域形象和文化品位，增强河南在全国乃至全球的知名度和影响力，有助于河南在吸引投资、招才引智等方面占据有利地位，为河南的崛起提供有力支撑。作为全国十二大经典红色旅游区之一，大别山地区拥有丰富的红色旅游资源。通过深入挖掘和广泛宣传大别山精神，可以进一步提升大别山红色旅游品牌的知名度和美誉度，吸引更多的游客前来参观旅游，从而带动区域经济的发展。

（三）促进文化传承和创新

在文化传承方面，大别山是中国革命的重要基地，孕育了丰富的红色文化资源，提供了宝贵的精神滋养。通过深入挖掘和整理大别山的革命历史、民间传说、民俗风情等红色文化资源，加强红色教育和红色旅游开发，当地人民不仅加深了对本土文化的认识和认同，还将这些文化资源转化为推动社会发展的强大动力，大大提升河南的文化软实力。在创新方面，大别山精神同样发挥着不可替代的作用。河南人民在传承传统文化的基础上，不断探索和创新，将传统文化与现代元素相结合，创造出具有时代特色的新文化形态。这种创新不仅体现在文化艺术领域，还广泛渗透到社会生活的各个方面，如教育、旅游、产业发展等。通过创新，大别山地区不仅保持了文化的独特性和多样性，还实现了文化的繁荣和发展。大别山精神作为一种独特的地域文化标识，增强了当地文化的吸引力和影响力，为文化的传承与创新创造了更加有利的外部条件。

随着社会的不断发展和进步，大别山精神在文化传承和创新中具有不可估量的价值，也面临更多的机遇和挑战。在这个过程中，需要更加注重文化的多样性和包容性，尊重不同文化之间的差异和特色，推动文化的交流与融合。

（四）助力脱贫和乡村振兴

大别山精神，在新时代焕发出新的光彩，特别是在助力脱贫和乡村振兴方面，发挥了不可替代的作用。在脱贫攻坚中，大别山精神提供了强大的精神动力。面对贫困落后的面貌，广大的革命老区人民，在大别山精神的激励下，发扬了不怕困难、敢于挑战的精神，展现了勇于创新、锐意进取的时代风貌。通过政府引导、社会参与、群众努力等多方面的合力，大别山区完成脱贫攻坚任务，生活水平显著提高。

乡村振兴，不仅仅是经济的振兴，更是文化、生态和社会的全面振兴。在大别山精神的引领下，农民群众的积极性和创造力大大激发，他们不仅关注眼前的利益，还拥有大局意识和长远眼光，站在全局的高度，制定出符合实际情况、具有可操作性的发展规划，从而引领乡村走向持续健康发展的道路。许多乡村地区开始探索特色农业发展之路，因地制宜地发展种植业、养殖业等特色产业。同时，乡村旅游也逐渐成为新的经济增长点，吸引了大量游客前来观光旅游，带动了当地经济的发展。这些成果的取得，都离不开大别山精神的激励和鞭策。

第二节　持续深化与国家战略对接

除了中部地区崛起，我国还制定了其他区域发展战略，共同构成了国家经济发展的大格局。大别山精神内化为精神力量，外化为具体实践，不仅对共建"一带一路"、黄河流域生态保护和高质量发展、长江经济带产生直接影响,而且对京津冀协同发展、长三角一体化发展、粤港澳大湾区建设产生不同程度的影响。

一 大别山精神与共建"一带一路"

共建"一带一路"把古丝绸之路的互联互通理念运用到新时代国与国关系中,坚持和平发展,积极与沿线国家开展经贸合作,共同打造政治上相互信任,经济上相互融合,文化上相互包容的利益共同体、命运共同体和责任共同体。这一倡议不仅有助于促进中国与沿线国家的经济合作,更有助于增进各国人民之间的相互了解和友谊。共建"一带一路"通过对外开放的新深化,实现国内与国际的互动合作、对内开放与对外开放的相互促进,强调开放包容、合作共赢、共同发展理念,为推动全球经济的繁荣与发展作出贡献。

从理念上,大别山精神和共建"一带一路"具有内在的一致性。首先,大别山精神强调一种团结协作、共同奋斗的精神。在共建"一带一路"中,这种精神也得到了充分的体现。中国与各沿线国家之间的合作是全方位的、多层次的。不仅有政府间的合作,还有企业间的合作和民间交流。通过这种多元化的合作模式,各国可以充分发挥各自的优势和资源禀赋,实现互利共赢的局面。中国在与沿线国家的合作中,始终坚持平等协商、互利共赢的原则,积极推动项目建设,为当地经济发展作出重要贡献,为项目顺利实施创造良好社会环境。其次,大别山精神强调一种积极行动、勇于担当的精神。中国政府作为共建"一带一路"的发起者,勇当前锋,积极制定并发布了一系列战略规划和政策文件,为共建"一带一路"提供了明确的方向和指导。中国企业在共建"一带一路"中勇当前锋,积极参与国际竞争与合作,不仅在国内市场保持领先地位,还积极拓展海外市场,为沿线国家的经济发展和民生改善作出了积极贡献。在共建"一带一路"建设中,许多个人也展现出了勇当先锋的精神。他们可能是外交官、工程师、医生、教师等各行各业的从业者,为了推动共建"一带一路",他们远离家乡和亲人,来到陌生的国度,克服重重困难和挑战,为沿线国家的人民提供服务和帮助。他们的奉献精神和专业能力赢得了沿线国家人民的尊重和赞誉。最后,大别山精神是体现了顾全大局、甘于奉献的精神,这与共建

"一带一路"中推动共同发展的目标高度契合。在共建"一带一路"过程中，各国需要摒弃零和博弈的思维定式，树立人类命运共同体意识，积极推动全球经济的均衡、普惠、共赢发展，而不是立足一时一地之利，患得患失，在相互猜忌和犹豫中丧失发展机遇。

受到大别山精神的影响，中部六省都在推动共建"一带一路"建设担当有为，成效明显。以影响最大的河南的几个具体案例说明。如信阳以绿茶融入"一带一路"。信阳贝斯特进出口贸易有限公司依托信阳优质的绿茶资源，积极开拓国际市场，其产品远销非洲、中亚、西亚等国外地区，涵盖乌兹别克斯坦、塔吉克斯坦、阿富汗等 16 个"一带一路"沿线国家。在乌兹别克斯坦建设了海外仓，用于中亚及非洲的海外运营，信阳绿茶的海外发展之路愈加顺畅。随着信阳与"一带一路"沿线国家经济合作的不断深化，越来越多的国内外企业开始在信阳投资兴业。这不仅为信阳带来了资金和技术支持，促进了当地产业结构的优化升级和新兴产业的发展壮大，也加快了信阳与周边地区的经济一体化进程和区域协调发展水平提升，为信阳参与全球治理和国际合作提供了更广阔的平台和机遇。再如，位于洛阳的中油一建承建的中亚天然气管道项目，全长约 1 万公里，是世界上最长的天然气管道之一。项目沿古丝绸之路东行，经乌兹别克斯坦中部和哈萨克斯坦南部进入中国，成为西气东输天然气管线的重要组成部分。这不仅加强了中亚地区与中国的能源合作，也促进了沿线国家的经济发展和民生改善。最有代表性的是郑州。郑州通过收购卢森堡货航股权，开通多条国际货运航线，建立空中丝绸之路；通过开通中欧班列（郑州），建立陆上丝绸之路；通过中国（郑州）跨境电子商务综合试验区，建立网上丝绸之路；通过积极发展铁海联运、河海联运，加快对接海上丝绸之路。"四路"建设使郑州与共建"一带一路"国家和地区的经贸合作日益紧密，外贸进出口总额大幅增长，显著提升了郑州的国际交通枢纽地位，并加强了与"一带一路"沿线国家的文化交流与合作。

二　大别山精神与黄河流域生态保护和高质量发展

黄河是我国的母亲河，黄河流域流经青海、四川、甘肃、宁夏、内蒙古、山西、陕西、河南、山东九省区，经济上重要，生态上尤其重要，加强生态保护和高质量发展对于国家生态安全、经济繁荣和社会稳定具有重要意义。习近平总书记多次就黄河流域生态保护和高质量发展发表重要讲话，强调该战略事关中华民族伟大复兴，必须保护好发展好。鉴于河南在黄河流域生态保护和高质量发展中的重要地位，习近平总书记在河南视察工作时，专门就这项工作作出明确要求。

从理念上，大别山精神与黄河流域生态保护和高质量发展联系紧密。首先，在坚守信念与生态保护上，大别山精神的坚守信念体现在对革命理想的执着追求上。在黄河流域生态保护和高质量发展的过程中，同样需要坚守生态优先、绿色发展的信念不动摇。只有坚定这一信念，才能克服短期经济利益的诱惑，坚持走生态优先、绿色发展的道路，实现黄河流域的可持续发展。其次，在胸怀全局与系统治理上，大别山精神强调胸怀全局，即要从大局出发考虑问题。黄河流域生态保护和高质量发展也需要树立全局观念，实行系统治理。黄河流域是一个复杂的生态系统和社会经济系统，需要统筹考虑上下游、左右岸、干支流的关系，加强流域内各省区之间的协作配合，形成治理合力。再次，在团结奋进与协同推进上，大别山精神的团结奋进体现在革命军民团结一致、共同奋斗的精神风貌上。在黄河流域生态保护和高质量发展的过程中，同样需要发挥团结协作的力量，协同推进各项工作。政府、企业、社会组织和公众等各方需要共同参与、共同努力，形成全社会共治共享的良好局面。最后，在勇当前锋与创新引领上，大别山精神的勇当前锋体现了勇于担当、敢于创新的精神品质。在黄河流域生态保护和高质量发展的过程中，也需要勇于担当责任、敢于创新突破。要积极探索符合黄河流域特点的发展路径和治理模式，加强科技创新和人才培养，为黄河流域的生态保护和高质量发展提供有力支撑。

河南作为黄河流域的重要省份，近年来，在以大别山精神、红旗渠精神、焦裕禄精神为代表的精神感召下，深入贯彻落实习近平总书记关于黄河流域生态保护和高质量发展的重要讲话和指示精神，在黄河流域生态保护和高质量发展中采取了一系列有力措施，取得了显著成效。例如，坚持规划引领、分区分段推进，依托新建、改建道路，多措并举提高沿黄绿化率，打造一条西起三门峡、东至开封，以旅游交通为主，兼顾沿线基础通行功能的公园式沿黄生态廊道，这一举措不仅大大提升了黄河流域生态环境品质和人民群众的幸福指数，而且提高了郑州、洛阳、开封、三门峡的知名度和美誉度，带动了当地旅游业的快速发展，促进了旅游业的繁荣。

例如，郑州市狠抓育林、造林工程，2012 年以来累计实施造林绿化 116 万亩，森林抚育 73 万亩；加大对工业污染治理的投资力度，关停落后煤电机组、淘汰黄标车和老旧车，推进清洁取暖等措施，空气质量逐年改善。开封市在土壤污染防治方面取得显著成效，受污染耕地安全利用率达到 90%以上，污染地块安全利用率达到 100%。洛阳市推进污染防治和黄河"清四乱"（清理乱占、乱采、乱堆、乱建）行动，对非法采砂、污水乱排、侵占湿地等现象进行严厉打击。濮阳市通过强化政策保护措施，修复湖泊河道湿地水系，湿地率达到 67.6%。湿地公园内植物种类丰富，达 317 种，脊椎动物 203 种，且呈梯级增长趋势。三门峡市高质量推进小秦岭矿山治理和生态修复整治工作，累计投入资金 7 亿余元，落地恢复治理项目 32 个，小秦岭增绿 2040 万亩。这一举措不仅修复了生态环境，还促进了当地绿色矿业的发展。

三　大别山精神与长江经济带发展

长江经济带覆盖上海、江苏、浙江等 11 个省市，连接我国东部、中部，经济在全国经济发展大局中有至关重要的地位，生产总值超过全国的 40%。实现长江经济带的沿线省市协同发展，形成和黄河流域九省区高质量发展并列并行，对实现"两个一百年"奋斗目标和中华民族伟大复兴的中国梦具有重要意义。

大别山位于中原经济区、皖江城市带和武汉城市圈的交会地带，具有承东启西、贯通南北的战略地位，其精神内涵中的团结奋进、勇当前锋激励着当地通过承接产业转移、共建产业园区等方式，推动区域经济一体化发展，加强与长江经济带沿线城市的区域协同与开放合作，积极融入长江经济带发展大局。例如，驻马店市通过政策支持、基础设施建设、产业协同发展、区域合作与开放、生态文明建设和社会民生改善等多方面的举措，协同湖北、安徽等大别山革命老区推进高质量发展；信阳市设立豫东南高新技术产业开发区，打造对接长三角地区和粤港澳大湾区的"桥头堡"。这些举措推动区域协同与开放合作，促进了资源要素的自由流动和优化配置，提升了大别山区与长江经济带沿线城市的整体竞争力和发展水平。大别山区积极培育新兴产业，如新能源、新材料、生物医药等，推动传统产业转型升级。通过加强科技创新和人才培养，提升产业核心竞争力和附加值。

例如，明阳智慧能源集团股份公司在信阳投资建成新能源装备制造中心，推进大别山革命老区能源结构调整和经济发展新动能培育。这不仅提升了大别山区自身的经济发展质量，也为长江经济带的产业升级和高质量发展注入了新的活力。

大别山区地处长江经济带中游。无论从理念上，还是从实践中，大别山精神和大别山区积极对接长江经济带，为其提供精神动力、贡献河南力量。例如，大别山区依托其独特的自然资源优势，大力发展油茶、中药材等特色种植产业和绿色生态农业。这些产业不仅促进了当地农民增收致富，提升了当地经济的可持续发展能力，有效保护了生态环境，还为长江经济带提供了优质的生态产品和服务，构建了长江经济带的绿色生态屏障，促进了区域经济与生态环境的和谐共生。例如，地处大别山区的信阳市光山县通过"企业+基地+农户"的模式，发展标准化万亩高产油茶基地，带动了近30万名农民增收致富。

四 大别山精神与其他区域发展战略

改革开放以来，尤其是新时代以来，党中央立足大局、着眼长远，推动一系列区域发展战略，协同推进社会主义现代化建设。围绕大别山精神，本部分将讨论其与京津冀协同发展、长三角一体化、粤港澳大湾区等区域发展战略的关系和对接。

诸如京津冀协同发展、长三角一体化、粤港澳大湾区等区域发展战略本质上是不同区域协同发展的具体体现。既然是一种合作，各地就需要摒弃本位主义和部门主义，坚定合作信念，敢于破除区域间交流合作的体制机制壁垒，坚定未来发展信心。要有全局意识，把自身发展放在区域一体化，乃至国家发展全局思考问题、规划路径，通过自身发展推动区域发展，实现多方共赢。要有团结协作意识，通过协同发展凝聚区域合力，调动一切积极因素，团结一切积极力量，推动更大范围更广区域高质量发展。要有奋勇争先意识，通过改革创新引领时代发展，立潮头、做示范，加快区域一体化进程。从这个意义上，大别山精神的坚定信念、胸怀全局、团结奋进、勇当前锋，和国家区域发展战略在理念上是一致的，可以为后者提供精神力量和信念支撑。

同时，大别山地区也以实际行动对接上述国家战略。例如，大别山地区积极贯彻落实国家关于革命老区振兴发展的政策，制定并实施了一系列区域发展规划，发挥大别山区生态资源、红色文化的独特优势，为区域协同发展提供了有力支撑。注重产业协同发展，通过引入外部资金和技术改造升级传统产业，培育壮大绿色农业、生态旅游等新兴产业，形成一批具有地方特色的产业集群，为京津冀、长三角、粤港澳等发达地区提供了丰富的产品和服务。坚持生态优先、绿色发展，加大生态环境保护力度。通过实施退耕还林、水土保持等工程，改善区域生态环境质量。积极发展绿色经济，推动生态产业化、产业生态化，为京津冀、长三角，乃至粤港澳等区域提供良好的生态屏障。加强交通基础设施建设，提升区域互联互通水平。通过建设高速公路、铁路等交通网络，加强与周边地区的联系与合作，为区域协同发展提供了便利条件。

第三节　加快提高对外开放水平

对外开放与大别山精神相互促进，对外开放为国家各地区的全面发展，尤其是大别山地区的经济社会进步提供了广阔平台和重要机遇。通过对外开放，大别山精神得以在更广泛的国际舞台上得到传承和弘扬，同时为地区经济发展注入了新的活力。在大别山精神的激励下，大别山地区对外开放取得了显著成效，实现了多维度、深层次的开放发展。政策驱动使得开放环境不断优化，基建强化改善了开放条件，产业升级增强了国际竞争力，红色引领促进了文化交流，营商环境优化提升了外资吸引力。这些成效的取得，不仅加快了大别山地区的经济社会发展，也为实现中华民族伟大复兴的中国梦贡献了智慧和力量。

一　对外开放为传承弘扬大别山精神提供广阔平台

对外开放是我国的基本国策，中国共产党第二十届中央委员会第三次全体会议对此作了进一步强调。会议指出，开放是中国式现代化的鲜明标识，必须坚持对外开放基本国策，坚持以开放促改革，依托我国超大规模市场优势，在扩大国际合作中提升开放能力，建设更高水平开放型经济新体制。毫无疑问，对外开放对国家各地区各领域各行业各单位都会产生全方位的深远影响，作为中国共产党人精神谱系的重要组成部分，大别山精神也不例外。

对外开放促进了社会的进步和发展，为人们提供了更多的学习和交流机会，让人们有机会接触到不同的文化和思想，从而更加珍视和认识自己本土的文化和精神财富。这种交流有助于人们更好地了解和认识大别山精神，使其在与外界的交流中得到了更深入的诠释和传播，使得大别山地区的特色文化和精神得以更广泛地认同，从而进一步传承和弘扬这种精神。同时，对外开放也为大别山地区的发展带来了新的机遇。通过吸引外资、引进先进技术和管理经验，大别山地区得以加快经济发展步伐，人民生活水平得到提升，为大别山精神的传承和弘扬提供了有力的支撑。此外，对外开放还为大别山地区的旅游业发展带来了契机。随着人们对历史文化和红色旅游的兴趣日益增加，大别山地区的红色旅游景点和线路也逐渐成为热门选择。这不仅带动了当地经济的发展，也吸引了更多的游客前来参观学习，从而促进了大别山精神的传播和弘扬。

因此，对外开放促进了经济的繁荣和社会的发展，深化与世界各国的交流与合作，让大别山精神等优秀文化遗产在更广阔的舞台上绽放光彩，为人类社会的进步和发展贡献更多的智慧和力量。

二 大别山精神与对外开放的关系

（一） 坚守信念有助于坚定对外开放信心

大别山精神的坚守信念是我们坚定对外开放信心的重要精神支柱，对于提高对外开放水平同样具有指导意义。对外开放信心，是对国家实施对外开放战略、积极参与全球经济合作与竞争所持的积极态度和坚定信念。在对外开放的过程中，我们可能会遇到各种困难和挑战，如国际贸易摩擦、汇率波动、技术壁垒、文化差异等。面对这些困难，我们需要坚定对外开放的信心，相信通过对外开放可以促进国内经济的发展和社会的进步。在对外开放的过程中，需要坚定决心、勇往直前，面对国际环境的复杂多变和国内改革发展的艰巨任务，我们要像大别山军民那样，始终保持对国家和民族发展的坚定信念，始终保持清醒头脑和战略定力，确保对外开放沿着正确方向前进，毫不动摇地推进对外开放战略。大别山军民在革命斗争中所展现出的坚韧不拔、勇于斗争的精神，为我们提供了应对挑战的有力武器，激发我们的斗志和勇气，提升我们应对复杂局面和困难挑战的能力。在新时代背景下，我们要继续传承和弘扬大别山精神，将其转化为推动对外开放事业不断前进的强大动力，以更加坚定的信念和更加务实的行动推动国家对外开放事业不断迈上新台阶。

（二）胸怀全局有助于统筹谋划对外开放战略

大别山军民胸怀全局的精神，要求我们在提高对外开放水平时要有全局观念。我们需要从国家整体利益出发，统筹谋划对外开放战略。胸怀全局，顾名思义，就是要在思考和行动时，始终把整体利益、长远利益放在首位，不拘泥于局部和眼前的得失。对外开放战略是推动经济社会发展的重要动力。在统筹谋划对外开放战略时，我们需要胸怀全局，把对外开放放在国家发展的大局中来思考和谋划。这意味着我们要在对外开放的过程中，既要注重经济效益和国际贸易规则的遵循，也要注重国家安全和长远利益的维护；既要积极引进外资和先进技术，也要注重培育本土企业和自主创新能力的提升；既要拓展国际市场，也要注重国内市场的培育和保护，尤其是在面对复杂多变的国际形势和日益激烈的国际竞争时，更需要我们以全局的视野和战略的思维来谋划和推动国家的发展。

具体来说，胸怀全局在对外开放战略中体现在以下几个方面：第一，树立全球视野，关注国际形势的变化和全球经济的发展趋势，立足中华民族伟大复兴战略全局和世界百年未有之大变局，及时调整对外开放的战略和策略，以适应外部环境的变化。第二，注重国家利益的长远性和整体性，避免在对外开放过程中出现短期行为和局部利益的最大化，损害国家的长远利益和整体利益，影响社会主义现代化强国建设目标的实现。第三，加强对外开放与国内发展的协调性和互补性，确保对外开放能够有力地促进国内经济的发展和社会进步，同时国内的发展也能为对外开放提供坚实的支撑和保障。第四，注重对外开放过程中的风险防控和安全管理，确保国家的经济安全和社会稳定不受外部因素的冲击和影响，统筹发展和安全，贯彻落实总体国家安全观。第五，积极参与全球经济治理体系改革和建设，加强与周边国家和地区的经贸合作，加强"一带一路"建设，和沿线国家互惠互利、合作共赢，推动区域经济一体化进程，推动构建人类命运共同体。

（三） 团结奋进有助于加强国际合作与交流

在当今全球化的大背景下，国际合作与交流显得尤为重要。面对全球性挑战，如气候变化、公共卫生、经济发展等，任何国家都无法单独应对。只有通过国际合作与交流，共同分享经验、资源和智慧，才能找到解决问题的有效途径，不断推进对外开放、提升对外开放水平。因此，加强国际合作与交流，不仅符合各国的共同利益，也是推动世界和平与发展的重要动力。大别山区人民团结一致的精神，对于加强国际合作与交流具有重要意义。我们需要加强与各国政府、企业和民间组织的合作与交流，共同推动全球经济的繁荣与发展。通过加强国际合作与交流，我们可以学习借鉴国外先进的经验和技术成果，提高自身的竞争力和创新能力；同时，我们也可以向国外展示中国的经济发展成就和对外开放成果，增强国际社会对中国的信心和认可。

首先，大别山精神的团结奋进强调共同目标的重要性。在国际合作中，各国应明确共同的目标和利益，形成共识，建立有效的合作机制和平台，通过充分的交流实现求同存异，不因合作中出现的杂音和摩擦影响到共同目标。其次，它强调团结一致的必要性。面对全球性挑战，各国应放下分歧，共同承担责任和义务，携手合作，共同应对。同时加强相互理解和信任，尊重彼此的文化和利益，以更加开放和包容的心态参与国际合作。最后，它强调斗争精神的重要性。在国际合作中，难免会遇到困难和挫折，面对问题和挑战，要敢于斗争、善于斗争，在斗争中达成一致。敢于斗争意味着要勇于维护国家的核心利益和原则，面对国际上的诋毁和遏制，我们要坚决捍卫国家的尊严和权益。善于斗争则要求我们在国际合作和交流中运用智慧和策略，善于分析国际形势，把握大势，运用国际规则和机制，通过合法途径维护国家的权益。同时注重策略和方法的运用，避免不必要的冲突和损失。要通过斗争和协商，寻求与各国的共同利益和合作点。

（四） 勇当前锋有助于有效提升国际影响力

在国际交流和合作中，勇当前锋有助于我国在国际舞台上展现更加主动、开放、自信的姿态，积极参与全球治理和国际事务，推动构建人类命运共同体。这种积极进取的形象，有助于增强我国在国际社会中的影响力和话语权，为国际合作创造更加有利的条件。勇当前锋有助于推动全球性问题的解决。当前，气候变化、公共卫生、贫困等全球性问题日益凸显，国际社会需要共同努力解决。勇当前锋有助于我们发挥更加积极的作用，主动提出解决方案，推动国际社会形成共识和统一行动。例如，在应对气候变化问题上，我国积极倡导绿色低碳发展理念，推动全球气候治理进程。在国际合作中，精神动力是推动合作深入发展的重要因素。勇当前锋为国际合作提供了强大的精神支撑和动力源泉。它激励我们在国际事务中始终保持高昂的斗志和坚定的信念，不畏艰难、勇往直前。这种精神动力能够激发国际合作伙伴的共鸣和信任，凝聚共识，共同推动国际合作事业的蓬勃发展。

以共建"一带一路"和金砖国家为例。在"一带一路"建设中，中国把沿线国家联合在一起，面对不同的文化、习惯和经济结构，涉及多方面的利益和复杂的利益关系网，中国政府通过加强与沿线国家的政策沟通、设施联通、贸易畅通、资金融通和民心相通，成功将这些复杂多样的元素组合在一起，在区域共同发展中发挥先锋引领作用。同时，中国还扮演了"建筑师"的角色，在共建"一带一路"中的许多工程项目中，都有中国工人的身影。无论是架桥修路，还是修机场建电站，中国工程技术人员都展现出了认真高效的工作态度，在项目推进中发挥攻坚作用。在金砖国家合作机制中，中国也发挥了重要的引领和推动作用。作为金砖国家合作的创始成员，中国始终坚定信念、勇于担当、团结互助，致力于推动高质量发展和高水平对外开放，为世界发展贡献中国力量。积极推动金砖扩员进程，为更多发展中国家加入金砖合作机制提供机会，推动全球多极化格局的形成。

三　大别山精神推动对外开放的实践成效

（一）加强政策支持，营造对外开放环境

为了更好传承弘扬大别山精神，推动大别山区加快对外开放步伐，实现高质量发展，2020 年河南省商务厅颁发《支持河南大别山革命老区加快振兴发展行动方案》，从加强对外开放、壮大现代服务业、实施消费升级等五个方面提出了 16 条具体举措，包括支持申建保税物流中心、推动跨境电

子商务发展、建设外贸产业基地、鼓励参加国际性经贸活动、优先支持重大项目等内容。2021年，在该方案的基础上明确了2021年工作要点，包括对外开放载体建设、培育外贸竞争新优势、开展对外经济技术合作、招商引资扩量提质、物流业转型发展、城镇消费提档升级等方面。经国务院同意，国家发展改革委在2024年颁发《新时代大别山革命老区协同推进高质量发展实施方案》，旨在支持大别山革命老区发挥毗邻长三角地区和长江中游城市群的独特优势，推动高质量发展，为大别山区的对外开放和整体发展提供宏观指导和政策支持。

受到政策支持，各地积极有为，通过实际行动推进对外开放，驻马店市、信阳市保税物流中心（B型）、淮滨港保税物流中心、潢川经济开发区设立对外开放口岸、保税监管场所等。以信阳港·淮滨中心港为例。该港口是中原地区进入长江距离最近、船闸最少、到达沿海最快捷的港口。作为河南最大综合性单体港口，自2022年1月开航以来，该港口已开通多条集装箱航线，货物运输辐射到多个省份，货运品种多样，凭借其强大的通航能力和货物装载量，迅速成为内河航运界的一颗"新星"，是大别山地区对外开放的重要实践。同时，信阳港·淮滨中心港还积极构建水陆空铁多式联运体系，与京九铁路专用线、高速公路、明港机场以及规划中的潢川桃林机场等交通设施紧密相连，进一步提升区域交通通达性和便利性，加强了大别山区与外界的联系，推动提升对外开放水平。

（二）加强基础设施建设，改善对外开放条件

为了提高对外开放水平，大别山区加强了基础设施建设，特别是交通和物流设施的建设。通过修建高速公路、铁路和港口等交通设施，大别山区与周边地区的交通联系更加便捷，不仅为区域经济社会发展提供了有力支撑，也为大别山区更好地融入全国乃至全球经济体系奠定了坚实基础。京广高铁、京九铁路、宁西铁路等多条铁路线贯穿大别山区，为区域内外的人员和物资流动提供了便捷通道。同时，"七纵五横"的高速公路网布局逐步完善，内联外通的高速公路网极大地提升了区域的交通通达性。沿大别山高速公路的建设，不仅改善了大别山区的交通条件，还促进了沿线旅游产业的发展，吸引了更多国内外游客前来旅游观光。信阳明港机场的通航，为大别山区搭建起了空中桥梁，进一步缩短了与国内外主要城市的距

离。随着机场运营规模的不断扩大，其服务支撑能力也在逐步提升。港口的建成开航，为大别山区提供了通江达海的水运通道，进一步提升了对外开放水平。

随着信息技术的快速发展，大别山区也积极推进信息与新型基础设施建设，加快农村及偏远山区通信基础设施建设，推进5G网络覆盖。新一代移动通信、工业互联网、物联网等新型基础设施在大别山区逐步普及，为区域经济发展注入了新的活力。例如，六安市等地，显著提升了区域的信息化水平。大别山区依托丰富的生态资源和人力资源优势，积极培育外贸竞争新优势。支持特色产业园区建设国家级、省级外贸转型升级基地，推动特色农产品、手工艺品等扩大出口。同时，鼓励企业参加国际性经贸活动和线上展会，开拓国际市场。河南省支持大别山革命老区举办招商引资活动，优先支持重大招商引资项目落地。通过精准招商、产业链招商等方式，吸引国内外优质企业入驻大别山区，提升区域产业链供应链的稳定性和竞争力。支持大别山区发展冷链物流、电商物流等现代物流业态，加快物流园区建设。通过打造鄂豫皖区域性冷链物流中心等措施，提升区域物流服务水平，为大别山区企业开展国际贸易提供更加高效、便捷的物流服务。

展望未来，大别山区将继续加强基础设施建设，不断改善对外开放条件，深化对外开放合作，积极融入"一带一路"等国家重大战略部署中，为区域经济社会发展注入更加强劲的动力。

（三）推动产业转型升级，增强国际竞争力

近年来，国家高度重视大别山革命老区的振兴发展。经国务院同意，国家发展改革委印发的《新时代大别山革命老区协同推进高质量发展实施方案》明确提出大别山革命老区加强产业合作、推动绿色转型。2015年6月，国务院批复同意《大别山革命老区振兴发展规划》将大别山革命老区的振兴发展上升为国家战略，为区域经济的转型升级提供强有力的政策保障。根据该规划，大别山革命老区的空间结构被规划为"一圈三组团"，即以黄冈、信阳、六安为核心圈，随州、孝感、武汉组团，驻马店、南阳组团和安庆组团为三大发展组团。这一布局旨在通过区域协同，实现优势互补，共同推动产业转型升级。

科技创新是推动产业转型升级的重要动力。大别山革命老区注重加强科技创新体系建设，鼓励企业加大研发投入，引进和培育高端科技人才。河南加强与高校、科研院所的合作，共建产学研用一体化平台，推动科技成果的转化和应用。通过科技创新，提升产业的核心竞争力和附加值。为提升大别山革命老区的国际竞争力，国家支持其加强对外开放载体建设。指导帮助潢川经济技术开发区等条件成熟的园区升级为国家级经济技术开发区。支持信阳、驻马店等地申建中国（河南）自由贸易试验区开放联动创新区，以及建设保税物流中心等对外开放平台。这些平台的建立，有助于大别山革命老区更好地融入全球经济体系，提升对外开放水平。大别山革命老区注重培育外贸竞争新优势。通过落实"稳外贸"政策措施、引进和培育出口型项目、打造特色出口产业集群等措施，提升区域外贸发展水平。同时，支持企业开展境外专利申请、商标注册、管理体系认证等工作，打造国际知名品牌。这些措施有助于提升大别山革命老区的产品和服务在国际市场上的竞争力。

大别山地区在推动产业转型升级方面取得了显著成效，通过发展特色农业、绿色能源、智能制造等新兴产业，提高了产品的附加值和国际竞争力。这些产业的发展不仅促进了当地经济的快速增长，也为对外开放提供了更多的合作机会。例如，新县依托其丰富的油茶、中药材等特色农业资源，积极发展农产品加工业和出口贸易，产品远销海外市场。同时，新县还积极引进外资和技术，推动绿色能源和智能制造等高新技术产业的发展，进一步提升了对外开放水平。

（四）依托红色资源，促进国际文化交流

大别山地区拥有丰富的红色资源，包括众多革命遗址、纪念馆和博物馆等。这些红色资源不仅是进行爱国主义教育的重要基地，也是促进国际文化交流的重要窗口。大别山的红色资源是国际文化交流的重要载体。通过参观革命遗址、了解革命历史，国际友人可以深刻感受到中国共产党和中国人民为争取民族独立和人民解放所付出的巨大牺牲和艰苦努力，对中国的革命历史有了更深入的了解和认识。

大别山地区依托红色资源，积极举办各种国际文化交流活动，如红色旅游节、国际学术研讨会等。在旅游节期间，游客可以参观革命遗址、观

看红色文艺演出、参与红色主题活动等，深入感受大别山的革命历史和文化氛围。这种形式的国际文化交流活动不仅增强了游客的革命历史认知，也促进了当地与国际社会的互动与合作。这些活动为国内外游客和学者提供了了解大别山革命历史和文化的平台，也促进了中外之间的友好交流与合作。例如，信阳市依托其丰富的红色旅游资源，积极推进红色旅游国际化进程，与多个国家建立了红色旅游合作关系，共同开发红色旅游线路和产品，有效提升了信阳在国际上的知名度和影响力。通过这些活动，大别山地区不仅展示了其独特的红色魅力，也增进了与国际社会的相互了解和信任。为了推动红色旅游的国际化发展，大别山地区积极提升旅游服务质量，完善旅游设施，打造具有国际影响力的红色旅游品牌。这不仅吸引了大量国内外游客前来参观，也推动了当地经济的发展和社会的进步。

为了更好地传承和弘扬大别山的红色文化，当地还积极开发红色文化产品，如红色书籍、纪念品等。这些产品不仅满足了游客的购物需求，也成为传播大别山红色文化的重要载体。通过红色文化产品的开发与推广，大别山地区的红色文化得到了更广泛的传播和认同。

展望未来，大别山地区将继续依托其独特的红色资源，深化国际文化交流与合作。通过举办更多具有国际影响力的文化交流活动、提升红色旅游品牌的国际知名度、加强与国际学术界的合作与研究等举措，大别山地区将进一步推动红色文化的国际化传播与交流，为构建人类命运共同体贡献自己的力量。

（五）优化营商环境，吸引外资投资

为了吸引更多外资投资，大别山地区不断优化营商环境，简化审批流程、降低企业成本、提高服务质量。通过出台一系列优惠政策和服务措施，大别山地区吸引了大量外资企业前来投资兴业。这些外资企业的入驻不仅带来了先进的技术和管理经验，还促进了当地产业结构的优化升级和对外开放水平的提升。例如，豫东南高新技术产业开发区的成立和发展，就是大别山区优化营商环境、吸引外资投资的重要成果之一。该开发区通过打造绿色能源、绿色建筑、绿色交通等特色产业集群，吸引了众多国内外知名企业入驻投资，为当地经济发展注入了新的活力。

大别山地区拥有丰富的红色旅游资源和绿色生态资源。为充分发挥这些资源优势，大别山革命老区大力弘扬大别山精神，通过发展绿色农业、生态工业、环保产业等绿色经济，打造一批以原生态和红色旅游为品牌的旅游区。通过建立鄂豫皖三省九市 54 县大别山旅游区域协作联合体，增强区域旅游联合的整体影响力和竞争力，力争将大别山建设成为继井冈山、延安之后又一全国著名红色旅游品牌，并成为中国中东部最大的生态旅游目的地。例如，信阳凭借大别山区得天独厚的自然生态和茶产业优势，大力扶植茶旅产业，通过茶旅融合发展激活"绿水青山"背后的资源优势。通过把茶园变公园、把茶区变景区、把茶农变社员、把茶山变"金山"等"四变"措施，不仅促进了茶叶产业的发展壮大，带动了周边地区的经济繁荣和农民增收，也提升了信阳的城市形象和美誉度。优美的生态环境吸引越来越多的国内外游客前来观光旅游，为吸引外资营造良好的生态环境。

第七章　绿水青山亮底色：在传承弘扬
大别山精神中建设特色生态文明

党的二十大报告中明确指出，中国式现代化是人与自然和谐共生的现代化，尊重自然、顺应自然、保护自然是全面建设社会主义现代化国家的内在要求。这是自党的十八大以来，党中央再次强调生态文明建设在经济发展中的重要性。国务院扶贫办、国家发展改革委 2013 年印发的《大别山片区区域发展与扶贫攻坚规划（2011—2020 年）》对大别山地区的战略定位之一是：统筹经济发展与生态环境保护，建立健全生态补偿机制，防治水土流失和洪涝灾害，维护生物多样性，促进人与自然和谐相处，推进生态文明建设，建成华中和长江三角洲地区重要生态安全屏障。2015 年，国务院批复同意的《大别山革命老区振兴发展规划》对大别山地区的战略定位之一是：长江和淮河中下游地区重要的生态安全屏障，着力推动大别山革命老区节能减排、资源综合利用取得阶段性成果的发展目标。为了实现这一目标，我们必将以生态文明作为核心战略，坚持开发与保护并重的原则，积极推动绿色能源和循环经济的发展，通过生态技术和生态立法手段改善民众的生活环境；同时，借助大别山的精神凝聚群众，激发大别山人民继承红色革命精神、致力于绿色发展事业的热情和决心，共同营造一个经济繁荣、社会完善、民生幸福、人与自然和谐共生的新大别山。

第一节　筑牢大别山地区生态安全屏障

大别山地区在生态环境保护方面扮演着极其关键的角色，它既是长江与淮河两大水系的分界线，也是我国南方与北方气候交互作用的交汇点。回顾历史，大别山地区在土地革命战争期间，是中国共产党的重要根据地，在解放战争的决定性时刻，成为中国人民解放军实施战略转移的关键切入点，并发挥了不可替代的作用。

一 大别山地区生态环境发展的主要做法

受限于历史、自然和交通等多重因素，大别山地区的经济发展相对滞后，一些地方甚至出现了"发展低谷"的现象，经济发展与生态保护之间的矛盾不断激化。近年来，大别山地区紧紧遵循国家关于绿色发展的战略指导，积极落实《大别山片区区域发展与扶贫攻坚规划（2011—2020年）》以及《大别山革命老区振兴发展规划》等政策文件，将绿色发展理念融入当地经济社会发展全局。在实践中，该地区不仅完善了相关法规政策，还推出了系列具体举措，旨在推进绿色、可持续的发展模式。这一系列努力已经取得了明显的成效。大别山地区在环境保护、资源利用效率提升、生态产业培育等方面均取得了长足进步。绿色经济成为推动地区发展的主要力量之一，不仅促进了当地经济的转型升级，还提高了人民的生活质量，改善了生态环境，为实现全面建成小康社会和可持续发展目标奠定了坚实基础。

（一）构建大别山生态格局，打造绿色发展的典范区域

为了确保大别山地区的长远可持续发展，必须构建一个健康且合理的生态系统结构。合理地规划生态功能区域对推进绿色发展具有极其重要的作用。大别山地区根据国家政策和国务院的指导思想，坚持主导功能原则、区域关联性原则、协调性原则和分级规划原则，努力优化生态布局体系，探索和执行绿色发展的新路径。

首先，着力塑造工业核心发展区域。按照《大别山革命老区振兴发展规划》，黄冈、信阳、六安被定位为关键地区，这三个城市在2015年签署了战略合作协议，共同努力打造黄冈临港经济带、信阳宁西工业经济走廊以及六安工业走廊，形成多个具有竞争力的工业产业集群。同时，积极促进现代农业的发展。在保障粮食生产稳定的前提下，大别山地区积极调整农业和林业布局。城郊农业区着重提升城市生态和景观环境，优先发展蔬菜、水产、畜禽和园艺业；平原地区持续加强国家粮油生产基地的建设；山区凭借其生态环境优势，大力推进"立体林业"和"林下经济"的发展，专注于生态有机茶的种植；库区在保护水域生态的前提下，适度发展高端

渔业。

其次，努力打造旅游文化区。各地加强红色文化遗产的保护，并鼓励社会资本参与旅游资源的开发。拥有丰富红色资源的商城、金寨、岳西、确山、英山、新县等地区，积极发展特色旅游业，努力打造成为全国知名的旅游目的地。

最后，积极巩固和发展生态功能区。大别山各地积极推进生态文明建设，执行重要的生态保护区、水源涵养区、江河源头区的自然生态修复和保护工作。加强山坡耕地水土流失的综合治理以及低效林改造、生态公益林的保护与管理。例如，河南省在2016年发布了《河南省大别山革命老区振兴发展规划实施方案》，提出了基于"四区三带"的生态安全格局，进行国土空间开发格局的优化，提高生态服务和保障功能。重点推进沿淮生态保育带和桐柏大别山地生态区的建设，加强沿淮生态保育带的防护林建设和天然植被保护，以及桐柏大别山地生态区的生态保护和修复。

（二）建立健全的生态环境保护体系，创新生态经济系统

在大别山地区，保护和开发自然生态正以多措并举的方式紧密结合。首先，该地区坚守"保护与发展并行"的原则，秉承尊重自然、顺应自然、保护自然的生态文明观念，实施了包括蓝天、碧水和乡村清洁在内的"三大工程"，着力提升城乡环境质量。例如，信阳市自2014年起，在媒体上公示了数千辆黄标车和老旧车辆，并采取了措施督促其报废，同时多次召开专题讨论大气污染防治，停业整顿了禁养区内的养殖场，并对规模化养殖场进行了治理。其次，大别山地区推行了一系列环保制度，如土地节约利用、环境影响评价、污染物总量控制和排污许可等，以减轻工业化进程对环境的压力，实现经济发展与环境保护的双赢。此外，该地区还探索建立生态补偿机制，确保大部分资源性税收收入用于水土保持和生态补偿项目。同时，提倡文明、节约、绿色、低碳的生活方式，激励企业和市民参与节能减排及新能源技术的应用，推动低碳生活和绿色出行，构建低碳社会。最后，在如何利用生态资源方面，大别山地区致力于发展低碳环保、可持续的新兴产业，打造绿色高效的生态经济体系。近年来，大别山地区在城市发展上侧重于培育新型工业和高端服务业，而在乡村则根据当地条件发展生态农业、生态旅游和生物医疗等绿色产业。具体来说，大别山地

区在生态经济体系建设上的创新主要集中在以下几个方面：推动工业节能减排和清洁高效，发展先进制造、新能源和新材料等高新技术产业；构建生态农业经济体系，通过发展林下经济和森林加工，以及完善农业生产保障体系来打造绿色农业新结构；积极发展生态旅游业，以自然生态为基础，在保护环境的同时促进当地经济发展；大力发展生物医疗和新能源等生态产业，利用大别山丰富的生物资源，打造高效益、低污染的生物医疗产业。通过这些措施，大别山地区旨在实现生态与经济的双赢发展。

（三）完善生态环境制度机制，提升生态居住环境品质

为了提升大别山人民的居住环境品质，必须构建一个完善的生态环境制度机制，包括土地的节约型和集约型利用、矿产资源的有序开发、水资源的合理使用、森林和湿地的维护、大气污染的管控以及生态补偿等多个方面。例如，在大别山地区，近几年各地根据自身实际情况，开展了各有侧重点的生态制度实践。例如，《河南省大别山革命老区振兴发展规划实施方案》提出了加强矿产资源调查，共享普查成果的要求。信阳市在产业发展和区域开发中，制定了环境保护负面清单，从多角度为产业发展和区域开发提供了环保指导。此外，该市实施了环境空气质量和大气污染防治工作的"双考核"制度，重点治理机动车尾气和扬尘污染，加强了排放控制，并提高了清洁能源的使用比例。

自 2014 年起，安徽省在大别山区设立了每年 2 亿元的水环境生态补偿资金，用于建立水土保持生态补偿机制，并完善矿产资源开发管理体制机制。同时，该省依法实施了生态空间用途管制制度，推进了环境准入制度的完善，并开展了主要行业和重点开发区域的规划环评工作。安庆市实行了城市生活垃圾分类收集、运输和资源化利用制度，加快了生活垃圾无害化处理设施的建设，并实施了最严格的水资源管理制度，建设了节水型机关、企业、社区、学校和农区。此外，该市还建立了矿产资源开发管理体制机制和矿山地质环境保护与恢复治理长效机制，实施了环境治理保证金制度，并建立了相应的监测体系。

在生态人居体系建设方面，大别山地区各地将生态学原理应用于城市建设和管理，致力于打造海绵城市、绿色建筑和生态社区，加快公共交通系统的建设，实施生态城市创建工程，提升城镇居民的生活质量。同时，

以改善农村居民生活品质为核心，完善农村基础设施和环境整治，解决农村居民的出行、教育和用电用水等问题，推动农村垃圾处理和生活垃圾治理，努力营造宜居宜业宜游的环境。例如，信阳市新县以"青山、绿水、蓝天、红城"为定位，实施了城区基础设施提升工程，优化了人居环境，建设了宜居的城市。该县还有多个村庄获得了中国景观村落、中国传统村落和河南省传统村落的称号，被表彰为河南省改善农村人居环境工作先进县。

二 大别山地区生态安全环境发展取得的成效

在国家持续发力支持大别山老区振兴发展的形势下，大别山地区各地紧紧把握政策机遇，积极倡导生态文明，不断优化生态环境，绿色发展取得了显著成绩。

（一）生态环境质量总体提升

河南省境内的大别山地区因其连绵不断的青山和清澈的水域而闻名于世，尤其是信阳市，其以丰富的植被种类和优质的绿茶与稻米而知名。这里气候适宜，被誉为鱼米之乡和绿茶之乡，同时是银杏、红黄麻、茶叶、板栗等经济作物的盛产地。此外，驻马店市的自然风光也是该地区的一大亮点，其中的嵖岈山曾作为央视 1986 年版《西游记》电视剧的外景拍摄地，铜山和白云山等山脉同样美不胜收。河南省大别山地区坐拥四分之一的优质水源，河湖水库和复杂的水系支流构成了如江南水乡般的迷人景色。

安徽省境内的大别山地区的天然植被得到了有效的保护，森林覆盖率超过了 70%。这里的生态种类繁多，拥有众多自然保护区、森林公园、高品质水库、地质公园以及湿地公园。这些生态资源不仅功能强大，也使得油茶、茶叶、水果、核桃、中药材等特色产品远近闻名。

湖北省境内的大别山试验区是这一地区的核心地带，也是长江中游地区的重要生态屏障。近年来，该试验区在开发和保护之间找到了平衡，坚持保护优先，发展中保护的原则。该试验区旨在成为武汉城市圈的后花园，已经实施了一系列法律和政策文件，以确保植被、水源和动物等生态元素的可持续性发展。通过这些努力，大别山试验区的生态环境得到了有效维护和改善。

（二）生态结构较为均衡

大别山地区位于北亚热带的温暖湿润季风气候区，具有明显的山地气候特征和优良的森林气候条件，气候温和且雨量充沛。年均气温约为12.5℃，年温差较小，最热月均温为18.7℃，最冷月均温为8.8℃，高于或等于10℃的积温在4500~5500℃之间。年均降水量高达1832.8毫米，空气平均湿度为79%，降水量比周边地区多出360毫米。这样的气候条件使当地生物资源丰富。大别山区的自然植被种类繁多，森林覆盖率在全国自然保护区中位居前列，丰富的植物资源和完善的植被为众多动物提供了理想的栖息地，使得大别山成为华中地区的一个重要物种资源库，并被纳入《中国生物多样性保护行动规划》中的《中国优先保护的生态系统名录》。近年来，大别山地区越来越重视土地的集约利用和生态文明建设，加大污染治理力度，城乡居住环境得到了明显的改善。该区域不仅是中国重要的蚕茧、丝麻和优质茶叶的生产地，也在生态环境保护方面取得了显著的进步。

第二节　推动大别山地区绿色低碳发展

良好的生态环境是美好生活的基础、人民共同的期盼。绿色发展是顺应自然、促进人与自然和谐共生的发展，是用最少资源环境代价取得最大经济社会效益的发展。当今时代，绿色成为新时代中国的鲜明底色，广袤中华大地天更蓝、山更绿、水更清，人民享有更多、更普惠、更可持续的绿色福祉。虽然大别山地区通过一系列改进措施，生态环境整体有明显提升，但仍有以下挑战。

一　大别山地区绿色低碳发展存在的主要问题

大别山地区以人工林为主导的植被类型，改变甚至破坏了野生动物和植物的自然栖息地，从而导致野生动植物物种的减少。在乡村地区，缺乏环境保护设施以及垃圾处理设施，也是目前当地环保工作所面临的问题。这些问题的出现，部分是因为历史因素，如大别山区的经济不发达等。但更重要的是，当地发展模式和实施策略存在问题。绿色低碳发展是一项全面而复杂的系统工程，它要求我们在发展观念、绿色经济、绿色政治、绿色文化和绿色社会等多个层面进行创新和实践。

（一）生态破坏与污染问题依然突出

大别山地区位于我国中部，是一个矿产资源丰富的地区。长期以来，由于矿产资源开采、农业面源污染、工业排放等原因，大别山地区的生态环境受到了严重影响。土壤污染、水污染和空气污染等问题较为严重，这不仅影响了区域的生态平衡，也制约了经济社会的可持续发展。首先，矿产资源开采是大别山地区生态环境恶化的重要原因之一。为了追求经济效益，一些企业过度开采矿产资源，导致地形地貌破坏，土地沉降，甚至引发地质灾害。同时，矿产资源的开采和加工过程中产生的废弃物和废水，含有大量有害物质，对土壤和水质造成了严重污染。其次，农业面源污染也是导致大别山地区生态环境恶化的重要因素。为了提高农业产量，农民过度使用化肥，这些化学物质在土壤中积累，导致土壤污染。同时，农田灌溉和养殖业排放的废水，使得水体富营养化，引发水污染问题。此外，工业排放也是导致大别山地区生态环境恶化的重要原因。一些企业在生产过程中，没有采取有效的污染治理措施，排放大量的废气、废水和固体废弃物。这些污染物对空气质量造成了严重影响，导致雾霾、酸雨等天气现象频繁出现。

（二）绿色产业发展效果不够显著

绿色发展理念是经济增长、社会进步与环境保护和谐统一的具体表现。目前，大别山地区的绿色发展理念虽已经普及，但其成效还有待提升。

首先，在经济层面，大别山地区的产业结构主要依托于农业与制造业，这些行业的产出效益较低，进而影响了整个区域的经济发展程度，居民人均收入偏低。以 2010 年的数据为参考，该地区的总产值和人均国内生产总值都未达到所在省份的平均值，农民收入也低于全国平均水平及相邻省份的水平。到了 2015 年，该地区的人均 GDP 依然不到所在省份平均值的70%，贫困人口和贫困村的数量占所在省份的大部分，工业化率和城镇化率也明显低于平均水平。其次，在社会层面，社会发展也存在不平衡的问题，区域内外的经济发展水平差异明显。在教育文化领域，当地人民的精神文化需求尚未充分满足，教育资源分配不平衡，教育质量和升学率有待提升，高质量人才匮乏，教育设施也有待完善。最后，在环境层面，尽管大别山区域拥有丰富的林业资源，被确定为国家关键的生态功能区，但在某些地区，林业开发的过度进行导致森林资源的损害，引发了当地居民的不满。同时，不合理的土地利用和养殖方式也对当地及下游的生态环境造成了破坏，国家和地方需要投入大量的资金用于水资源的保护。

这些问题表明，大别山区域的绿色发展仍处于初步阶段，多数改进措施仍浮于表面。为了实现真正的绿色转型，大别山区域需要更深入地贯彻绿色发展的理念，充分发掘和利用绿色资源的潜力，以此推动经济社会的可持续发展，并保护与提升人民的生活质量。

（三）绿色发展与红色文化传承发展结合不够深入

大别山地区的红色文化传承与发展，对于促进本地区经济的持续增长具有极为重要的作用。同时，生态环境的可持续发展也为红色文化的保护提供了有力的支撑。近年来大别山地区的绿色发展与红色传承发展有了更进一步的结合，成效已经初步显现，但在融合生态环境可持续发展和红色文化传承方面，仍然面临一些挑战和难题。

首先，红色文化资源的调查、整理和保护工作需要加强。随着历史见证者的减少，口述历史未能有效地转化为书面资料。另外，若干遗址和历史性建筑已经遭受了不同形式的损坏，而且涉及三省的大别山红色资源的保护抢救工作还有待加强。其次，红色文化与美丽乡村建设等领域融合程度需要提高。大别山地区以农村为主，红色资源遍布各地。在农村环境保护和生态建设的推进中，未能有效地融入红色文化元素，缺乏将当地特色与红色文化结合起来的规划，导致乡村建设的红色内涵和文化魅力尚未得到完全展现。再次，绿色发展与红色文化传承相结合的规划和实施缺乏整体性。由于大别山跨越三个省份，缺乏统一协调的机构来全局性地制定绿色发展和红色文化传承相结合的规划。各地在发展过程中常常单独行动，这导致了资源的浪费和同质化竞争，未能充分利用当地红色资源优势，形成具有地方特色的绿色发展路径。最后，区域间缺乏有效的沟通与协调，导致红色文化的传承和资源开发用力分散，无法形成合力，限制了发展潜力。

（四）现行生态环境保护体制机制不够健全

大别山区域在生态保护方面扮演着极其关键的角色，被定位为国家水资源保护与土壤维持的重点区域。基于这一特殊地位，大别山东部地区大多被划定为"限制开发区"，这意味着在产业成长和资源运用上当地将面临许多制约。同时，恢复和维护生态环境需要庞大的资金支持，与其他产业相比，生态建设的投资回本期通常更长，市场机制在短期内很难达到自给自足的均衡状态。在现行的市场经济体系下，这种情形可能导致大别山区域的企业和社会资本对绿色发展的投资意愿与能力降低。为了促进该区域的绿色发展，当地迫切需要建立有效的激励与约束机制。目前，尽管国家已经对大别山实施了一些政策扶持和财政资助，但支持力度仍待增强，相关的金融、税务、监管和监察体系也需要完善。此外，现有的机制尚未有效地调和与市场、社会公民之间的关系，以及不同职能部门之间、不同行政区划的部门之间的关系。以生态林补偿和行蓄洪区补偿为例，现有的补偿机制并未充分彰显出大别山区域在生态保护中的重要贡献。

二 大别山地区绿色低碳发展的主要做法

随着工业化、城镇化以及旅游业的快速发展，大别山区域的生态保护与经济社会发展之间的冲突日益凸显，亟须制定有效的策略，推进绿色发展。因此，需要以大别山红色精神为引导，把生态文明建设视为发展的关键突破口，探寻一种绿色、循环、低碳的转型发展模式。

（一）深化大别山区域生态保护，打造绿色发展示范带

近年来，我国高度重视生态文明建设，其中大别山区域的生态保护尤为重要。大别山地处我国中东部，是长江中下游重要的生态安全屏障。加强大别山地区生态建设，既是保护生物多样性的需要，也是实现可持续发展的必然选择。

首先，大别山地区应进一步完善生态补偿机制，对大别山区域进行生态补偿，以保证当地居民的生态环境得到有效保护。2014年，安徽省颁布了《大别山区水环境生态补偿办法》。该办法以"谁受益、谁补偿，谁破坏、谁承担"为原则，以水质监测结果为依据，旨在建立大别山区水环境

生态补偿机制。自实施以来，罗管闸等跨市断面的水质全部达标，主要污染物指标稳定并有所下降。其次，对生态补偿资金的分配与利用机制进行优化。到 2021 年，安徽省财政、合肥和六安两市的财政累计投入生态补偿资金达 16.6 亿元。同时提高生态修复补偿标准，补偿标准从 4000 万元提高到 6000 万元，年度补偿资金总规模达到 2.52 亿元。但当地仍需深入优化资金的分配模式，确保资金能够更高效地惠及生态需求紧迫的地区。同时，我们还应考虑提升补偿资金的总量，以更充分地支持大别山区域的生态维护和自然修复工程。再次，着力提升生态补偿的标准和效能。比如，可以依据各地区的水质条件与生态功能差异，制定差异化的补偿标准，以此激励各地更积极地投身于生态环境保护。此外，将补偿资金的分配与生态保护及修复项目的实际成效相挂钩，也是提高资金使用效率的重要途径。另外，构建更加健全的生态补偿体系。探讨跨区域生态补偿的可能性，即让生态效益获利的地区向生态保护投入的地区进行补偿，将有助于实现区域生态平衡与持续发展。同时，考虑设立长期生态补偿机制也至关重要，确保大别山区域的生态维护与修复工作能够持续有效地进行。最后，强化生态补偿机制的监管力度。建立专门的监管机构，对补偿资金的使用效果进行严格监督，是保障资金合理利用和有效监管的关键。与此同时，对生态补偿项目的定期评估和监控也不可或缺，以确保项目达成预期的实施效果和质量标准。

（二）加强大别山地区生态建设

在全面落实国家发展战略的基础上，鄂豫皖三省需共同努力构建一套协商保护及合理利用生态资源的机制。历史经验表明，区域合作是推进绿色发展的重要途径。陕甘宁革命老区振兴的成功案例告诉我们，必须通过政策和制度创新，释放发展潜力，形成区域发展的协同力量。因此，建议鄂豫皖三省应以《大别山革命老区振兴发展规划》等国家发展规划为核心，与地方"十四五"规划有效对接，整合资源与政策。设立生态建设先行示范区的联席会议制度，强化定期的协商与工作推进机制，实现鄂豫皖三省间的制度化、常态化合作。同时，鄂豫皖三省应共同努力加强生态建设，执行国家规划，完善生态补偿机制，增加资金投入，加强部门间的协同。强化省际空间管制，建设关键生态廊道，划定生态保护红线，建立健全区域生态保护和监管机制。还需共同编制水土保持方案，推动农村环境整治，实施河流综合治理，共同开发特色产业。建立开放合作的新机制，强化区域间的协作，积极参与国家发展战略，如长江经济带建设，加强与各地区的全方位合作，促进深度融合。

（三）推动绿色产业发展，助力乡村振兴

大别山区域具有丰富的生态资源，要充分发挥这一优势，推动绿色产业发展，如生态旅游、绿色农业等，助力乡村振兴，提高当地居民生活水平。

首先，河南省紧密结合大别山老区的"红、绿、特"特色，制定和执行一系列战略规划，不断激发当地经济增长的新动力。一方面，重视生态环境的保护，利用本地资源，培养具有地方特色的产业。河南省推动淮河及其支流生态环境的保护与恢复，激励金融实体参与地区的全方位管理，以"茶旅融合"策略带动旅游业的持续发展。另一方面，快速建设具有特色的产业平台，大力推动中国（驻马店）国际农产品加工产业园的建设项目，并抓住东部沿海产业向中西部地区转移的机遇，2022年3月，在信阳市成立的豫东南高新技术产业开发区，正在迅速崛起，成为连接长三角与中原地区的重要枢纽。

其次，湖北省积极推进大别山革命老区特色产业的发展，黄冈市、孝感市等地区积极引进配套企业，努力融入武汉城市圈的经济体系。2021年，黄冈市新签约的投资额超过亿元的项目多达295个，新开工项目达到373个，民间投资同比增长20.8%，工业投资同比增长19%，工业技术改造投资同比增长26.6%。枣阳市的县域经济发展势头强劲，其国家级经济技术开发区的设立已获批准，2021年的地区生产总值高达756亿元，是大别山革命老区唯一的全国县域经济百强县。

最后，安徽省正致力于推进观光旅游和生态旅游的深度结合，打造多元化的旅游形态。《安徽省"十四五"旅游业发展规划》由安徽省发展和改革委员会与安徽省文化和旅游厅联合发布，明确提出要优先发展西部旅游区域。根据2021年的数据，金寨县斑竹园镇接待游客量高达四十万人次，这充分展示了当地旅游的巨大魅力。当地以红色文化为依托，开发了五项红色精品教育课程。六安市致力于尽快实现大别山红色文化游览基地和生

态旅游胜地的有机融合，为游客提供更加丰富多彩的旅游体验。

（四）进一步完善生态环境体制机制，保障生态环境安全

大别山位于湖北、河南、安徽三省交界地带，地理位置十分重要。它靠近豫中地区，南接武汉，东连江淮平原，西控京广铁路。如今，大别山地区面临着生态保护和经济社会和谐发展的双重挑战，追求可持续发展和绿色发展成为当地人民共同的愿景。因此，大别山地区的政府和人民需要奋发有为，携手共进，全力完善当地的生态环境体制机制并保证生态环境安全。

首先，进一步推进环境风险预警系统的集成化建设。大别山区域需要强化信息技术基础设施建设，增强对环境信息的监测、预测及响应能力。打造完善的环境风险预警框架，并实现与邻近城市、企业、工业园区及资源开采区的监测系统之间的互联与共享，构筑全方位监测的网络体系。利用先进的通信技术及高效的数据收集、传输方式，确保预警信息的有效扩散与应急响应，同时考量单一环境风险可能引发的复合影响，从而提升生态预警的综合效果。其次，促进生态保护和旅游业的协调共赢。基于大别山区域生态环境的承载力评估，鄂豫皖三省应合理规划旅游的承载力，并建立游客数量预警机制。对景区执行定期的封闭管理以保障生态环境的恢复，并加大景区生态环境保护力度。最后，强化防灾减灾系统的综合建设。鉴于大别山区域基础设施建设薄弱和生态环境的易损性，易遭受山体滑坡、泥石流等自然灾害的影响，三个省份应共同努力构建防洪减灾预警系统和山洪地质灾害监测预警机制。同时，提升包括行蓄洪区安全设施和紧急疏散所在内的防灾减灾设施建设。在城市和学校等人员密集区域，增设紧急疏散所和医疗救护站点，并储备必要的应急物资，提高紧急救援能力。以上体制机制的完善，可以有效地构建适应大别山区域需求的生态预警系统，为此地的自然环境保护和持续发展打下坚实的基础。

三　大别山地区绿色低碳发展的主要成效

大别山地区绿色发展的主要成效体现在生态优势转化为经济社会发展的巨大动能，以及通过绿色发展促进了区域的经济增长和生态环境的改善。

（一）大别山地区生态屏障功能显现

大别山脉作为中国生态安全的屏障，对于保持长江流域中下游生态系统的稳定发挥着至关重要的作用。鄂豫皖三省高度关注大别山的生态保护工作，例如，在 2023 年 11 月，生态环境部公布了《第七批国家生态文明建设示范区名单》，信阳市成为河南省唯一获此殊荣的市级行政单位。这一成果的取得，得益于信阳市持之以恒地秉承"绿水青山就是金山银山"的发展思路，坚定执行生态优先和绿色发展的策略。同时，新县、商城县、罗山县、光山县、浉河区五个地区被确定为国家重点生态功能区，新县和光山县荣获全国"绿水青山就是金山银山"实践创新基地的称号，新县和商城县则被评为国家生态文明建设示范区，全市八个县区都被命名为省级生态县。除此之外，还有各类自然保护区、风景名胜区、森林公园、地质公园、湿地公园等 39 个保护区。信阳市的空气质量连续八年位居全省之首，所辖八个县均达到国家空气质量二级标准，正致力于实现 2024 年全市空气质量二级标准的目标。连续两年，45 个关键的水质监测断面实现了"保Ⅲ争Ⅱ"的目标，其中 28 个断面的水质达到了Ⅱ类或更高级别。土壤环境也在持续改善，建设用地的安全利用率和受污染耕地的安全利用率均达到了100%。2023 年，由于生态环境质量的进一步提升，信阳市获得了 6.1 亿元的国家生态补偿。为了进一步凸显大别山作为重要水源地的生态屏障作用，当地各级政府加大了对大别山区水库群生态环保的经费投入，实施了退耕还林和天然林保护等项目，有效地增强了大别山区的生态防护功能。

（二）打造绿色低碳发展典范，打造绿色科创先锋

首先，发挥企业在绿色低碳创新领域的先锋作用。计划推出绿色创新型企业培育项目，支持那些具备卓越核心技术和强大集成创新能力的企业，通过科技革新，培养一批在产业链中发挥关键作用的大型企业和行业领导者。建立"瞪羚"企业储备库和"独角兽"企业种子库，吸引和培养一批具有高增长潜力的小微企业。执行针对科技型中小企业的"春笋"计划，加强与苏州的创新和技术转移合作，改善科技型中小企业的成长环境，培育一批具有专业特色的"小巨人"企业。推动绿色科技服务资源的开放共享，增强大中小型企业在绿色低碳领域的协同创新。

其次，快速打造绿色低碳创新平台。激励在绿色低碳技术领域的领先企业、学术机构、研究机构、检验检测机构和认证机构协作，共建绿色技术验证平台，并支持其申请成为产业技术基础公共服务平台，为绿色技术的创新和应用提供定制化的试制、检验检测、认证和评价服务。支持信阳国家高新区整合其中心园区、平桥园区、上天梯园区、明港园区的产业和科技创新资源，提高现有国家级孵化器的先进技术研发能力，加快科研成果在当地转化。推动豫东南高新区整合潢川县、光山县和新县的产业和科技创新资源，规划建立豫东南先进技术研究院、生物制品创新联合体等平台，加速科研成果在当地转化。利用信阳师范大学在科技创新中的优势，加强省级重点实验室建设，在新能源、储能、氢能、新型电力系统、能源数字化等关键领域，培养一批重点实验室、技术创新中心、工程研究中心、产业创新中心和企业技术中心。推广运用遥感测距、大数据云计算、人工智能、区块链、5G 等新兴技术，提升碳排放监测能力。建立和完善绿色低碳技术推广机制和政策体系，推动绿色低碳技术的评估、交易和产业化服务平台的发展。

再次，增强对低碳和绿色发展策略的扶持强度，充分利用首个重要技术装备政策对企业转型和升级的推动作用。恰当运用地方科技资金，协助设备制造、时尚纺织、新能源等行业在绿色低碳技术方面的创新与应用。鼓励企业和科研机构共同建立实验基地，包括中试基地、工业实验基地及农业实验基地等，并推进绿色低碳技术项目孵化器和创新创业基地的建设。推进能源效率的提升，研究高排放行业与新能源的融合应用，推动低碳技术的研发和普及，推动能源和产业结构调整向更优方向发展。支持企业建立技术升级机制，引导企业通过多种方式增加研发投入，提升技术研发实力，加快科技成果的应用。

最后，全力推动"低碳社区"的建设。根据《完整居住社区建设标准（试行）》，优化社区的基本公共服务设施、便捷商业服务设施、市政基础设施和公共活动空间，探讨居住、商业、无污染产业等混合规划，增强地区间的互动，创建多功能混合街区。优化步行交通系统，构建完善的步行和骑行网络，营造"十五分钟生活圈"。通过多样的绿化方式，提高社区的绿色环保水平。加速社区公共基础设施的绿色转型，部署绿色屋顶、雨水花园等雨水收集设施。鼓励社区建设分布式光伏发电系统和光储充一体的充电设施。完善便捷服务设施，打造"一站式"生活服务综合体。提升社区智能化管理水平，推动建设与电商、科技、金融、快递等服务性平台联动的智能化物业管理服务平台。

（三）"红""绿"结合取得显著成效

在文化旅游业中，大别山区域已经取得了显著的成就。继承大别山精神，推动传统教育示范基地和红色研学基地的建设，从而促进文化旅游业的蓬勃发展。位于豫鄂皖三省交界处的信阳，作为大别山老区的核心城市，既是全国十二大文化旅游区之一，也是 30 条文化旅游精品线路和 300 个文化旅游经典景区的关键组成部分，还是全国 18 个重点文化旅游地级市之一。在这里，创造了"28 年红旗不倒"的壮丽传奇，孕育了以"坚守信念、胸怀全局、团结奋进、勇当前锋"为核心的大别山精神。信阳市所辖的 8 县 2 区都被纳入全国首批和第二批红色文物保护利用地区，全市红色纪念地和历史遗址数量达到 1006 处，其中 8 家红色景区已被列入全国文化旅游经典景区名录。信阳市积极推动了 100 多个文化旅游项目的建设，建立了 13 个红色景区（景点），形成了以浉河区、新县、商城县、罗山县、光山县为核心的大别山文化旅游集群。如今，全市拥有国家 3A 级及以上旅游景区 79 家，这为信阳市打造"红色游"、提升"绿色游"提供了坚实的支撑。

大别山不仅红色资源丰富，"绿色家底"更厚实。2019 年以来，信阳市委、市政府相继出台《信阳市文旅文创融合战略工作方案》《关于实施大别山百家主题民宿示范工程的十条意见》等 14 部政策文件和发展规划，明确"红""绿"融合发展路径，形成了保障"红""绿"融合发展的政策体系。深入挖掘大别山北麓区域乡土民俗、历史人文、红色文化和生态资源，有效保护利用古镇、古村、古景，建设"快进慢游深体验"交通游线路，助力大别山北麓全域旅游示范区建设。信阳地区积极促进民宿行业的发展与进步，通过实施具有地方特色的民宿示范项目，成功打造了"大别原乡·旅居信阳"这一独树一帜的品牌。在这里，融入了茶艺与稻米文化等特色元素的个性化民宿已逐渐投入运营，并获得了游客的高度赞誉。得益于这种发展趋势，浉河金牛山大别山民宿文化村、信阳文新茶村、新县田铺西河古村落等应时而生，成为深受群众欢迎的文化创意产业基地和旅游目的地。

信阳地区以其丰富的文化旅游资源和迷人的绿色自然景观，开创了融合红色历史与绿色生态的发展模式，旨在实现共同繁荣。在这一发展蓝图的引导下，信阳集中力量打造全域旅游示范区、长征国家文化公园、红色基因库、重点景区打造、研学旅行营地建设以及乡村旅游示范村创建等项目，持续推动"十四五"规划期间的文化和旅游建设114个项目。作为鄂豫皖苏区首府的所在地，新县荣获"绿水青山就是金山银山"实践创新基地荣誉，并加入全国生态旅游融合发展示范区创建行列。根据相关规划，信阳计划抓住区域合作的机会，助力红安、金寨、新县等市县的发展，并激励包括红安、麻城、光山、新县、金寨在内的多个地区实施传统村落保护与利用示范项目。

第三节　探索大别山地区生态产品价值实现

大别山地区属于亚热带季风区，气候适宜，阳光充足、降水丰沛，为当地自然资源的积累提供了极为有利的环境。大别山区的著名特产包括罗田板栗、罗田甜柿、九资河茯苓、信阳毛尖、六安瓜片，霍山黄芽、石斛、百合、天麻、杜仲、灵芝、石耳、野山核桃等，这些都是具有地方特色的优质产品。但是，大别山区也是我国的革命老区，经济发展较为迟缓。为了推进该地区的经济发展，需要把富饶的资源优势转化为产业优势，大力发展高效生态产品。依据当地自然资源的优势和农业特点，以市场为导向，运用高端的生产技术，培育出具有区域特色的优质生态产品。通过发展生态产品，可以实现资源的最大化利用，推动大别山区农业、林业、牧业、副业和渔业等多产业的迅速发展。这种发展模式不仅能带来良好的经济效益，还能产生社会效益和生态效益，帮助山区居民实现脱贫致富，推动农业发展。

一　大别山地区生态产品体系发展现状

（一）"红""绿"融合为生态产品体系提供发展土壤

大别山地区拥有丰富的自然资源，是我国重要的生态功能区。然而，如何将绿色生态与经济发展相结合，实现"红""绿"融合，是大别山地区发展中面临的重要课题。"红""绿"融合，即红色文化与绿色生态的融合。红色文化是大别山的根基，绿色生态是大别山的未来。"红""绿"融合不仅可以提升大别山地区的文化底蕴，还可以为大别山生态产品提供发展土壤，推动大别山地区的经济发展。

首先，"红""绿"融合可以提升大别山生态产品的品牌价值。"红""绿"融合是大别山地区独创的一种综合提升计划，其核心宗旨是将地区独有的红色文化元素和丰富的绿色生态资源进行有效整合，以此推动当地社会经济的全面发展。"红""绿"融合有助于提高大别山生态产品的品牌知名度。大别山地区出产的茶叶、中药材、山货等优质生态产品，它们的市场推广需要一个有力的品牌来支撑。红色文化是大别山的特色之一，将红色文化融入生态产品中，可以提升产品的品牌价值，增强其市场竞争力。以大别山地区的茶叶为例，其不仅味道醇厚、营养价值高，而且种植过程中坚持绿色环保，没有污染。通过融合红色文化，可以将茶叶的包装设计成红色主题，象征着革命精神和大自然的馈赠。因此，这样的茶叶不仅品质优良，还蕴含着深厚的文化内涵，从而大幅提升了其市场价值。再如，大别山地区的中药材品种繁多，药效显著。将中药材与红色文化相结合，可以锻造出具有红色特色的中医药品牌，让消费者在享受健康的同时，也能领略到革命老区的独特魅力。

其次，大别山地区的山货，如山核桃、木耳等，都是纯天然、无污染的绿色食品。通过结合红色文化，可以凸显这些山货的绿色、健康、环保特点，塑造优秀的品牌形象，吸引更多消费者的关注。"红""绿"融合还有助于推进大别山地区的旅游业发展。该地区拥有丰富的红色旅游资源，如革命烈士陵园、红色教育基地等。将这些资源与绿色生态景观相融合，可以打造出独具特色的红色生态旅游路线，吸引游客前来参观和游览。

再次，"红""绿"融合可以推动大别山生态产业链的构建。红色文化可以为绿色生态提供精神动力，激发人们对大别山生态资源的保护意识，推动生态产业链的构建。例如，可以以红色文化为主题，发展生态旅游，带动当地餐饮、住宿、交通等相关产业的发展，形成产业链效应。

最后，"红""绿"融合可以促进大别山地区的可持续发展。红色文化强调的是为人民服务的理念，这与绿色发展理念是相契合的。"红""绿"融合，可以引导人们尊重自然、保护生态，实现经济发展与生态保护的双赢，促进大别山地区的可持续发展。

（二）多样化生态产品发展模式不断完善

首先，红色文化助力乡村振兴。近年来，大别山区深入挖掘红色文化资源，以红色旅游为引领，推动多种特色产业协同发展。不仅扮靓了乡村，更富了村民口袋，成为支撑乡村振兴的多彩田园。一方面，以"千里跃进、红色首府、将军故里"等元素为核心，创新性地构筑集成传统教育、休闲度假、观光娱乐的红色文化产业发展新模式。河南省发展和改革委员会颁布了河南省文化改革发展试验区策划规划专家咨询委员会的工作安排，与此同时，河南省新县人民政府与北京大学文化产业研究院共同合作，拟定了新县文化改革发展试验区规划。他们的目标是将红色文化产业链发展成为庞大的产业集群，并与国内著名院校及全球杰出的传媒机构展开合作。另一方面，重视生态平衡，将绿色发展的理念融入餐饮、购物、交通、观光、文化传播等产业中，将资源优势转变为经济优势。同时，推动民间文化产业发展，以红色文化为背景、民间文化为核心，打造山乡旅游休闲产业。这将包括大别山区制茶工艺和茶具展示、特色产品及古董字画展销、鞋帽等手工艺品制作、文化体育交流等项目，旨在带领农民走上富裕之路。

其次，生态保护与农业发展相结合。农业作为国民经济的重要基石，在环境问题日益凸显的当下，其生态保护职能不容忽视。"无农不稳"这一理念应赋予新的意义，即要注重农业的生态价值。大别山地区拥有诸多不具备工业优势的乡村，当地应秉持实事求是、为民造福的宗旨，依托本地独特的地质、地形、自然资源和气候条件，积极探索多样化的生态农业模式，推进农业供给侧结构性改革，提升农业效率与效益，增加农民收入，助力农村发展。在宏观层面，以当地特色农产品为核心，聚焦油菜、茶叶、药材、蚕桑、板栗、花生、水产、畜禽等产业，引导社会资本和先进技术流入农业领域。通过对大别山地区的绿色农产品进行深度加工，提高产品价值，延长保质期，拓展国内外市场。同时，打造生态产品生产基地、特色林果基地和循环农业、生态养殖基地，实现经济项目与绿色资源的有机结合，推动生物医药、纺织服装、新材料等产业集群的创新与发展。在微观层面，要激励农民用丰富的生态资源，种植高品质的板栗、茶叶、油茶等经济作物。同时，将农业与旅游业相融合，开发农业体验和特色农产品采摘等项目。减少化肥的使用，打造绿色、生态、安全、高效的农产品品牌。还应构建以"社区园林化、路渠林荫化、农田林网化、庭院花园化"为特征的新型生态农场，发展生态和精品农业。

二 生态产品价值实现存在的主要问题

大别山区是革命老区，其县（市、区）多为国家级贫困县，尽管近年来在国家政策的帮扶下区域生态产品取得了长足的发展，但还存在一些亟待解决的问题。

（一）对高效特色农业的认识存在一些误区

必须深入领会对特色农业的高度关注将直接影响我国农业的发展。在现实情况下，有些人持有"工业主导农业"的狭隘思想，这种思维方式导致了发展特色农业所需的技术和资金投入不足。在基层，干部们在推进高效特色农业的过程中，往往缺少恰当的指导，仅仅将其简化为某种特定种植方法的推广和强制性的任务分派，这常常引发民众的反感，无法发挥应有的榜样效应。大别山地区在现行的农业发展方向上过分依赖粮食生产，对于高附加值的特色农业并未给予充分的重视。这种单一化的发展模式限制了大别山地区农业的多样性，使得其农业在市场上的竞争力受到制约。此外，大别山地区在农业开发方面的专项资金投入欠缺，对特色农产品的支持力度不足，这是农业发展遭遇的一个严峻挑战。由于资金有限，许多具备发展潜力的特色农业项目无法获得有效推动和支持，这些项目难以实现规模化和商业化，无法真正实现其经济效益。同时，各项惠农政策在实际操作中也难以到位，这同样是大别山地区农业发展面临的一大难题。

（二）农民文明素质和生态产品生产技术有待提高

首先，提高农民的文明素质和技术能力对推进大别山地区农业现代化进程具有极其重要的意义。在我国，农民是推动高效特色农业发展的核心力量。近年来，大别山地区不断加大对农村教育和技术支援的力度，逐步提高了农民的科技认知水平。但是，我们也要清醒地看到这样的现实问题：许多受过良好教育的农民选择离开农村，涌向城市发展，留在农村的往往是那些受教育水平较低、技术和资金匮乏的农民。这形成了一个不良后果，我们向农村投入资源旨在提高农民素质,但那些素质较高的农民却流失了。这对我国农业发展来说,无疑是一个严峻的挑战。知识化、技术化是高效特色农业持续发展的关键,然而大别山区的农民在科技素质培养上存在不足,与实现高效特色农业的发展目标有较大的差距。

其次,提升农民的文明素质是提高农业技术水平的基础。当农民的文明素质得到提升时,他们能更好地理解和接受新的农业技术,这样就能提高农业生产的效率和质量。同时,受过良好教育的农民更有可能进行创新和研究,推动农业技术的进步。此外,提高农业技术水平是实现农业现代化的核心。农业技术水平还有很大的提升空间。需要通过科技创新,推动农业生产的现代化,提高农业的产量和质量,实现农业的可持续发展。此外,还应认识到,提升农民的文明素质和技术能力,不仅需要资金的投入,更需要社会各界的共同参与。需要通过教育、培训、宣传等方式,提高农民的文明素质和技术能力,激发他们的创新意识和积极性,推动我国农业的发展。

(三) 土地流转还存在一些问题

大别山地区以其独有的地理风貌和富饶的自然资源,应该成为高效特色农业发展的典范。然而,现实中土地流转的难题却成了限制其发展的阻碍。由于地形以丘陵为主和历史的原因,该地区的土地零星分布,规模化经营难以实施,这无疑大大增加了田间管理的成本。与此同时,在尝试推动土地整合的过程中,必须面对与众多分散农户单独协商的复杂性。这不仅是操作上的挑战,也是时间上的压力。每位农户都有自身的考虑和期望,这无疑增加了整合的难度。

另外,大别山地区的经济发展相对缓慢,土地对农民来说是必不可少的生计保障,这使得他们对土地的依赖性极强。在土地流转的过程中,大多数农民更愿意出租自己的土地,而不是参与长期的合作。然而,特色生态产品的发展常常需要大规模的基础设施投入,并且其盈利周期相对较长,这使得租赁方更倾向于签订长期的合同。这种矛盾的存在,严重限制了当地特色产品的发展潜力。

三　生态产品价值实现的主要做法

发展生态产品是一项极为复杂的系统工程，不仅包含对大别山区现存的优良特色农产品进行挖掘、梳理和提升，而且要聚焦周边市场，推进产品的深度加工，增加其附加值，积极进行产品的宣传推广，还要在种植、养殖、加工和销售等环节进行创新，以推动生态产品的发展。

（一）发挥大别山地区生态资源优势

在大别山地区，促进高效率生态农业的发展需要当地政府根据每个县特有的实际情况，比如生态环境、资源条件和科技水平等因素，拟定详细的计划和合适的发展策略。这种方法提倡摒除一概而论的做法，而应该专注于每个县独有的农业特性，以实现农业的差异化和可持续发展。具体执行策略包括以下几点。

首先，保护和恢复本地特色产品。例如，罗田的天麻、金寨的桑果、六安的菊花、商城的山葡萄以及霍山的石耳等都有潜力成为地方特色产品。通过技术革新，确保产量稳定，提升产品质量，并扩大市场份额，以此建立起地方精品生态产品的形象。其次，着重发展高山蔬菜、特色水果、中药材、竹类、山野菜、家禽、水产品（如鄱阳湖的大闸蟹）和特种养殖八大类农产品，推动这些产品的农业产业化，提升生产规模和产品质量。将资源优势转变为市场优势，打造一系列具有大别山区特色的现代农业产业链。最后，开发和利用荒山、荒坡、荒滩和荒地"四荒"资源。通过合法的土地流转，促进规模化经营，从而降低特色农业的经营成本，并提升投资回报率。总结而言，大别山区生态农业的发展应当实行有差异的增长战略，充分挖掘和利用当地优势资源，提升农业产业化水平，并确保农业高效且可持续增长。

（二）加大生态产品科技投入力度

在大别山地区推动生态产品发展，强化科技的创新与服务功能是至关重要的。以下是几种主要的策略以促进生态产品特色化发展：一是推广优良品种。主动推进包括苗木、水果、中草药、蔬菜、水产和畜牧在内的特色繁育基地的建设，选择适应山区环境的高品质品种，确保特色产品拥有稳定而优质种苗供应。二是建立生态产品科技服务系统。积极建立多样化的生态科技推广机制，充分利用生态产品专业技术人员提供的咨询服务，提升产品技术的普及度和应用成效。三是增强基层农业技术培训。着力培养一批愿意留在家乡、受信任且具备实战能力的农技人才队伍，目标是让每个家庭都有一位掌握技术、擅长经营管理的科技人才作为领头人。四是考虑到农民对科技认知的差异，建立具有地方特色的科技示范点，例如科技示范基地、示范田，在 3~4 年实现每个县拥有特色产业、每个乡镇有特色业务、每个村庄有特色产品的目标。

（三）推进生态产品产业化

首先，聚焦资源，培养那些具备市场竞争力的关键产品。这包括具有显著地域文化特征、运用先进生产技术、便于储存和运输、能够实现非传统季节生产的农副产品。例如，岳西的白鹅、太湖的黑猪、金寨的板栗、罗田的茯苓等，这些都是极具发展潜力的特色农产品。此外，我们需要培育农业发展的主要力量，创新组织模式，比如"公司+农户""市场+农户""有能力的人+农户"等，以实现生产、加工、销售的有机结合，发挥群体效应，提升农业发展的效率和收益。其次，重视特色农产品的加工、流通和销售三个关键环节。通过创建一批技术先进、品质稳定、覆盖广泛、引领能力强的农产品加工、流通、销售企业，我们能够更好地主导和发展特色产品。总的来说，要通过培养具有区域特色的生态产品，改进农业发展组织模式，加强生态产品加工、流通和销售等措施，推动特色生态产品产业发展，提升产品价值链，增加农民收入，促进农村经济繁荣。这不仅能满足人民群众对优质农产品的需求，也能推动农产品产业的转型升级，实现农业现代化的目标。

（四）发挥红色文化资源，带动生态产品价值实现

大别山已由拥有绝美自然风光和富饶农业资源的圣地，逐渐转变为发展特色农业旅游的黄金地带。其气候条件优越、土壤肥沃，适宜众多农作物的种植以及家禽的养殖。大别山区的特色农业旅游巧妙地将迷人景色与农业发展结合，旨在通过特色农业提高产品价值，推动地方经济增长。

首先，大别山地区推动特色农业旅游，有助于调整和优化农产品结构，

实现生态产品的产业化。以往该地区的农业生产主要依靠传统粮食作物，经济效益较低，农民增收缓慢。发展生态产品不仅增强了产品的市场竞争力，也促进了农业结构的升级，以满足市场需求。例如，大别山地区可以专注于特色水果、蔬菜、畜牧等产业，打造出独具特色的品牌。其次，生态产品旅游有助于改善大别山地区的农业生产方式。引入现代技术和管理模式，可以提高生产效率、降低成本，推动产业的跨越式发展。此外，红色文化旅游的发展同样能带动农产品加工、销售等相关产业，进一步推动地区经济增长。再次，大别山地区特色农业旅游的发展，能充分发挥区域自然资源和环境优势。大别山山清水秀、空气清新，是生态农业的理想之地。生态农业不仅有利于环境保护和产品品质的提升，还能为游客提供全新的休闲体验，让他们在欣赏壮丽景色之余，亲身体验农业生产的乐趣，享受健康绿色的农产品。最后，特色农业旅游有助于提升大别山地区特色农产品的市场知名度。旅游业市场的发展，可将特色农产品推向更广阔的市场，提高市场份额。同时，特色农业旅游也能吸引更多游客前来体验，进一步促进旅游业的发展。大别山地区特色农业旅游是一项具有深远影响的战略选择。该地区应充分发挥其自然资源与农业优势，发展独具特色的农业旅游，将资源优势转化为经济收益，加速地区经济发展。同时，当地需注重环境保护，确保农业与旅游业的可持续发展。通过这样的路径，大别山地区的特色农业旅游才能成为真正造福民众的产业，为地区的繁荣发展作出更大的贡献。

（五）加大对生态产品的资金投入

发展特色生态产品，意味着必须打造农业基础设施，改善交通条件，提供技术服务等，这都需要庞大的资金支持。因此，当地需要从多方面着手解决这个问题。

首先，应当逐年增加对生态产品的财政扶持。生态产品对农村经济的增长贡献巨大，当地应在财政预算中安排专项资金，以推动生态产品的发展。此外，金融机构也应加大对特色农业的信贷投放力度，增加生态产品的资金来源。其次，鼓励村集体、合作社、农户等生态产品的生产主体加大资金投入。例如，可以给予投资生态产品的村集体、合作社、农户一定的财政补贴，或者提供低息贷款等优惠政策，以激发他们增加资金投入。

再次，当地需要积极推广特色生态产品，以吸引社会资本参与山区特色农业的建设。通过利用各种媒体平台，加大力度推广特色生态产品，提升社会对特色农业的认识度和关注度，进而吸引更多的社会资金投入特色农业的发展中。最后，为了优化产业结构，加快生态产品的发展步伐，当地还应加强农业科技创新，推进农业现代化。应加大对生态产品研发机构和农业科技企业的支持力度，鼓励它们研发适应山区特点的农业技术，提升农业生产的效率和产品质量。总的来说，发展山区特色农业是一项复杂的系统工程，需要政府、金融机构、村集体、合作社、农户以及社会各界的共同参与和努力。当地必须充分利用现有的各种资源和条件，解决资金问题，推动山区特色农业的发展，为大别山地区的乡村振兴贡献力量。

第八章　红色传承助发展：在传承弘扬大别山精神中打造红色文化传承区

　　红色是中国共产党、中华人民共和国最鲜亮的底色，镌染着无数革命先烈的生命和鲜血，承载着中国共产党人的初心和使命。因此我们要把红色资源利用好、把红色传统发扬好、把红色基因传承好。大别山精神作为中国共产党人精神谱系的重要组成部分，其凝练表达的大别山红色文化，具有重要的历史底蕴、精神引领和现实启发价值。新时代新征程，传承好、弘扬好大别山精神，加强红色资源利用和保护，讲述好红色故事，打造优秀红色文旅品牌，深化红色文化宣传教育，着力构建红色文化传承示范区，对于传承红色精神、助力革命老区以及河南省经济社会全面发展，具有重要的理论和现实价值。

第一节　加强红色资源保护和利用

　　大别山红色资源的生成发展，是大别山地区自然地理、社会人文和无产阶级革命历史综合作用的产物，形成了以红色遗址遗迹、红色遗物、红色歌谣等为主的多种物质和非物质形态。党的十八大以来，党中央和河南省各级政府高度重视大别山地区红色资源的保护、挖掘和开发工作，为大别山红色基因永续传承，助力革命老区新发展、谱写中国式现代化的河南篇章，厚植了坚实根基和发展优势。

一　大别山红色资源的形成与发展

（一）地理环境的优势是红色资源形成发展的物质基础

　　大别山地区独特的地理禀赋。大别山位于湖北、河南、安徽三省交界地带，西接桐柏山，东延霍山和张八岭，东西长约 380 公里，南北宽约 175 公里，总面积超过 72000 平方公里。作为长江流域与淮河流域分水岭的一部分，大别山属于秦岭褶皱带的延伸、群山环绕、山体连绵、水系发达、支流众多，山地、丘陵、谷地等多种地形交叉分布。这种地理环境在革命战争年代为保存军事力量、开展军事行动、打持久战和反包围战、建立革命根据地、孕育红色资源，提供了优良的自然环境条件。

大别山地区是重要的军事战略地。大别山自古以来便是兵家必争之地，从华北平原到长江中游流域，大别山是必经之地，是联通南北的天然的军事要道，其战略性不言而喻。例如，在解放战争中，正是刘邓大军千里挺进大别山，掌握了军事主动权，向东可进南京、向西可取武汉、向南可扼长江，从而一子落而满盘活，一改国共双方军事对峙的格局。

大别山地区具备优良的后勤保障能力。天时、地利、人和是影响战争的"三要素"，其中，地利就是地理。地理是战争的基础要素，凭借山川险峻、关隘重叠的地理优势，大别山可以起到"一夫当关、万夫莫开"的作用。大别山地区气候温和、雨量丰沛，为农、林、牧、渔等发展提供了优良的自然气候条件。在这样的自然环境下，中国共产党领导军民一心，自己动手、丰衣足食，及时抓好春耕秋收工作，开垦荒地，为根据地的建设发展提供了较为扎实的后勤物质保障。

（二）历史上的阶级矛盾是红色资源形成发展的社会生态

在旧社会，大别山地区的人民深受地主阶级、帝国主义的压迫剥削，但经受大革命洗礼的大别山人民不畏强暴、英勇抗争，共同构成了红色资源形成的社会生态。

地主阶级的剥削压迫，阶级矛盾日益尖锐化。20 世纪 20 年代，处于半殖民地半封建社会的大别山人民，深受地主阶级的经济盘剥和政治压迫，生活苦不堪言，阶级之间的矛盾日益尖锐。根据《红安县志》记载，在土地革命期间，全县土地占有情况为地主阶级占 50% 以上、富农占 10%、祖田占 10%、庙田占 5%，四项共计占 75% 以上，而农民所有土地只占 25%，雇农更是没有立锥之地。地主阶级利用高地租和高利贷剥削压榨农民，比如，地租高达亩产量的 60%～80%，高利贷利息极高，一般是大加二五（月利率 25%），也有大加三十至五十的（月利率 30%～50%），甚至还有"阎王账"，早借晚还，日利率为 10%①。除此之外，广大人民还要缴纳名目繁多的苛捐杂税，包括土地税、人头税、盐税、酒税、糖税、屠宰税、月捐、门牌捐、灶头捐、草鞋捐等。可谓是穷人头上三把刀：税多、租重、利息高。

帝国主义势力的侵略，加重民众负担。1906 年，随着京汉铁路的开通，帝国主义的侵略势力进入大别山地区。一些代表洋商洋行利益的买办商人，在大别山地区开办公司，勾结地主阶级，打击当地的民族企业，攫取了大量的经济利益。同时，帝国主义加快侵略步伐，在大别山地区非法传播宗教、传播帝国主义奴化思想。这种经济物质和精神文化的双重侵略，加剧了大别山地区人民的苦难，也在不断激化当地的社会矛盾。

大别山地区人民不惧强暴，积极开展反抗斗争。面对封建主义、帝国主义、官僚资本主义"三座大山"的残酷剥削，大别山地区人民开展了各种反抗斗争。1912 年，黄冈县农民组织反抗地主阶级的压迫；1914 年，黄安县赵河乡杨家冲农民反抗地主杨云山；当然，最为著名的当数 1927 年 11 月在黄安和麻城一带发动的"黄麻起义"。另外，大别山地区的革命组织也蓬勃发展起来，为反抗斗争汇聚了各种人民团体的力量。据《红安县志》记载，1913 年黄安县商会成立，1924 年黄安青年协进会成立，1925 年农民协会成立，1926 年妇女会、总工会、少年先锋队相继成立，1936 年教育会成立等。正是这些革命团体的组织成立，一切可以团结的力量被组织起来，凝结了大别山人民的斗争精神，激发了他们革命斗志，壮大了革命力量。

（三）马克思主义的传播为红色资源形成发展注入了理论灵魂

近代以来，列强鲸吞蚕食，民族危亡，无数仁人志士积极寻求救亡图存的真理，从维新变法思想，到新文化运动，再到马克思主义的传播，经受革命洗礼的大别山人民逐渐找到了思想灯塔、树立了红色信仰。

旧民主主义革命思想播下了思想火种。大别山地区作为南北方联通的必经之地，旧民主主义革命期间，各种进步思潮、革命思想在此交相辉映、播撒火种。维新变法运动中，当地有识之士创建了"光黄学社""自新学

---

① 红安县县志编纂委员会编《红安县志》，上海人民出版社，1992，第 77 页。

社""证人学社""日新学社"等社团，宣传变法思想，开阔了当地人们的思想视野，一时间议政论政在大别山蔚然成风。董必武、李四光、余诚、詹大悲等青年受维新变法的启发，在外求学期间，通过各种途径将国内外的时政信息和变法思想及时传递到大别山地区。在辛亥革命中，刘基炎、柏文蔚、熊十力、张汇滔、董必武、李四光等人，不仅主动投身革命运动，致力推翻清朝统治，而且翻印《革命书》《猛回头》《警世钟》等革命读物，积极在大别山地区宣传革命思想，使"革命思潮遍于乡里"①。

新文化运动思想启蒙了民智。旧民主主义革命失败后，一些有识之士开始转向思想层面，期望通过普及共和思想，铲除封建迷信思想，以实现真正的共和。1915年，新文化运动兴起，倡导民主、崇尚科学，反对专制和封建迷信，掀起全国思想启蒙大潮的同时，也深刻开启了大别山地区的民智。这期间，大别山地区的进步青年纷纷组织创办报刊，宣传新思想、新文化，以启迪民智、推进共和。例如，当地学校传播《新青年》《新潮》《每周评论》等进步刊物，一时成为输出新文化的重要阵地。恽代英、陈潭秋、林育南等人成立了武汉最早的进步团体"互助社"，通过组织读书会，广泛向青年传播新思想。同时，林育南还与魏以新创办《新声》刊物，用于研究传播新思潮。朱蕴山在皖西六安，创立了"安徽省立第三甲种农业学校"，废除封建的规章制度，教授新文化新思想，并成立爱国剧社，以演出的形式宣传新思想。②

马克思主义的传播树立了红色信仰。十月革命一声炮响，为中国送来了马克思主义，也使红色的曙光照耀在大别山这片土地上。"五四运动"爆发后，进步青年和知识分子通过不同的渠道、以不同的形式在大别山地区广泛传播马克思主义，为这片土地注入了红色的灵魂。当地的进步团体，积极介绍《共产党宣言》《新青年》《新潮》《向导》等马列主义读物和刊物，并组织宣传队开展宣传活动。同时，进步青年在信阳成立了现实生活社、信阳县立师范讲习所、豫南图书馆等团体机构，广泛传播科学知识和马列主义思想。影响最为广大的当属董必武在鄂东创办的武汉中学，吸引了黄安、麻城、黄冈、罗田等地的大批青年前去求学。董必武、陈潭秋依

---

① 中共六安地委党史工作委员会编《皖西革命史》，安徽人民出版社，1987，第11页。
② 宋文生、汪季石主编《大别山红色文化概论》，南京大学出版社，2023，第18页。

托武汉中学，创建共产主义研究小组，宣传共产主义革命思想，同时，在学生中建立党支部、团支部，培育发展革命队伍等。除红色思想先行外，可以说，大别山地区的红色资源，是随着党组织的成立以及党领导工农群众在土地革命、抗日战争、解放战争等不同时期开展的革命运动的发展而发展的。[①]

二　大别山红色资源的表现形态

红色资源，是保护、传承、发展红色精神的重要媒介，也是弘扬革命精神、斗争精神的物质载体。大别山地区作为革命老区，在"28 年红旗不倒"的传奇中，留下了大量具有红色精神的红色资源，主要包括红色遗址遗迹、红色遗物、红色文稿和红色歌谣等，这些红色资源是英雄的大别山儿女在中国共产党的领导下为中国革命奉献牺牲的生动写照。

（一）红色遗址遗迹

大别山红色资源内涵丰富、遗址遗迹数量众多，散布在鄂豫皖三省多地。据统计，截至 2020 年底，大别山地区共有革命文物场馆 1036 处，一般文物点 3000 多处[②]。以下选取几处典型遗址遗迹加以分析。

鄂豫皖苏区首府革命博物馆。该馆坐落在河南省信阳市新县城南的凤凰山麓，始建于 1984 年，占地面积 288 亩，由主展馆、鄂豫皖苏区将帅馆、英雄山、大别山国防教育园四个部分组成。馆名由原国家主席李先念题写。主题雕塑"红旗飘飘"，展现了英雄的鄂豫皖苏区人民在党的领导下，建立的 8 支红军队伍，从中国共产党成立到新中国成立的 28 年间，斗争前赴后继、革命火种不灭、红旗迎风飘扬的丰功伟绩。目前，该馆是全国爱国主义教育示范基地、全国百个红色旅游经典景区、国家一级博物馆、国家 4A 级旅游景区。

鄂豫皖苏区首府烈士陵园。该陵园位于新县城南的白毛尖，是新中国第一批县级烈士陵园，安葬着近百名著名烈士和将军以及 13 万名革命先烈的遗骨，比如鄂豫皖苏区创建人之一的郭述申、共和国著名将领吴先恩等。

①　宋文生、汪季石主编《大别山红色文化概论》，南京大学出版社，2023，第 19 页。
②　吴长权等：《大别山红色基因代代传工程建设研究》，安徽大学出版社，2021，第 83 页。

整个陵园由《燎原》浮雕墙、烈士纪念堂、烈士事迹陈列室、英烈广场、鄂豫皖苏区革命烈士纪念碑等部分组成。其中，烈士事迹陈列室展示了鄂豫皖苏区首府人民在革命斗争中，付出的巨大牺牲和所建立的丰功伟绩；烈士纪念堂陈列着各个时期的英雄名录，重点介绍了鄂豫皖苏区创始人之一、红二十五军主要创建者吴焕先的英雄事迹。

新县鄂豫皖革命根据地首府旧址。该旧址分为中共中央分局旧址、红四方面军总部旧址、鄂豫皖省委旧址和鄂豫皖军委航空局旧址。1931 年 2 月，随着红军攻克新集镇，鄂豫皖苏区的党、政、军、群等机构搬迁至此，新集也成为鄂豫皖苏区的政治、经济、文化、军事中心，开启了党在大别山地区局部执政的实践历程，为全国建政积累了重要执政经验。首府旧址群的一系列旧址，见证了党在大别山地区革命的光辉历史。

（二）红色遗物

红色遗物作为重要的红色资源，是革命先烈和革命英雄留存下来的物品，对于了解英烈的感人事迹和为革命奋斗献身的精神，具有不可替代的作用。大别山地区的红色遗物类型丰富、数量众多，主要收藏于各红色纪念馆中。

吴焕先的怀表（见图 1）。此怀表直径 5 厘米，黑色表盘、圆形、钢制，是红二十五军军长吴焕先在指挥郭家河战斗的计时工具。1933 年，为粉碎国民党反动派对根据地的"清剿"行动，中共鄂豫皖省委和红二十五军决定向敌人反击。1933 年 3 月 5 日晚，军长吴焕先作战前动员，并将怀表交与陆汉清，让其到郭家河湾店村联系弦南区独立团、地方武装和群众，约定在 6 日拂晓共同进攻敌军。地方武装以此表计时，在约定时间，向敌军发起猛烈进攻，并以合围之势全歼敌军，取得了红二十五军重建后的首次大捷。因此，这只怀表也被当地军民称为"胜利的表"，现藏于鄂豫皖苏区首府革命博物馆。

"永远跟着共产党走"锦幛。在鄂豫皖苏区首府革命博物馆中，珍藏着一面长 4 米、宽 1.5 米，缝着用黄平布剪成的标语"永远跟着共产党走"的锦幛，上有用毛笔楷体竖排书写的 3357 个名字（见图 2）。1941 年，山东济宁 3000 多位市民为庆祝中国共产党建党 20 周年，联合在"永远跟着共产党走"的锦幛上签名，献给中共济宁市委。当时正值国民党反共高潮，斗

图1 吴焕先的怀表（实物现藏于鄂豫皖苏区首府革命博物馆）

资料来源：于非《红军军长用过的怀表》，人民网，http://paper.people.com.cn/rmrbhwb/html/2021-07/29/content_3060561.htm。

争形势严峻，党组织指派河南新县籍的共产党员张世全，将锦幛送往鄂豫皖根据地收藏。张世全后随红四方面军西征，将锦幛交与弟弟张世良，并嘱托其一定要保管好，相约革命胜利后，以旗面上的五角星为信物来取。殊不知，这一别竟是永别。此后几十年，张世良悉心保存着这面锦幛，但最终也未等到手持五角星来取锦幛的人，直到1984年病重，他才将这件事告诉儿子，并嘱托将锦幛捐献给新县政府。这面锦幛表达了济宁广大市民以及张世全、张世良等人的誓言与信念：在党的领导下，战争一定会胜利，革命终会成功！

一张被血染红的党证（见图3）。这是一张沾满血渍的特殊党证，其主人是开国将领中的独臂将军陈波。这张党证是1934年川陕苏区党组织颁发给优秀共产党员的，当时一共颁发了2000张，这是唯一保存至新中国成立后的党证。2010年，陈波将军之子陈铁声将此党证，捐献给了鄂豫皖苏区首府革命博物馆。1941年3月的一天，在向战士介绍新制滚雷的使用方法时，作为八路军前总特务团副团长的陈波率先垂范，不料，试验的滚雷突然爆炸，陈波当即躺在血泊之中。后经抢救，陈波一条胳膊被炸断，两条腿也不同程度受伤。但苏醒后的陈波，第一反应是问护士自己腰间的小皮囊，护士翻遍血衣，找到小皮囊后，里面的党证也被血染红了。此后，这张党证一直跟随着陈波将军，经历了无数场大大小小的战斗，见证了老一

图 2 "永远跟着共产党走"锦幛（实物现藏于鄂豫皖苏区首府革命博物馆）

资料来源：王永利《王永利：总台〈闪亮的记忆 擦亮青春生命底色，传承伟大建党精神〉》，中国日报网，https://column.chinadaily.com.cn/a/202108/02/WS610784d6a3101e7ce975ca4e.html。

辈无产阶级革命家勇于斗争、甘于奉献的赤诚之心。

图 3 一张被血染红的党证（实物现藏于中国共产党历史展览馆）

资料来源：李伶《一张珍贵的党证》，中国共产党新闻网，http://cpc.people.com.cn/n1/2022/0710/c443712-32470979.html。

（三）红色文稿

红色文稿记录了党的发展史和革命英雄的信仰信念，包括党在革命战争年代发出的决议、决定、宣言、报告、布告、宣传单等，以及革命先烈、革命群众的书信、回忆录等，是革命志士斗争、生活的真实写照。大别山红色文稿浩如烟海，记录了党在大别山领导广大军民开展革命的历史，反映了革命先烈不屈不挠追求革命理想的真实状态，是发扬红色精神的重要依托。以下选取几个典型案例，以供参考。

《关于鄂豫皖苏维埃区域成立中央分局决议案》（见图4）。1927年11月13日，黄麻起义爆发，革命群众成功攻克了黄安县城。随后，大别山地区的革命运动成星火燎原之势，党组织先后在鄂东北、豫东南、皖西建立了红军队伍，开辟了革命根据地。为适应鄂豫皖苏区革命运动的扩大以及红军第四军和皖西独立师的发展，1931年3月，中共中央通过了《关于鄂豫皖苏维埃区域成立中央分局决议案》，直接领导大别山地区开展土地革命。1931年5月，中共中央鄂豫皖分局和鄂豫皖革命军事委员会在新集成立，11月，中国工农红军第四方面军成立。在中央分局的直接领导下，鄂豫皖苏区成为继中央苏区之后的第二大革命根据地，囊括了鄂豫皖三省20多个县区，总人口达350万人，主力红军超过4.5万人。[①]

董必武《九十初度》手稿（见图5）。该诗稿现藏于鄂豫皖苏区首府革命博物馆内，是伟大的无产阶级革命家董必武生前所作的最后一首诗，他不仅总结了自己的戎马一生，也表达了对后辈扎根群众、奉献力量的殷切期望，更表达了对马列主义的坚定信仰和对国家光明前景的坚定信念。原诗如下：九十光阴瞬息过，吾生多难感蹉跎。五朝弊政皆亲历，一代新规要渐磨。彻底革心兼革面，随人治岭与治河。遵从马列无不胜，深信前途会伐柯。

---

① 夏先清、杨子佩：《紧跟党走擦亮大别山精神底色》，光明网，https://m.gmw.cn/baijia/2021-11/06/35291764.html。

关于鄂豫皖苏维埃区域
成立中央分局决议案

（一九三一年三月十日中央通过）

一、为着适应鄂豫皖苏维埃运动的扩大，红军第四军与皖西独立师的发展，中央政治局特决定在这一地区成立中央分局，以直接领导这一地区的土地革命的开展。在这一苏区未与江西中央苏区打通以前，中央分局完全直隶于中央政治局，其职权系代表中央政治局而高于各省委。中央分局之下视区域的宽广与需要，可分设省委或特区委，再下为各地方党部，与普通组织无异。

二、鄂豫皖中央分局的统辖区域视苏维埃运动与红军的发展而定，有时邻近苏区的白色统治县分，亦得划归该中央分局管辖，具体划分委托中央组织部得随时与鄂豫皖中央分局规定之。鄂豫皖中央分局与武汉市委及鄂豫两省委得发生横的关系，并得经过信阳特委合肥中心县委与豫皖两省委发生经常的关系。

三、皖西现即成立特委，管理苏区非苏区二十余县工作，归鄂豫皖中央分局直接管辖。鄂豫皖三省边界如打通后，亦得因工作范围不大，暂时取消皖西特委，但不能因取消皖西特委而将工作重心放到皖西十余县，如因取消皖西特委而妨碍中央分局对全局的指导，尤其是对四军的注意，则仍应保留皖西特委。

四、鄂豫皖中央分局成立后，原鄂豫皖边特即应取消。鄂豫皖中央分局应经过党团领导鄂豫皖特区苏维埃政府工作，在政府下组织鄂豫皖革命军事委员会，直接受中央分局指导。在政权系统上，特区政府及革命军委会均应受中央苏区政府及军委会指挥。红军第四军及皖西独立师统归特区军委会指挥，在作战时，四军亦得直接指挥独立师。军事系统上，中央革命军委会或红军总司令部得直接指挥第四军及独立师。

五、鄂北特委在与鄂豫皖中央分局打通后，即应划归该中央分局管辖，中央分局与鄂北特委均应力求打通，在未打通前仍归中央指导。鄂北第九军应改编为鄂北独立师，在打通后，亦归鄂豫皖特区军委会或第四军指挥。鄂北地方苏维埃应选派代表参加鄂豫皖特区苏维埃代表大会，在未打通前得直接选派代表赴全国苏维埃代表大会。

六、地方赤卫队应归县区苏维埃指挥，但在作战地区，红军第四军或独立师得直接调遣指挥。

七、红军第四军这次在京汉线的行动是成功的，他的确依照了去年十一月中央给红军训令中给他的任务

做到了的（说他这次行动是立三路线的继续是错误的），只是第一军与第十五军合编为第四军时，竟将皖西独立师的一大部调走，而且没有在皖西帮助地方党部发动群众，这是错误的。现在中央分局对第四军行动的指导，应依据去年十一月今年二月中央给红军及各级党部的两次训令与二月中央给红军各军军长政治委员的公函决定方针。为加强独立师在皖西扩大土地革命与游击战争起见，中央分局特决定拨回第四军一部分枪枝及一部分得力干部重新改编独立师，并委托他与第四军取得联系担负打通及巩固六安，商城，麻城，罗田的中心根据地的任务。但四军本身却不应立即从前线抽回，以便利河南湖北敌军的反攻，使他们得长驱直入苏区根据地的中心，尤其不应企图将四军调向皖西或跑向鄂北去发展，而放弃正与敌人作战的鄂豫边的前线。

八、国际决议案及来信，四中全会决议案，四中全会前后中央根据国际路线发出的各项决议文件，及三月份给你们的指导信均应成为鄂豫皖中央分局一切行动与决定的基本根据。中央并责成中央分局在开始工作后便要根据国际路线配合当地实际情形速定出具体的工作计划并报告中央。

九、中央分局的组织定九人，中央政治局除决定沈泽民，舒传贤，旷继勋，方英，曾钟圣，柯庆施六同志外，并决定由当地边特中推选三人。此外，青年团的负责人（书记），亦须加入中央分局，为当然委员，报告

中央批准。分局以泽民同志任书记，传贤同志任组织，方英或庆施同志任宣传，钟圣同志任军委书记。钟圣同志，必须在坚决的放弃立三路线与对立三路线调和主义的错误上，而坚决执行国际路线的条件下，才能参加中央分局，与担任军委书记。

根据中央档案原件刊印

图 4 《关于鄂豫皖苏维埃区域成立中央分局决议案》（局部）

资料来源：《中共中央文件选集》（第 7 册），中共中央党校出版社，1991，第 186~189 页。

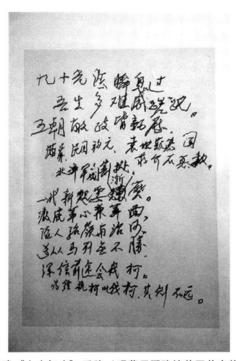

图 5　董必武《九十初度》手稿（现藏于鄂豫皖苏区首府革命博物馆）

资料来源：黄岚《观董老手迹 悟家国情怀》，广州日报，https：//gzdaily.dayoo.com/pc/html/2023-10/13/content_877_838750.htm。

（四）红色歌谣

大别山作为"革命的摇篮"，也孕育了众多语言鲜活、旋律激昂、情感真挚的红色歌谣。据统计，关于大别山的红色歌谣有 3000 多首，蕴含深厚的红色精神，至今仍以口口相传、动情演绎的方式，诉说着大别山的红色故事，传唱着大别山英雄儿女们的豪情壮志。

《八月桂花遍地开》。为了庆祝鄂豫皖苏区政府的成立，《八月桂花遍地开》应运而生。大别山老百姓用歌声表达内心的喜悦、对推翻封建压迫的渴望以及对苏维埃政府的赞颂，也唱出了大别山根据地的喜庆祥和之气。"八月桂花遍地开，鲜红旗帜迎风摆；敲锣又打鼓呀，张灯又结彩呀，光辉灿烂出现新世界"。红四方面军、红二十五军、红二十八军的旗帜迎风招展，战士们精神抖擞、容光焕发，老百姓欢歌笑语、拥军团结，表达了大别山根据地军民一心、勇往直前的革命乐观主义。[1]

《红军歌》。这首《红军歌》是土地革命期间，反映大别山地区军民鱼水情、歌颂红军英勇战斗的歌谣，对于革命动员、宣传革命主张、加强革命教育、扩大革命辐射具有重要作用。"莫打鼓来莫敲锣，听我唱个红（哎）军歌（嘞）……共产主义高潮起，红军到处打（哎）游击（嘞）"。整首歌谣旋律欢快、气氛鼓舞，唱出了军民团结、一心抗敌的革命风貌。[2]

《刘邓大军》。1947年，刘邓大军千里挺进大别山，揭开了解放战争战略大反攻的序幕。"刘邓大军真（呀）勇敢，鲁西大战，渡河反攻歼敌十几万，蒋介石正在手忙又脚乱，我们要挺进大别山（呀咿唷），大别山好比一把剑，直插在蒋介石心（呀）里面"。这首歌谣，唱出了刘邓大军挺进大别山所向披靡的风采，也唱出了老百姓与刘邓大军心心相印、紧密配合，共同击溃国民党反动派军事力量的信念和决心。[3]

三 大别山红色资源的保护开发成效

习近平总书记高度重视对红色资源的保护利用，强调要保护好、运用好红色资源，加强革命传统和爱国主义教育，引导广大干部群众发扬优良传统、赓续红色血脉，践行社会主义核心价值观，培育时代新风新貌。从中央到河南省各市县，历来重视加强大别山地区红色资源的保护、开发、利用工作，相继出台《关于加强革命文物工作的通知》《河南省人民政府关于新时代支持革命老区振兴发展的实施意见》等一系列文件政策，为弘扬传承大别山红色基因提供了坚实的政策支持。

（一）强化保护机制建设

河南省作为红色资源大省，现有2407处革命遗址，其中，国家级文物保护单位39处、省级104处；有387处爱国主义教育基地，其中，国家级8处、省级22处。近年来，河南省在对大别山等革命老区的保护工作上，加强制度创新，建好"红色基因库"、深度挖掘抢救红色资源，取得了显著的

---

① 《中国民间歌曲集成》全国编辑委员会：《中国民间歌曲集成：湖北卷》，人民音乐出版社，1988，第662页。

② 叶金元、詹仲凯、王霞主编《红安民间歌曲集》，华中师范大学出版社，2011，第30页。

③ 叶金元、詹仲凯、王霞主编《红安民间歌曲集》，华中师范大学出版社，2011，第87页。

成效。

加强革命老区保护的制度创新。随着《中华人民共和国文物保护法》等法律法规和指导文件的出台，2010 年，河南省通过《河南省实施〈中华人民共和国文物保护法〉办法》。2005 年，出台《河南省历史文化名城保护条例》，指出要保护利用革命遗迹开展爱国主义和革命传统教育。2020 年，出台《河南省革命文物保护利用工程实施意见》，指出要重点加强百年党史文物保护展示、革命文物集中连片保护利用和长征文化线路整体保护等工作。这些政策法规，为加强全省革命文物的摸底调查、资源整合、整体保护、研究阐释、宣传利用，构建起了制度保障。另外，河南省以新县为核心，积极推进大别山革命文物保护战略规划编制工作，后被国家文物局列为全国三大重要红色资源片区。

建好大别山革命老区"红色基因库"。革命博物馆、纪念馆、党史馆、烈士陵园等是党和国家"红色基因库"。在河南省全面规划支持下，信阳市作为大别山革命老区重要代表，启动了"红色基因库"基础设施升级改造项目。目前，当地已建成鄂豫皖革命纪念馆、鄂豫皖苏区将帅馆、红四方面军将士纪念馆、刘邓大军渡淮纪念馆、商城县革命历史纪念馆、河南人民检察博物馆，改造提升鄂豫皖苏区首府旧址、许世友将军故里、红二十五军长征出发地何家冲纪念园、郑维山将军故里等一大批爱国主义教育基地。这些设施已初具规模，成为弘扬大别山红色精神的重要宝库。

挖掘抢救大别山红色资源。早在 1958 年，河南省文化局就发出通知，要系统调查革命遗迹，广泛收集革命文物，记录革命英烈和革命人物的感人事迹。近年来，河南根据鄂豫皖苏区根据地关键革命事件和重要时间节点，参照大别山精神发展脉络，对现有红色历史进行全面汇总、分类整理，深入挖掘抢救那些为革命作出卓越贡献但未载入史册的革命人物及其事迹，比如，大别山的"江姐"晏春山、在群众中广为流传的革命群众"何大妈"等，不断丰富大别山红色资源库。同时，信阳市协同郑州大学推出"发掘中原红色文化"项目，深入基层，采访退休干部，访查罗山县、光山县、新县等县的县志和党史，形成了内容丰富的资料汇编，挖掘抢救了大别山地区的革命口述史料。

（二）多措并举拓展开发新路径

近年来，河南省、信阳市依托大别山红色资源丰富、集聚效应强的特点，积极融入长征国家文化公园重大项目建设，研创开发红色体验线路，强化展览精品效果，多措并举拓展红色资源开发的新路径。

配合融入长征国家文化公园开发建设。长征国家文化公园，是以中国工农红军中央红军长征路线为主，兼顾红二方面军、红四方面军和红二十五军长征路线，整合长征沿线文物和文化资源，弘扬长征精神、传承红色基因的重大文化工程。围绕此工程，信阳市出台《红二十五军长征国家文化公园项目建设方案》，按照"一条主线、一院一馆、重要片区、辐射周边"的原则，与大别山北麓全域旅游有机结合、协同推进，积极推动红二十五军重要发源地（信阳片区）、长征决策地（光山县花山寨）和出发地（罗山县何家冲）纳入长征国家文化公园重点建设项目，打造红军长征、千里跃进、江淮抗战、将军故乡等一系列红色传承精品线路。

研创"走读大别山"红色体验线路。2017年，信阳市启动了"固本清源计划"，构建了"一个平台+709处革命遗址、遗迹、纪念地"的联动格局，拓展红色资源开发路径，传扬红色文化。该联动格局是以大别山干部学院为"一个平台"，将散落在大别山周边的709处红色革命遗址、遗迹等串联起来，用好用活红色资源，开发"走读大别山"红色体验线路。这一举措，不仅保护利用了新县箭厂河乡、罗山县何家冲等一批乡村红色资源，也能让参与者重温大别山红色历史、感受革命传统教育和党性熏陶，在深度体验中加强对红色资源和红色精神的感受感悟，也逐渐成为乡村振兴的着力点。

实施精品战略，强化精品展览。为提升红色资源的展陈体验，河南省结合内容科学化、语言科普化、手段现代化、形式艺术化等时代要求，综合运用声、光、电、AR等技术，依托红色文物和红色遗址，辅以图片展示、多媒体演示、场景复原、互动体验等形式，着力打造主题突出、特点鲜明的精品展览。比如，成功举办了"北上先锋""千里跃进伟大壮举""光辉典范"等一系列高质量专题展览。其中，"北上先锋"入选"2016年度河南省十大优秀陈列展览"，并与"千里跃进伟大壮举"共同被选为2018年度河南省"五个一百"网络正能量精品推选活动优秀作品。

（三）用好用活红色资源

近年来，河南省高度重视对大别山红色资源的保护、开发与利用工作，在保护性开发、开发中保护的基础上，用好用活红色资源，不断发挥红色资源固本培元、育人铸魂的作用。

深化红色资源研究阐释。河南省深入挖掘大别山红色资源，加强理论研究阐释宣传，弘扬好、传承好大别山精神。2019 年，大别山精神研究院成立，设置学术委员会和研究中心，定期举办高峰论坛，开展学术研究，提升大别山精神的影响力。2020 年，河南省委宣传部举办"传承红色基因弘扬大别山精神"理论研讨会，来自鄂豫皖三省的专家深入讨论了大别山精神在中国共产党人精神谱系中的重要地位、形成发展、基本内涵和时代价值等。此外，河南省出版了一批弘扬大别山精神的图书，例如，《彪炳史册的大别山精神》《中原工作文献与研究——大别山精神与实践》（全 2 册）等；立项了一批国家级、省级课题，例如，《大别山革命根据地红色歌谣文献史料整理与研究》等；发表了一系列研究成果，例如，《让大别山精神在新时代焕发新光彩》《用大别山精神筑牢党性之魂》等。

面向全国开展培训。河南大别山干部学院，依托大别山红色资源优势、红色精神创新发展成果，突出党性教育要求和干部培训需求的导向，着力构建类型丰富、特色鲜明、主题突出、务实管用的课程体系，打造"重走总书记考察路线，践行总书记殷切嘱托"现场教学、"乡村振兴的好做法——田铺大塆走向小康的探索与实践"案例教学、"大别山精神代代传"访谈教学以及"大别山二十八年红旗不倒的革命历程"专题教学等品牌课程，让大别山精神入耳、入脑、入心。截至 2021 年，该学院面向全国已承办各类培训班 5000 多期、培训人员 30 余万人次。如今，河南大别山干部学院已经成为河南省、信阳市宣传大别山革命精神的一张亮丽名片。

推动红色资源合作共建。河南大别山干部学院秉承开放办学的理念，实施"走出去、请进来"战略，加强与省内外党校、干部学院、党性教育基地的交流合作，积极宣传大别山革命精神，推动交流互鉴，共享干部教育、党性教育的最新理论和实践成果。比如，创办"大别山讲堂"，邀请国内知名专家开设讲座，拓展干部教育培训的新思路、新观点；先后与中国人民解放军国防大学、中央团校、浙江大学、华中师范大学等签订战略合作协议，培育办学特色和优势；与郑州大学合作共建乡村振兴研究院，提升办学质量和教学科研水平。

第二节　讲好红色故事

在党的百年伟大奋斗征程中，产生了无数可歌可泣的故事，这些红色故事以通俗易懂的形式，深刻彰显着党的初心使命、优良作风和斗争精神。党的十八大以来，习近平总书记高度重视讲好红色故事在传承红色基因中的地位，强调"要讲好党的故事、革命的故事、根据地的故事、英雄和烈士的故事，加强革命传统教育、爱国主义教育、青少年思想道德教育，把红色基因传承好，确保红色江山永不变色"①。大别山红色故事展现了中国共产党带领大别山军民英勇斗争、反抗压迫的革命历程，是革命事业鲜活生动的历史再现，在深入开展各类主题教育中，当地相关部门依托全媒体技术革新，生动鲜活地再现了英雄人物、革命遗物、革命事件、革命精神等丰富内涵。

一　深入开展集中教育活动，讲好大别山红色故事

党的十八大以来，河南省在历次党内集中教育活动中，传承弘扬红色基因，赓续精神血脉，依托红色教育基地，讲好讲活革命先辈的红色故事，砥砺初心、牢记使命，为全省经济社会的发展凝聚起磅礴伟力。

在党的群众路线教育实践活动中，河南深入学习贯彻党中央决策部署和习近平总书记考察河南、调研兰考时的重要讲话精神，切实组织大批党员干部到"三学院三基地"接受学习培训，厚植人民情怀，坚定以人民为中心的立场。例如，在大别山革命老区，河南大别山干部学院组织学员重走红军路、再唱红军歌，走进红色课堂、聆听红色故事、重温入党誓词、感悟革命历史，直观感受革命先烈为革命抛头颅、洒热血的奉献精神，不断锤炼党性、磨砺初心使命。

在"不忘初心、牢记使命"主题教育中，河南在全省21.2万个党组织、554.9万名党员中，分批开展主题教育，强调传承红色基因，加强革命

---

① 习近平：《论中国共产党历史》，中央文献出版社，2021，第111页。

传统教育，讲好党的故事、革命的历史、根据地的故事、英雄和烈士的故事，学习党史、新中国史、改革开放史、新时代中国特色社会主义奋斗史，大力弘扬焦裕禄精神、红旗渠精神、大别山精神，让广大党员干部牢记红色政权、新中国和今天的幸福生活是怎么来的，推进红色教育的常学常新。截至 2020 年 1 月，全省已组织 198 万名党员干部到博物馆、纪念馆、党史馆、烈士陵园接受红色教育，640 万名党员干部在"五讲"① 中接受教育。

在党史学习教育中，河南省以"传承红色基因、奏响时代强音"为主线，利用"三学院三基地"开展各有特色的学习教育，深度整合不同时期的红色资源，将其转化为生动的党性教育素材。2021 年，河南省委组织部举办党史学习教育专题培训班 9 个，培训党员干部 20 多万人，组织编写《焦裕禄精神》等 6 本党史党性教育系列教材，推进不同时期的党史教育入脑入心。2021 年 3 月，印发《关于在党史学习教育中充分发挥红色教育基地作用的通知》，引导党员干部在红色教育基地重习党的百年奋斗史；编印《讲好"四个故事"教育读本》、"红色中原"系列丛书和《简明河南党史》，用作县处级以上干部的学习材料。

二 建设"四全媒体"，讲好大别山红色故事

全媒体的快速发展，为传扬红色文化、讲好红色故事提供了全新的传播平台和话语途径。而建设全媒体，推动媒体融合向纵深发展，为新时代红色文化传播、讲好大别山红色故事指明了基本方向。

（一）全程跟进，把牢红色故事准确性

全程媒体是全媒体传播体系的基础，注重对新闻信息的全程记录、同步传播，向观众全方位、全视角、全过程地传递信息，是新闻真实性的体现，也是媒体生命力的重要所在。运用全程媒体，讲好红色故事，有利于提高从故事收集到讲述过程的可控性，确保红色故事传播的准确性。

2019 年 8 月，河南广播电视台组织大象新闻客户端、大象网等所属媒体，开展"追寻初心——再走红二十五军长征路"大型主题采访活动，通

---

① "五讲"，即党史专家深度讲、英烈后人追忆讲、依托现场生动讲、新闻媒体专栏讲、网络平台在线讲。

过文字报道、在线直播、网络短视频等多种组合形式，共推送各类报道1100多篇，网络阅读量高达2000多万次。其中，《鏖战独树镇》《雪仗庚家河》《奇袭紫荆关》等红色故事，以细腻生动的文字报道，再现了红二十五军不畏艰险、奋勇突围完成长征征途的伟大壮举。《军魂吴焕先》《世上有朵美丽的花，淮河源头吐芳华》等一系列短视频一经播出，迅速在各大网络平台走红，被广大网友点赞、热议、转发。在豫陕甘三省的长征线路上，记者团队在重要地方节点开展了7场网络直播，在线观看人数达300多万人次。

（二）全息呈现，提升红色故事吸引力

全息媒体是将文字、图片、视频、AR、H5等多种形式复合呈现的传播技术。河南省充分运用这一新型传播技术，让纪念馆、会议遗址中的人物故事"活起来"，不断提升红色故事的鲜活度和吸引力。

2019年7月，河南日报报业集团联合中国移动，推出建党节大型主题策划活动，调动全媒体报道，采用5G信号传输，开展"探初心密码 讲使命担当'七一'红色传承5G联动大直播"活动。记者采访团队分四路前往信阳、兰考、林州、济源，通过"对讲+手机直播+电视直播"的方式，在河南日报客户端、河南手机报、大河报等媒体平台同步直播，收效颇广。2024年清明时节，为追忆先辈功绩、弘扬英烈精神，新华社客户端适时报道《河南新县：大别山中祭英烈》，发布《AIGC动画｜清明，重温革命英烈的信仰之光》；央视综合频道《新闻联播》播出《【新思想引领新征程】清明时节缅怀英烈 汇聚磅礴奋进力量》，赓续红色血脉，传承奋进力量；央视网发布《家国永念｜踏上红色土地，习近平深情讲述这番话》，向观众诉说着大别山一沟一壑里的红色故事，表达了习近平总书记对英雄先烈的深深敬意。

（三）全员传播，增强红色故事受众性

全员媒体，就是发挥用户在信息选择、传播偏向中的积极性、主动性，这就要求新闻媒体机构充分激发用户"新闻主人翁"的创造性，推动媒体和用户之间的深度融合。近年来，河南省借助社会化话题，在新浪微博、各类短视频平台开启征集红色文物的话题，激发用户对身边红色故事的认

识和挖掘，增强新一代对红色精神的传承和认同。

2021年4月27日，河南省委宣传部在新县启动了"2021大别山再出发"走进大别山学党史主题活动。时任新华社党组成员、秘书长宫喜祥，时任河南省委常委、宣传部部长江凌与来自全国各地的100多位网红大咖共同见证了这场启动仪式。在这场别开生面的党史课上，《八月桂花遍地开》《团结就是力量》等红歌旋律欢快激扬，现场通过朗诵、情景剧等方式，生动再现了80多年前红军妇女打游击、大别山"江姐"晏春山跳崖就义、吴焕先"破家闹革命"等故事，"英雄山党支部"12位红军和烈士后代讲述了先辈舍生取义开展革命的故事，B站"沙盘上的战争"主创者黄瀚现场分享了在网上传播革命战争历史的心路历程。主办方发出征集"我为大别山代言"优秀网红的号召，发挥网红大咖的网络影响力，推动大别山精神深入人心，让红色基因代代相传。

（四）全效突破，提高红色故事影响力

全效媒体是新闻媒体追求传播效率、传播实效的内在要求。从传播效率上讲求传播过程的有效连接、传播效果的精准推送、传播速度的及时更新。近年来，河南日报报业集团、河南广播电视台、郑州报业集团等媒体，全力打造全效媒体矩阵，为讲好红色故事、传承红色文化打造了坚实平台。

2019年12月，《河南日报》联合河南省委党史研究室，以"探访中原'红色地图'"为主题，全媒体报道联动配合，生动立体再现了烙印在河南省内的红色印记。该系列报道依托全媒体形态，在每期报道后都添加了一个二维码，读者只要扫描这个二维码，就能观看记者实地走访红色遗址的视频，获得更多直观形象的信息。在《长征先锋队从此踏征程》这期报道中，记者探访了红二十五军长征出发地罗山县何家冲纪念园。读者扫描二维码后，打开视频，就能收看讲解员的详细讲解和何家冲老支书在古银杏誓师广场亲述当年情形的画面。

第三节　打造红色文旅品牌

文旅融合作为现代服务业融合发展的重要形式，二者优势互补、功能重合。其所形成的新产业链，具备"1+1>2"的叠加效应。红色文旅是传

红色精神、弘扬革命传统的有效途径，也是推进红色文化建设、坚定文化自信、增强民族凝聚力的重要载体。河南省、信阳市坚持以文塑旅、以旅兴文，以大别山精神为依托，以一系列革命遗址遗迹场馆为载体，深入推进红色文化与红色旅游相结合，不断构建红色文旅融合发展新格局，打造新品牌，在助力乡村振兴中全力书写大别山革命精神的立体"教科书"。

一 红色文旅融合构建发展新格局

近年来，河南省坚持"宜融则融，能融尽融"原则，通过业态、产品、市场、服务、交通等融合，构建起红色文旅融合发展的新格局。

（一）突出资源禀赋的业态融合

"十四五"以来，河南省立足红色文化、山川资源等优势，不断推进全域旅游、红色旅游、乡村旅游等业态融合发展，让红色文化活起来，让旅游经济火起来。

突出红色文化的核心要素，提质升级文旅综合体。河南结合不同地方的文化特色和地理资源，突出"红色+"的核心，结合绿水青山、传统文化、地域风情等资源，带动红色旅游多样式发展，推进红色旅游和文化、农业、工业、养生、研学、体育等有机联动。比如，信阳市新县将"山水红城、将军故里"与浉河区"山水浉河·毛尖故里"相结合，打造红色旅游品牌，促进旅游脱贫、旅游富民。

布局全域旅游，推进整体发展。河南依托大运河、长征、黄河等文旅资源优势，以长征国家文化公园建设为契机，根据长征沿线文物文化资源的整体布局、资源差异、自然条件、配套设施，确定了"两个核心区"，即红二十五军长征出发地（罗山县）片区、红二十五军鏖战独树镇纪念地（方城县）片区，以及长征决策地（光山县花山寨）、桐柏县、泌阳县、卢氏县等河南段的长征路线，不断彰显红色精神的生命力和影响力。

推进红色旅游和乡村旅游的联动发展。由于红色景区多分布于革命老区和乡村地区，推动红色旅游，是乡村振兴战略下构建新型城乡关系、推进城乡融合发展的重要途径，能够呈现出城乡互补的发展特色。信阳市以红色旅游为动力，以建设宜居宜业和美乡村为契机，推动创建一批红色旅游示范乡、示范村，深入促进了红色旅游与乡村经济、生态、人才等的融合发展。

（二）优化资源配置的市场融合

推进红色文旅融合发展，需要市场主体的深度参与，激发市场活力，促进各类资源要素合理流动、高效配置，不断培育红色旅游的市场竞争力。

加大财政金融支持力度。国家拨付专项资金支持红色文旅融合发展。《全国红色旅游经典景区三期总体建设方案》中明确对河南 14 家全国性红色旅游经典景区拨款资助，以保障景区基础设施条件和服务水平。2021 年，河南省财政专项经费拨款 8700 万元，用于对确山县竹沟镇竹沟村、新县田铺乡田铺大湾、罗山县铁铺乡何家冲村等 29 个红色美丽乡村的建设，并吸引更多社会资本投入其中。自 2013 年以来，河南省已累计投入资金 135 亿元，吸引社会资金约 750 亿元，支撑了 1600 多个红色美丽乡村的建设工作。

创新地域合作机制。在郑州的对口帮扶支持下，卢氏县探索出土地流转有租金、房屋入股有租金、参与劳动有薪金的"三金带贫模式"，依托豫西大峡谷、百草园两个 4A 级景区的旅游资源，充分发挥"旅游+扶贫"模式效应，提升旅游脱贫效果，将资源优势转化为产业优势。

搭建互动开放平台。联合同程旅行搭建"联盟线上展示平台"，突出图文、视频、VR 等特色形式，推出"云旅游、云展览、主题教育馆"等红色数字产品，以科技为红色旅游赋能，用喜闻乐见的方式，讲述红色历史、讲好红色故事，让人们能够清晰便利地了解红色旅游景点的红色文化、基本概况、主要特色，吸引人们亲身体验感受。

（三）发挥综合保障的服务融合

在推进红色文旅融合发展的过程中，更好发挥政府作用，完善基础设施，集聚旅游业态，优化营商环境，擦亮红色文旅品牌，提升综合保障的服务融合水平至关重要。

完善基础设施建设。河南省"十四五"规划提出了"文化强省建设重大工程"，要改造提升鄂豫皖苏区首府革命博物馆、冀鲁豫边区旧址、焦裕禄纪念园、红旗渠研学营地等项目，建设好二七纪念塔、中共洛阳组诞生地、杨靖宇将军纪念馆、彭雪枫纪念馆、鄂豫边省委革命纪念馆、淮海战役总前委旧址等红色基因库，不断完善水、电、暖、气、道路、网络、通信、绿化、卫生等公共基础设施。

推进"智慧旅游"。河南省鼓励支持智慧景区建设,广泛开展新媒休营销,运用推广新技术,大力推进旅游交通网、智慧旅游网、公共服务体系网"三网合一",构建覆盖全域、发展全面的服务架构。2018 年,河南省率先拟定《智慧景区建设评价规范》,出台景区智慧化相关考核办法,对景区智慧化程度开展钻级评定。在此支持下,清明上河园打造全国首个"云生态"景区,嵩山少林寺建成全国首个"微信无感通行"停车场等。

统筹多元协作。在世界旅游联盟旅游减贫案例中,河南有 4 个案例榜上有名。信阳市新县田铺乡田铺大湾村:"文创小店+乡舍农家+特色产品"的旅游扶贫模式;济源市:农旅融合创新帮扶、精准施策兴村富民;豫西百草园:景区带村创新"三金扶贫"模式;河南省栾川县重渡沟:"水+竹+农家"特色旅游扶贫。这些案例为红色文化统筹多元因素、引领旅游发展、减贫致富,作出了最佳阐释。

二 红色教育基地引领红色研学打造红色文旅新品牌

近年来,河南依托丰富优质的红色资源,依托"三学院三基地",推进红色文化研学旅游,不仅拓展了红色文旅融合发展空间,也在传承红色文化、弘扬红色精神方面,树立起了红色文旅知名品牌。

(一) 红色教育基地助力红色文化旅游

红色教育基地,不仅是党员干部培训学习的孵化器,也是红色文旅融合发展的重要平台。近年来,河南加大红色教育基地建设,在深入挖掘阐释红色精神的同时,不断推动红色文旅融合高质量发展。

红色教育基地发展欣欣向荣。河南红色教育基地不仅数量多,而且精品多,呈现出生机勃勃、欣欣向荣的发展态势。现有红色资源点 800 多处,县级以上爱国主义教育基地有 500 处,革命老区 80 多个,红色旅游经典景区 26 个。2017 年 1 月,驻马店市确山县竹沟革命纪念馆、信阳市新县鄂豫皖苏区首府革命博物馆等 14 家入选《全国红色旅游经典景区名录》。2019年 8 月,八路军驻洛办事处纪念馆、光山县王大湾会议会址纪念馆、愚公移山精神展览馆被中宣部评为全国爱国主义教育示范基地等。

红色教育培训如火如荼。为弘扬红色文化、传承红色精神,河南创建了"三学院三基地"，搭建起了集红色培训、保护、研究、传承于一体的党性教育体系和红色资源利用平台，开发了一系列感染力强、启发性强的红色教育培训课程，开发了近百个寓教于乐、学教一体的现场教学点。目前，仅新县就拥有17家红色培训机构、39处红色文化旅游现场教学点、6处红色研学旅行基地，超过50万人参加过以红色教育培训为核心的研学体验。

红色教育基地引领红色文旅产业发展。在红色教育基地、红色文化教育培训的引领下，红色文化旅游已然成为当地的优势产业和闪亮名片。例如，鄂豫皖苏区首府的新县、以"小延安"著称的确山竹沟、红二十五军长征出发地罗山县何家冲、十万民工战太行的安阳林州，不断挖掘研究当地红色精神，加强红色教育基地建设，推进红色文化教育培训，全力打造红色文旅的经典景区和热门线路，推进红色文旅产业高质量发展。

（二）红色文化研学延伸红色文化旅游产业链

红色文化研学，不仅在传扬革命精神、挖掘红色故事、阐释时代精神上积极作为，而且在红色文旅融合发展、延长产业链上，发挥了重要促进作用。

红色文化研学为区域联动发展提供新契机。在红色资源共享、发展红色文旅融合的背景下，河南联合文旅、交通等部门，共建红色文化研学游和红色文化旅游产业协调发展机制。2020年9月，安阳市依托林州红旗渠资源，联合省内外周边地区，共同开展红色研学游，建设太行山红色文化研学联盟，不断提升红色文化研学服务水平，为打造红色研学品牌、促进红色文旅融合发展，提供了平台支撑。

红色文化研学促进文旅融合产业创新发展。近年来，信阳市在保护开发当地特色红色资源的基础上，突出红色文化研学的抓手，融合当地的名人文化、传统文化、民俗、古村落、古建筑、山水等资源，提高红色文化研学品质，走出了一条红色文化研学助力红色文旅融合发展的新路径。

红色文化研学延长教育培训产业链。在红色文化研学中，焦裕禄干部学院、红旗渠干部学院、大别山干部学院，开展以追忆红色峥嵘岁月、重走长征路、发扬革命精神、传承红色基因为主题的教学研学活动，逐步形成了以党性教育和红色教育为引擎，以文化创意、影视摄像、健康养生为主体的文化旅游产业链。

三 红色文旅助力乡村全面振兴实现新突破

2019 年 9 月，习近平总书记在田铺大塆考察时强调，要"依托丰富的红色文化资源和绿色生态资源发展乡村旅游，搞活了农村经济，是振兴乡村的好做法"①。信阳市积极探索以红色文化、绿色生态、古色乡村为主的发展路径，在文旅融合发展助力乡村振兴道路上实现了新突破。

（一）因地制宜培育"红绿古"发展优势

加强红色资源的保护利用。以新县为例，新县现有国家级重点文物保护单位 7 处，省级文物保护单位 20 处，革命历史纪念地 365 处，被列入全国 12 个红色旅游区和 30 条红色旅游精品线路，4 个景点被列入全国重点建设的 100 个红色旅游经典景区。新县红色资源点多面广，在妥善保护、有效开发中，先后建成了千里跃进大别山纪念馆、河南人民检察博物馆等红色场馆，为红色文旅融合发展提供了资源支撑。

厚积生态优势。新县是国家级生态县、国家生态文明建设示范县、全国百佳深呼吸小城，动植物资源丰富，森林覆盖率高达 76.7%，植被覆盖率超过 95%，是名副其实的"天然氧吧"，为红色文旅融合发展提供了优良的生态环境。

以旧修旧，保护古香古色。新县处于南北方交界地带，"豫风楚韵"融合汇聚，具有宗教文化、农耕文化、民俗文化、古民居文化等多种元素，发展出地灯戏、花挑等多种民间艺术，也是信阳民歌的重点流传区域。境内古村落、古民居星罗棋布，现有中国传统村落 10 个，中国景观村落 12 个，河南省传统村落 29 个。新县秉持"修旧如旧"的理念，深入挖掘特色民俗文化，为红色文旅融合发展增添古香古色。

（二）加强红色文旅培训，以"志智双扶"助力脱贫攻坚

新县在文旅融合发展中，突出以旅兴农、以农促旅，志智双扶，推进脱贫攻坚、乡村振兴，实现了由"卖门票"向"兴文化"延伸、由"景区

---

① 马跃峰：《古老乡村的小康图景（总书记来过我们家）》，《人民日报》2020 年 2 月 17 日，第 1 版。

经济"向"产业经济"拓展，促进了全县产业经济的结构优化、转型升级。

新县开办"红城管家""红城英才"等旅游管理培训，培训旅游从业人员达 5 万多名。开展脱贫典型引领行动等扶贫扶志"七大行动"，提高贫困群众脱贫的意志和能力。依托羚锐中医药健康产业，发展健康旅游示范点，以"公司＋油茶专业合作社＋基地"的经营模式，带动全县油茶种植 26 万亩，帮助成千上万贫困群众脱贫致富。鼓励支持乡、村、企业、个人开发农业观光、耕作体验、民俗欣赏、古村落民居等多种形式的旅游业态。鼓励种植油菜、油茶、铁皮石斛等特色作物，建成茅屋冲家庭农场、西河湾古村落等生态农业综合体 14 个，培育农业龙头企业 68 家，基本实现了以旅兴农、以农促旅的发展。

（三）提升文明乡风，完善乡村设施

村容整洁、设施完善、乡风文明、村民和谐，是推进红色文旅融合发展的必要条件，相反，红色文旅的融合发展，对于促进乡村生态振兴、人才振兴等发挥了重要作用。

新县以"文明实践筑基工程""志愿服务育苗工程""服务水平提优工程"三大工程为抓手，实施农村公路三年行动计划和"美化大别·绿满山河"国土绿化行动，不断提高全县绿化程度。实施美丽乡村生态新县建设三年行动计划，开展以整治乡村环境为内容的"双十双百"工程，推动生产、生活、生态协调发展，打造居游一体的乡村旅游大环境。开展"昼访夜谈""清洁庭院、幸福家园"等活动，推进"红细胞"志愿服务下基层、进乡村，营造文明乡风、淳朴民风、良好家风。注重培育乡土文化人才，将传承红色基因、理论宣讲、民俗文化、传统文艺、助学支教等结合起来，提振红色文旅融合发展的精神风貌。

第四节　深化红色文化宣传教育

中国式现代化是物质文明和精神文明相协调的现代化，要弘扬中华优秀传统文化，用好红色文化，发展社会主义先进文化，丰富人民精神文化生活。红色文化是党领导人民在革命、建设和改革伟大实践中创造凝聚的精神文化结晶，是蕴含丰富红色资源和厚重文化内涵的先进文化形态。近

年来，河南立足资源丰富、内涵深厚的中原红色文化，深入贯彻习近平总书记调研河南时的重要讲话精神，创新弘扬红色精神、传承红色基因的实践活动，为深化红色文化宣传教育，探索了新路径。

一　深入开展红色文化宣讲进基层

近年来，河南结合地方实际，探索推进党的创新理论进基层的传播手段和话语方式，打造接地气的宣讲人才队伍，积极开展百姓宣讲工作，为红色文化宣讲进基层积累了丰富的实践经验和理论成果。

（一）积极探索党的创新理论进基层途径方法

基层理论宣讲是深入推进党的创新理论大众化通俗化、打通红色文化为群众所掌握的"最后一公里"的重要途径。河南立足实际、科学谋划，紧抓宣讲这一重要方式，真正让党的创新理论在基层落地生根、开花结果。

2018年3月，河南启动"党的创新理论万场宣讲进基层"活动，聚焦习近平总书记调研河南时提出的"四个着力""四张牌""三个起来"等内容，以领导干部带头讲、专家学者深入讲、文艺工作者生动讲、劳模代表现身讲、新闻工作者创新讲、党员志愿者人人讲、青年干部灵活讲等多种方式，实现宣讲全覆盖，推动党的创新理论走深走实、入脑入心。信阳市、安阳市、兰考县等地，在开展"党的创新理论万场宣讲进基层"活动时，立足自身红色资源，将红色故事、革命精神、红色基因与宣传宣讲创新结合，深入宣传大别山精神、红旗渠精神、焦裕禄精神，为推动党的创新理论进基层、实现红色文化走心走"新"，作出了积极探索。

（二）打造接地气的宣讲人才队伍

开展广泛而有效的红色文化宣讲进基层，离不开理论功底深、学术能力强、语言表达好的宣讲人才，更重要的是，他们能够以群众喜闻乐见、通俗易懂的方式将党的创新理论和红色文化表达出来，为群众所津津乐道。

2015年起，河南省委讲师团开始遴选"百姓宣讲团"成员，打造"百姓宣讲直通车"，进社区、下车间、到田间，采用群众喜闻乐见的评书、戏曲、小品等艺术形式，"文艺搭台、理论唱戏"，将党的创新理论、方针政策、红色故事等讲述清楚。为扎实推进基层理论宣讲队伍建设，信阳市开展理论宣传人才"双月"培训和"季度"观摩活动，努力打造一支政治过硬、作风优良、业务精湛、充满活力的理论宣讲队伍，创立"信YANG有力量"理论宣讲品牌，引导党员干部群众更好学习党的光辉历史，感悟党的创新理论。例如，在信阳市理论宣讲骨干培训班第一期开班仪式上，新县鄂豫皖苏区首府烈士陵园社教部主任张亚君，宣讲了《号角的力量》，让老区儿女骨子里的红色基因代代相传、生生不息。

二　创新"红色文化+"拓展宣传向度

红色文化的孕育发展和中华民族传统文化、地域文化、民俗文化息息相关，因此，深入推进红色文化宣传教育，也离不开与传统文化、地域文化、民俗文化的相融相和。近年来，河南创新"红色文化+"模式，不断拓展红色文化宣传教育的向度和空间，有力地提升了红色文化的影响力、凝聚力。

（一）"红色文化+传统文化"坚定文化自信

在五千年的历史长河中，中华优秀传统文化构筑了中华民族的精神命脉，孕育了精神基因。红色文化传承发展了中华优秀传统文化中自强不息、革故鼎新等精神，并在革命、建设、改革不同时期，赋予其不同的时代精神价值。河南是华夏文明的发源地，大别山精神等是对中华优秀传统文化的历史性传承和时代性创新发展。

近年来，河南在深入开展红色文化宣传教育中，探索出"红色文化+传统文化"的新路径，取得了推进传统文化创造性转化、创新性发展以及传承红色基因的双重效果。河南广播电视台制作的《文武决》节目，推出"红色记忆"全民功夫争霸赛，将功夫文化和红色文化融合起来，打造了一场功夫文化盛宴。2016年5月，河南经济报社、中原经济网组织25名"小记者"，到二七纪念馆举行"弘扬传统红色寻访"活动，通过参观"千秋二七"展览，"小记者"们将红色文化中的二七精神和伟大民族精神中的爱国主义精神薪火相传。

（二）"红色文化+地域文化"强化地域特色

红色文化具有一定的地域烙印，是在特定时期内由特定地域的人群创造的。例如，浙江嘉兴创造了红船精神，江西井冈山诞生了井冈山精神，鄂豫皖大别山地区孕育了大别山精神等。党领导人民在革命、建设、改革过程中，在中原大地留下了许多红色遗迹。

河南依托不同市县各具特色的地域文化和红色文化，切实打造了20处红色教育基地。各市县也立足自身地域文化特色，深入结合红色文化，初步形成了包含革命纪念馆、革命旧址、红色旅游风景区等在内的内容经典、形式多样的红色教育基地。例如，信阳市依托大别山地区的地域文化和红色资源，拍摄了《上将许世友》《热血丰碑》《五更寒》等反映当时社会风貌和革命斗争的影视剧作，编写出版了《红色土地 英雄人民》《一代名将许世友》《红色印记》等红色读物，组织编排了《不倒的旗帜》《首府红潮》《送郎当红军》等红色歌舞节目，以及反映大别山革命斗争历史的情景剧《红色大别山》等。河南省委宣传部、文旅厅等部门以红二十五军长征出发地何家冲的古银杏树为象征，出品了大型民族舞剧《银杏树下》，讲述了可歌可泣的红色经典故事，再现了党和人民生死相依的血肉之情。

（三）"红色文化+非遗传承"发展民俗文化

红色文化的大众化，离不开与非物质文化遗产的融合发展。作为民俗文化的升华凝练，非物质文化遗产通过民歌、手工艺、戏曲等形式，能够将红色文化更接地气地表现出来，为群众所理解接受。河南省非物质文化遗产数量大、种类多、影响广。在深入开展红色文化宣传教育中，河南推出"红色文化+非遗传承"，为发展民俗文化、助力乡村振兴，注入了新动力。

近年来，信阳市大力推进非遗保护传承工作，尤其是将红色革命文物旧址保护与古村落保护、非遗展演结合起来，丰富了红色文化旅游内容，增加了乡村振兴的文化内涵。位于新县的丁李湾村，完好保存着明清古民居109套、古建筑遗迹260多处、革命遗迹40余处，保留南冲民歌、宋畈皮影、打草鞋、鹤蚌舞、山壁古曲等非遗项目，有非遗传承人200多人，皮影20多担箱。2018年12月，人民日报社、新华社、中央电视台等20多家主流媒体，到大别山地区开展专访，报道了新县民歌、丁李湾民俗以及红色文旅推动乡村旅游等情况，提升了"红色文化+非遗传承"的认知度和影响力。

第九章　自我革命赢主动：在传承弘扬大别山精神中纵深推进全面从严治党

碧血丹心铸青史，风云际会大别山。新民主主义革命时期，大别山军民在党的领导下，浴血奋战、前赴后继，革命斗争不断、革命火种不灭，创造了"28 年红旗不倒"的革命奇迹，孕育了彪炳史册的大别山精神。大别山精神是中国共产党人奋斗历程的精神印记，是党的光荣传统和伟大精神的重要组成部分。2019 年 9 月，习近平总书记在河南考察调研时指出，"大别山精神是我们党的宝贵精神财富"①。作为中国共产党人精神谱系的重要组成部分，大别山精神犹如一座富矿，蕴含党自我革命的政治智慧，是新时代纵深推进全面从严治党的重要精神力量。

第一节　用大别山精神筑牢忠诚根基

一部大别山革命史就是一部大别山无数优秀共产党人为党分忧、为党尽职的忠诚史。在中国革命的每个紧要关头，大别山军民都坚决拥护党的决定，听从党的指挥，服从党的安排，一切从党和人民的利益出发，为全局的胜利创造条件，把对党绝对忠诚的精神特质深深烙印在党的百年奋斗历程上，孕育了光耀千秋的大别山精神。新时代新征程，党和国家事业发展面对的风险和挑战、需要解决的矛盾和问题比以往更加复杂。我们必须传承好大别山精神的忠诚基因，深刻领悟对党绝对忠诚的重大意义，学深悟透习近平总书记关于对党忠诚的重要论述，着力锤炼广大党员干部对党忠诚的政治品格，为全面筑牢忠诚根基守好政治关。

---

① 习近平：《坚定信心埋头苦干奋勇争先 谱写新时代中原更加出彩的绚丽篇章》，《人民日报》2019 年 9 月 19 日。

一 "天下之德，莫过于忠"

自古以来，忠诚就是修身之要、义理之归。如儒家所提到的"为人谋而不忠乎？""居之无倦，行之以忠"等都是指无论为人还是为官要不偏不倚、中正无私、尽心竭诚、正直诚实。忠诚是中国共产党人最可靠的政治本色。100多年来，我们党之所以能够攻克一个又一个难关、夺取一个又一个胜利、创造一个又一个彪炳史册的人间奇迹，靠的恰恰就是千千万万党员的忠诚。

（一）对党忠诚是保证党的团结统一的必然要求

对党忠诚是我们党团结统一、兴旺发达的内在政治基因。截至2023年12月31日，中国共产党党员总数为9918.5万名，已然是世界上第一大执政党。但是一个政党是否强大，并不在于人数多、组织规模大，关键要看全体党组织和党员是否对党忠诚，是否维护党的团结统一。对我们来说，倘若没有千千万万党员忠诚于党，维护党的团结统一，中国共产党就不可能是"一块坚硬的钢铁"，中国特色社会主义伟大事业也就不能得到坚实有力的推进。今天，我们要时刻对影响党内团结统一的不利因素保持警惕，始终以严的基调管好党员，筑牢对党绝对忠诚的根基，切实维护好全党思想统一、步调一致。

（二）对党忠诚是坚持人民至上的必然要求

对党忠诚才能牢牢站稳人民立场、维护人民利益。人民才是"绝大多数"，是推动人类历史进步的主要力量。中国共产党作为马克思主义政党，为人民而生，因人民而兴。过去的100多年，中国共产党能够把广大人民群众紧紧地团结在自己的周围，创造不朽的伟业，就是因为有一大批优秀共产党员以"我将无我、不负人民"的气概和情怀，为了人民的利益前赴后继、誓死抗争。在大别山28年的革命历程中，有近百万名的忠诚烈士为了人民的幸福献出了宝贵的生命，"赤胆忠心为工农，气壮山河志不移"的吴焕先，"杀得了詹谷堂，灭不了共产党"的詹谷堂，"保守党的秘密，死不叛党"的程儒香等党的优秀儿女是其中杰出的代表。党性和人民性从来都不是割裂的，没有脱离人民性的党性，也没有脱离党性的人民性。对党忠诚作为党性的核心和灵魂，也必然要落实到为民造福的行动中。我们必须以对党负责的态度，着力解决好人民群众的"急难愁盼"问题，切实加强和保障民生工作，回应好人民群众最朴素的美好生活期待。

（三）对党忠诚是推进强国建设的必然要求

对党忠诚是救国立国富国强国的强大武器。一部气势如虹的国家发展和民族复兴史就是一部中国共产党人对党忠诚、不懈奋斗的抗争史。中国工农红军能够"倒海翻江卷巨澜"，血战湘江、强渡大渡河、飞夺泸定桥，纵横十余省，长驱二万五千里，靠的正是全体指战员对党忠诚、誓死抗争的坚定意志。中国人民志愿军能够"卫国雄师掀怒潮"，激战云山城、鏖战长津湖、血战上甘岭，抛头颅、洒热血，拼来山河无恙、家国安宁，靠的也是一群"最可爱的人"对党忠诚、保家卫国的强大决心。中国能够"除瘟灭魔镇江城"，迅速打响疫情防控的人民战争、总体战、阻击战、歼灭战，同时间赛跑、与病魔较量，阻断疫情蔓延，赢得战略主动，靠的还是中国人民对党忠诚、同心协力的团结精神。全面建设社会主义现代化国家、实现中华民族伟大复兴业伟事艰、任重道远，只有我们时刻保持对党忠诚的坚贞，凝心聚力、奋发有为，才能任凭风浪起，稳坐钓鱼船，不断推进强国建设、民族复兴。

二　习近平总书记关于对党忠诚的重要论述

为党尽忠、为国尽责是中国共产党人高尚的政治品格。习近平总书记极为重视锻造党员干部的忠诚品格，早在福建任职时他就提出，"当共产党的'官'要造福于民""服从党的事业需要"①，为党员领导干部明确了为官之道。党的十八大以来，习近平总书记把对党忠诚作为全面从严治党的重要内容，进一步提出了"建设忠诚干净担当的高素质干部队伍"②"培养年轻干部，第一条就是教育他们对党忠诚"③ 等一系列重要论述，为全面筑牢对党忠诚根基提供了遵循。

---

① 习近平：《摆脱贫困》，福建人民出版社，1992，第 38~39 页。
② 《习近平：切实贯彻落实新时代党的组织路线 全党努力把党建设得更加坚强有力》，中国政府网，https://www.gov.cn/xinwen/2018-07/04/content_5303550.htm。
③ 习近平：《在全国组织工作会议上的讲话》，人民出版社，2018，第 28 页。

（一）对党忠诚"不是有条件的而是无条件的"

对党忠诚作为共产党员最基本的要求，从来都不是抽象的，而是具体的。2016 年，习近平总书记在中共中央政治局民主生活会上指出："对党忠诚，不是抽象的而是具体的，不是有条件的而是无条件的，必须体现到对党的信仰的忠诚上，必须体现到对党组织的忠诚上，必须体现到对党的理论和路线方针政策的忠诚上。"① 忠诚于党的信仰就是坚定不移相信马克思主义、共产主义和中国特色社会主义，忠诚于党的组织就是对党忠诚老实，做政治上的"明白人"，忠诚于党的理论和路线方针政策就是要不讲条件、不打折扣完成党的决策部署。革命时期，大别山一大批忠诚于党的好儿女，为了心中的信仰，为了完成组织交代的任务，为了坚决执行党的革命路线，不怕流血牺牲，前赴后继，誓死捍卫了入党誓言，书写了可歌可泣的英雄赞歌。今天，广大党员干部要以革命先烈为镜，始终把坚定信仰、牢记组织、履职尽责作为对党忠诚的实际行动，做真正靠得住的优秀共产党员。

（二）对党忠诚"要自觉加强政治历练"

对党忠诚是检验党员干部的试金石。习近平总书记指出，对党忠诚"要自觉加强政治历练，接受严格的党内政治生活淬炼，不断提高政治判断力、政治领悟力、政治执行力，使自己的政治能力同担任的工作职责相匹配"。② 只有接受严格的政治历练，在政治生活这个"大熔炉"中淬炼，对党忠诚才能有牢不可破的基础。大别山创造"28 年红旗不倒"的革命奇迹，靠的正是一批共产党员在政治上的过硬。他们在同敌人的殊死斗争中愈发坚定了政治立场，在残酷斗争环境中誓死捍卫了不改其节、不易其志的革命信念。有杨超烈士留诗："漫天风雪满天愁，革命何须怕断头？留得子胥豪气在，三年归报楚王仇。"今天，我们党的斗争环境有所改变，但面对的执政形势仍然复杂、工作任务依旧繁重，广大党员干部要加强政治历练，

① 《中共中央政治局召开民主生活会 对照贯彻落实党的十八届六中全会精神 研究加强党内政治生活和党内监督措施 中共中央总书记习近平主持会议并发表重要讲话》，共产党员网，https://news.12371.cn/2016/12/27/VIDE1482844201806525.shtml。

② 《习近平在中央党校（国家行政学院）中青年干部培训班开班式上发表重要讲话》，中国政府网，https://www.gov.cn/xinwen/2021-03/01/content_5589536.htm。

在严肃的党内政治中淬炼党性修养，提升本领能力，筑牢担当品格，努力做为党、为国、为民解忧排难的好党员、好干部。

（三）对党忠诚"必须始于足下"

对党忠诚不是简单的口号，而是具体的行动。习近平总书记指出："忠诚不是挂在嘴上、写在纸上的，而是要体现在实际行动上。"① 对广大党员干部来说，对党忠诚是政治标准更是实践标准。这就要求广大党员干部不仅要在政治本领上过硬，更要在任务落实能力上过硬。如果党员干部连自己的"责任田"都撂荒了，那对党忠诚也就成为一句空话。新中国成立七十多年来，从一穷二白到全面建成小康社会，各个工作领域的共产党员正是靠着扎扎实实的具体行动换来了国泰民安、繁荣昌盛。今天，迈上新征程创造新伟业，广大党员干部不仅要继续保持扎实的工作作风，在实干苦干中做好本职工作，同时要做到努力办实事、求实效，努力把工作做到群众的心坎里，在不断为民造福中诠释对党忠诚。

（四）对党忠诚"要大力加强对党忠诚教育"

开展忠诚教育是党员干部党性教育的重要任务。习近平总书记指出："要大力加强对党忠诚教育，学习宣传先进典型，引导党员、干部见贤思齐，把对党忠诚纳入家庭家教家风建设。"② 筑牢忠诚品格既需要自我修养，也需要党组织教育监督。就如何开展忠诚教育，习近平总书记也进一步指引了方向、明确了路径。例如以党内集中性学习教育活动为抓手厚植忠诚，以党规铁纪捍卫忠诚，以红色文化资源涵养忠诚，以重温入党誓词、入党志愿书等活动形塑忠诚，以优良家风家教培育忠诚等。革命时期，大别山一大批优秀共产党员为了中国的革命事业抛头颅、洒热血，捍卫了对党忠诚的铮铮誓言。今天，我们党面临的"四大考验""四种危险"仍然复杂严峻，广大党员干部务必要自觉接受忠诚教育，将忠诚观念内化于心、外化于行，努力为开创中国特色社会主义事业发展新天地而忠诚奋斗。

---

① 《习近平在全国组织工作会议上的讲话》，共产党员网，https：//www.12371.cn/2018/09/17/ARTI1537150840597467.shtml。

② 《习近平：在中央和国家机关党的建设工作会议上的讲话》，人民网，http：//politics.people.com.cn/n1/2019/1101/c1024-31433194.html。

三　全面筑牢忠诚根基，守好政治关

党员干部政治上要过关，对党忠诚始终是第一位的。习近平总书记指出："对党忠诚，是共产党人首要的政治品质。"① 党的十八大以来，河南认真贯彻落实党中央关于全面从严治党的决策部署，多措并举强化党员干部忠诚教育，全省党员干部队伍对党忠诚的信念更加坚定、干事创业的精神更加振奋，全面建设现代化河南的力量也更加凝聚。

（一）开展党史学习教育，用"教科书"坚定对党忠诚本色

中国共产党的百年奋斗历史凝结着党的优良作风和光荣传统，是一部生动体现对党忠诚的"教科书"。党的十八大以来，党中央极为重视党史学习教育，强调要不断从党史学习教育中增长智慧、凝聚力量。尤其在 2021 年，中共中央先后两次下发通知，在全党全军就开展党史学习教育作出部署安排，并要求各地区各部门要认真遵照执行。河南严格落实党中央部署，推动党史学习教育在中原大地全面展开。例如充分挖掘大别山党史资源，传承弘扬大别山精神，赓续红色血脉；开展文艺展演，录制大别山精神的红色剧目《银杏树下》《山茶花开》等，演绎感天动地的红色故事；推动大别山精神融入思政课，发挥立德树人的作用。通过深入开展党史学习教育，全省上下汲取了丰厚滋养、凝聚了前进力量，推动中原更加出彩、精神饱满、干劲十足。

（二）严肃党内政治生活，用"大熔炉"淬炼对党忠诚品格

严肃认真的党内政治生活是保持共产党员先进性和纯洁性的重要法宝。党的十八大以来，以习近平同志为核心的党中央将严肃认真的党内政治生活作为全面从严治党的重要抓手，强调管党治党首先要从党内政治生活管起来、严起来。河南各地认真贯彻党中央关于严肃党内政治生活的重大要求，坚持以严的举措、实的作风加强和规范党内政治生活，推动各级党组织党内政治生活成为解决问题的"金钥匙"、纯洁党风的"净化器"。例如

---

① 《习近平在中央党校（国家行政学院）中青年干部培训班开班式上发表重要讲话》，中国政府网，https://www.gov.cn/xinwen/2021-03/01/content_5589536.htm。

河南新县纪委监委融大别山厚重的红色历史于"政治生日"活动之中，让广大党员从百年党史中汲取做好新时代纪检监察工作的智慧和力量。河南省事管局赴信阳罗山何家冲开展"挺进大别山 重走长征路"活动，了解红军长征的光辉历程，感悟伟大的大别山精神。通过认真过好党内政治生活，广大党员坚定了理想信念、锻造了能力作风。

（三）强化基层政治历练，用"广阔舞台"磨砺对党忠诚意志

宰相必起于州部，猛将必起于卒伍。到基层一线和艰苦地区开展政治历练是党员干部尤其是年轻党员干部磨砺忠诚意志、增长才干的重要途径。党的二十大报告明确指出，"把到基层和艰苦地区锻炼成长作为年轻干部培养的重要途径"①。近年来，河南各地传承弘扬大别山精神，选拔优秀年轻党员干部到基层一线开展政治历练，磨砺年轻干部坚韧不拔、勇于奉献的品格。例如，2015～2018年，南阳市选派不同单位、不同职务的1156名干部到工作最艰巨最繁重的农村脱贫攻坚一线经风雨、见世面、壮筋骨、长才干。2022年，驻马店市选派296名选调生到农村任职，通过在乡村基层接地气、打基础、学本领，促使他们尽快成长成熟起来。通过下沉基层进行"蹲苗育苗"，一大批年轻党员干部成长为服务群众的行家里手，锻造了一支担当实干的干部队伍。

（四）注重先进典型示范，用"榜样标杆"营造对党忠诚氛围

崇尚英雄才会产生英雄。树典型、立示范是我们党开展忠诚教育的重要手段。党的十八大以来，以习近平同志为核心的党中央高度重视荣誉表彰工作，先后评选了"两优一先"，表彰了"改革先锋"，授予杰出人物"共和国勋章""国家荣誉称号"等，充分发挥了党和国家功勋荣誉表彰的精神引领、典型示范作用。近年来，河南注重发挥典型示范作用，开展了一系列荣誉表彰工作，营造了对党忠诚浓厚氛围。例如，在全省表彰"两优一先"的名单中，孕育大别山精神的革命老区有120名个人和89个集体荣获表彰，他们以对党和人民的赤胆忠诚，表现出新时代革命老区共产党

---

① 习近平：《高举中国特色社会主义伟大旗帜 为全面建设社会主义现代化国家而团结奋斗——在中国共产党第二十次全国代表大会上的报告》，人民出版社，2022，第67页。

人的政治担当。通过表彰先进、树立标杆，全省广大党员干部营造了争当先进、竞相出彩的良好氛围，更加有力地推动了河南现代化建设的伟大实践。

第二节　用大别山精神补足精神之钙

坚定的理想信念是中国共产党人的政治灵魂。在大别山革命时期，中国共产党领导的红军队伍几经挫折而奋起不倒，遭遇千险而勇往直前，靠的正是有坚定的理想信念支撑。习近平总书记指出："历史和现实都告诫我们：全党理想信念坚定，党就拥有无比强大力量。"[①] 今天，我们全面推进社会主义现代化强国建设，还要经历很多爬坡过坎、闯关夺隘的斗争，道路之艰险并不亚于大别山时期的革命抗争。我们必须传承好大别山精神中坚守信念的基因，深刻领悟坚定的理想信念的重大意义，学深悟透习近平总书记关于坚定理想信念的重要论述，坚守共产党人的精神家园，为全面补足精神之钙守好思想关。

一　"心有所信，方能行远"

"叹息青青长不改，岁寒霜雪贞松枝"。青松傲骨，自古以来就是理想信念坚定的象征。回望党的百年奋斗史，中国共产党带领中国人民进行的一切斗争、一切牺牲、一切创造，靠的正是一代又一代中国共产党人青松傲骨般的操守和气节。

（一）坚定理想信念是中国共产党人的胜利之"本"

诗人流沙河有诗云："理想是石，敲出星星之火；理想是火，点燃熄灭的灯；理想是灯，照亮夜行的路；理想是路，引你走到黎明。"对中国革命而言，理想信念就是中国共产党的石、火、灯、路，始终指引着中国共产党人向着伟大的事业奋勇前进。革命时期，大别山无数共产党员坚定共产主义信念，与党同心、矢志不渝，为实现共产主义不惜献出自己的生命。漆德玮、高敬亭、姜镜堂、刘泽祥、桂干生等一大批优秀共产党员恪守信

---

① 习近平：《推进党的建设新的伟大工程要一以贯之》，《求是》2019 年第 19 期。

念、英勇战斗、慷慨捐生，用鲜血与生命守住了革命理想，守住了大别山红色政权。坚定的理想信念是中国共产党人战胜一切艰难险阻的精神脊梁，更是中国共产党不断取得革命胜利的重要保证。

（二）坚定理想信念是中国共产党人发挥先锋作用之"魂"

理想信念是中国共产党百年奋斗的精神动力。党员干部具有坚定的理想信念，就会守初心、担使命，做好自己的本职工作，时时处处想着发挥先锋模范作用。2012年被授予信阳市"五一劳动奖章"，2020年荣获全省优秀共产党员称号的信阳市中心医院的副院长高兴军，是大别山精神的忠实践行者。2020年，新冠疫情突发而来，高兴军主动请缨担任信阳市中心医院新冠肺炎医疗救治专家组组长。他说："我是一名普通劳动者，更是一名医务工作者，最终是一名共产党员。"正如他所言，作为一名医务工作者，他胸怀大爱，用心对待每一位患者，作为一名共产党员，他信念坚定，恪守职责，以实际行动践行着共产党人的初心和使命。今天，在大别山革命老区，还有很多像高兴军一样优秀的共产党员，他们以坚定的理想信念发挥着新时代中国共产党人的先锋模范作用，用实际行动传承弘扬着大别山精神。

（三）坚定理想信念是实现中国梦的力量之"源"

"民之所忧，我必念之；民之所盼，我必行之"，这是中国共产党人对理想信念最朴素、最直接的回答。回看沉重历史，鸦片战争后西方列强对我国蚕食鲸吞，中华民族山河破碎、苦难深重，无数仁人志士救亡图存、流血牺牲。中国共产党自成立之初，就把为中国人民谋幸福、为中华民族谋复兴作为初心使命，团结带领中国人民改天换地、开天辟地、翻天覆地、惊天动地，推动中华民族伟大复兴进入了不可逆转的历史进程。实现中华民族伟大复兴的中国梦作为中国共产党人执政的理想信念，为中华民族构建了牢固的价值认同，为每个中国人注入了强烈的家国情怀，成为每一个中华儿女的共同期盼。正是在共同理想信念的指引下，广大人民群众推进强国建设、民族复兴的积极性、主动性和创造性被极大地调动，凝聚起了万众一心、团结奋进的磅礴力量。

二　习近平总书记关于理想信念的重要论述

雄关漫道、战胜艰险，理应激荡信念的力量。习近平总书记极为重视加强党员干部的理想信念，早在浙江工作期间他就指出，党员干部要坚定理想信念，形成内在的"定力"，理想信念是认识问题，也是实践问题，为广大党员干部保持先进性指明了方向。党的十八大以来，习近平总书记把坚定理想信念作为党的思想建设的首要任务，明确提出要"坚定对马克思主义的信仰""坚定共产主义和社会主义的信念"① 等一系列重要论述，为广大党员干部补足精神之钙提出了要求。

（一）"革命理想高于天"②

崇高的革命理想是中国共产党人不断前进的旗帜。习近平总书记多次在公开场合提到"革命理想高于天"，并认为革命理想是中国革命成功的奥秘所在。在广西考察调研时他指出："红军将士视死如归、向死而生、一往无前，靠的是理想信念。"③ 在江西考察时他强调，"在中央苏区和长征途中，党和红军就是依靠坚定的理想信念和坚强的革命意志，一次次绝境重生，愈挫愈勇，最后取得了胜利，创造了难以置信的奇迹。"④在纪念周恩来同志诞辰的座谈会上他说："中国共产党能够历经挫折而不断奋起，历尽苦难而淬火成钢，归根到底在于千千万万中国共产党人心中的远大理想和革命信念始终坚定执着，始终闪耀着火热的光芒。"⑤在庆祝中国人民解放军建军 90 周年大会上他指出："崇高理想信念是人民军队勇往直前的精神

---

① 《习近平在中共中央政治局第二十六次集体学习时强调 时时铭记事事坚持处处上心 以严和实的精神做好各项工作》，人民网，http：//politics. people. com. cn/n/2015/0912/c1024 - 27575812. html。
② 《习近平：在庆祝中国共产党成立 95 周年大会上的讲话》，中国政府网，https：//www. gov. cn/xinwen/2021-04/15/content_5599747. htm。
③ 《习近平谈湘江战役：中国革命成功的奥秘就是靠理想信念》，海外网百家号，https：// baijiahao. baidu. com/s？id=1698068542394254205&wfr=spider&for=pc。
④ 习近平：《坚定理想信念 补足精神之钙》，《求是》2021 年第 21 期。
⑤ 《习近平：在纪念周恩来同志诞辰 120 周年座谈会上的讲话》，中国政府网，https：// www. gov. cn/xinwen/2018-03/01/content_5269870. htm。

力量，是全军将士心中熊熊燃烧的火炬"。① 在中央党校县委书记研修班上他指出："实现共产主义是我们共产党人的最高理想，而这个最高理想是需要一代又一代人接力奋斗的。"② 在新的赶考之路上，只要我们始终坚定"革命理想高于天"，就一定能够在应对各种困难挑战中披荆斩棘、高歌猛进，不断推动中国特色社会主义伟大事业向前发展。

（二）"理想信念就是共产党人精神上的'钙'"

一个人的身体上缺钙会导致骨质疏松，同样共产党员如果理想信念不坚定，精神上也会得"软骨病"。习近平总书记形象地指出："理想信念就是共产党人精神上的'钙'，没有理想信念，理想信念不坚定，精神上就会'缺钙'，就会得'软骨病'。"③ 思想上松一寸，行动上就会偏一尺。对党员领导干部来说，信仰信念不坚定，思想就容易滑坡，就容易生活腐化、政治变质。例如一些违纪违法的党员领导干部落马后，忏悔反思最多的就是在利益诱惑面前不能洁身自好，逐渐丧失了共产党人的理想信念，忘记了全心全意为人民服务的初心。中国共产党是中国特色社会主义事业的领导核心，肩负着实现中华民族伟大复兴的历史使命，广大党员干部是完成这一伟大使命的重要保障，只有坚定理想信念，补足精神之钙，培固思想之元，才能不断为中国特色社会主义事业发展添砖加瓦、贡献力量。

（三）"马克思主义是我们共产党人理想信念的灵魂"

马克思主义是中国共产党人的精神支柱。习近平总书记指出："背离或放弃马克思主义，我们党就会失去灵魂、迷失方向。"④ 中国共产党一路走来，无论是取得胜利还是遭遇挫折，从未动摇对马克思主义的坚定信仰，也正是依靠这份执着和坚定，中国共产党才能在马克思主义的指引下创造百年辉煌，中国人民才能过上富足富裕的生活。马克思主义是精神支柱，

---

① 《习近平：在庆祝中国人民解放军建军 90 周年大会上的讲话》，共产党员网，https：//news. 12371. cn/2017/08/01/ARTI1501594152629205. shtml。
② 习近平：《坚定理想信念 补足精神之钙》，《求是》2021 年第 21 期。
③ 《习近平在十八届中共中央政治局第一次集体学习时的讲话》，共产党员网，https：//fuwu. 12371. cn/2012/11/19/ARTI1353290120629432. shtml。
④ 《习近平主持中共中央政治局第四十三次集体学习》，中国政府网，https：//www. gov. cn/xinwen/2017-09/29/content_5228629. htm。

也是看家本领，更是认识真理、追求真理的理论，它蕴含着科学的世界观和方法论，是认识世界、改造世界的强大理论武器。广大党员干部通过学习马克思主义可以增长智慧、拓宽视野、打开格局，避免陷入少知而迷、不知而盲、无知而乱的困境。

（四）"崇高信仰、坚定信念不会自发产生"

信仰的种子需要用心栽培，方能生根发芽。习近平总书记指出："要炼就'金刚不坏之身'，必须用科学理论武装头脑，不断培植我们的精神家园。"① 政治上的清醒来源于理论上的坚定，坚定理想信念要不断强化理论武装。党的创新理论蕴含着丰富的"道"和"理"，是指导我们处理一切工作的根本遵循，必须通过学深悟透来廓清理论是非，坚定信仰追求。理想信念只有见诸行动才有说服力，党员干部只有在实践中经受考验，理想信念才能"风雨不动安如山"。像守岛 32 载的王继才、太行"新愚公"李保国、深藏功名的张富清，他们以"信一辈子、守一辈子"的虔诚执着，诠释着新时代中国共产党人最坚定的信仰追求。广大党员干部要时刻保持对理想信念的激情和执着，做到知行合一、言行一致，以实际行动为实现共产主义远大理想而不懈奋斗。

三 全面补足精神之钙，守好思想关

坚守信念是大别山精神的核心所在。对马克思主义的信仰、对中国革命必胜的信念，是大别山区共产党人进行艰苦卓绝斗争的强大武器。党的十八大以来，河南认真学习贯彻落实习近平总书记关于理想信念的重要论述，多措并举补足党员干部的精神之钙，全省广大党员干部队伍的理想信念更加坚定、能力作风更加过硬，确保了河南现代化建设有力地向前推进。

（一）注重在强化理论武装中坚定理想信念

革命时期，中国共产党人深信中国革命必然胜利的一个重要原因，就是他们知道"遵从马列无不胜，深信前途会伐柯"。新时代党的创新理论作为科学的理论指南，是真理之力、思想之力、实践之力。今天，在理论学

---

① 习近平：《坚持用马克思主义及其中国化创新理论武装全党》，《求是》2021 年第 22 期。

习上坚定理想信念，必须首先要深入学习习近平新时代中国特色社会主义思想。党的十八大以来，河南始终把学习宣传贯彻习近平新时代中国特色社会主义思想作为头等大事，不断强化党员干部理论武装。例如抓住"关键少数"，充分发挥党委（党组）理论学习中心学习的带动作用，激发领导干部示范引领效应，确保了思想理论武装的实效。又如河南依托"学习强国"学习平台，将党的创新理论武装融入工作、融入生活，成为习惯、成为自觉。

（二）注重在传承弘扬红色基因中坚定理想信念

红色基因是中国共产党宝贵的精神财富。习近平总书记指出："我们要铭记光辉历史、传承红色基因"[①]。中原大地是培养革命英雄的热土，蕴藏着深厚的红色资源，在这里诞生的大别山精神等宝贵财富，激励着一代代中原儿女不忘初心、接续奋斗。河南十分重视发挥红色资源"活教材"的作用，教育引导广大党员干部要在感悟红色精神中不断坚定理想信念。例如信阳市充分利用红色教育基地的作用，深挖红色资源中蕴含的坚定理想信念故事，诠释革命先烈的使命担当，推动广大党员干部不断积聚奋进新时代的力量。驻马店市确山县深度挖掘红色资源，融合打造形成"两馆两址一园"的红色教育点，成为教育党员干部强化党性锻炼的主阵地，打造了豫南红色教育的璀璨明珠。

（三）注重在抓实党内集中学习教育中坚定理想信念

革命时期，重视党内教育是确保革命政权稳固的重要工作。尤其是在刘邓大军千里挺进大别山时期，邓小平同志曾多次开展形势教育、纪律教育，为顺利完成党中央赋予的伟大战略任务奠定了思想基础。党的十八大以来，党中央先后开展了多次党内集中学习教育，汇聚了全党上下一心、团结奋进的强大力量。河南严格贯彻落实党中央决策部署，扎实开展党内集中学习教育，进一步坚定了党员干部理想信念、提升了能力素质。例如

---

① 《习近平在参观"铭记光辉历史 开创强军伟业"主题展览时强调 铭记光辉历史 传承红色基因 为把人民军队建设成为世界一流军队而不懈奋斗》，共产党员网，https://news.12371.cn/2017/07/21/ARTI1500643102667947.shtml。

2016年开展"两学一做"学习教育，河南结合本省实际，通过开展"坚持忠诚干净担当，做焦裕禄式的好干部""践行先锋标准，岗位建功立业"两大活动，引导广大党员干部发挥先锋模范作用。又如2023年开展学习贯彻习近平新时代中国特色社会主义思想主题教育，河南紧扣主题聚焦主线，深入学习领会党的创新理论，为广大党员干部明晰了奋斗方向、坚定了理想信念、增长了智慧力量。

（四）注重在切实增强道德建设中坚定理想信念

高尚的道德品质是红色传统的重要体现。大别山革命时期，在吴焕先、戴克敏、曹学楷等不怕死、不要家、不要钱的一批志士仁人影响下，大别山军民团结一心，无私奉献、一心为民，创建了鄂豫皖辖区第一块革命根据地。习近平总书记指出："全党同志都要明大德、守公德、严私德"①。河南各地在加强党的建设方面，始终把道德建设作为党员干部坚定理想信念的基础性工程抓牢抓实。例如开封尉氏县建立积分考德公示制度，开展对公务员"德"的考核评价工作，并将其作为年终评优和提拔选任的重要参考依据。焦作武陟县通过"日记式""分解式""家访式"考核方式，了解科级党员干部的德行表现，全方位、多层次识别干部。

第三节　用大别山精神建强战斗堡垒

源浚者流长，根深者叶茂。党的基层组织是党在社会基层组织中的战斗堡垒。大别山革命时期，从成立鄂豫皖边区第一个陈策楼党小组开始，党的基层组织如雨后春笋般不断发展壮大，推动鄂豫皖苏区成为我党重要的建党基地。今天，建强战斗堡垒作为我们党奋进新征程的必修课，必须传承好大别山革命时期的建党精神，深刻领悟加强基层党组织建设的重大意义，学深悟透习近平总书记关于基层党组织建设的重要论述，推动基层党组织全面进步全面过硬，为全面建强战斗堡垒守好组织关。

---

① 习近平：《在"七一勋章"颁授仪式上的讲话》，《党建研究》2021年第7期。

一 "欲筑室者，先治其基"

欧阳修曾在《奏议集·论修河第一状》中说："臣恐地动山摇，灾祸自此而始。"基础不牢，地动山摇是一个形象比喻，用来说明打牢基础的重要性。党的基层组织是党执政大厦的根基，根基固则大厦坚，根基松则大厦倾。一百多年来，我们党团结带领中国人民将一个积贫积弱、满目疮痍的旧中国建设成为一个蒸蒸日上、繁荣富强的社会主义新中国，其中一条十分重要经验就是，党的基层组织在中国革命、建设、改革的不同时期都发挥了强大的创造力、凝聚力和战斗力。

（一）建强战斗堡垒是巩固党执政之基的关键

建强战斗堡垒是确保党始终成为坚强领导核心的基础。在党的历史上，党的基层组织坚强有力，执政基础坚如磐石。革命时期，我党先后在鄂东地区组建中共黄安工作组、中共麻城工作组，在皖西地区成立中共寿县小甸集特别支部，在豫东南地区建立了商城和光山两个党小组，各地陆续建立起党的组织，竖起了领导革命的红旗，巩固了党当时在鄂豫皖地区的执政基础，开启了大别山革命斗争的新纪元。今天，我们党领导中国人民以中国式现代化推进中华民族伟大复兴，仍然面临着长期复杂的执政考验，必须不断建强战斗堡垒，推动各项工作有效贯彻执行，以确保党的领导始终坚强有力。

（二）建强战斗堡垒是全面推进乡村振兴的保障

基层党组织是全面推进乡村振兴的"主力军"。全面推进乡村振兴是一项结构复杂的综合性工程，涉及经济、社会、文化、生态等多个层面相关政策的落实和执行，而党的基层组织是确保党的战略部署、路线方针、政策措施贯彻落实的基础，因此建强战斗堡垒是全面推进乡村振兴的重要组织保障。河南在取得脱贫攻坚伟大胜利的过程中，坚持加强基层党建与脱贫攻坚相结合，整顿软弱涣散基层党组织，注重强化基层党组织服务支撑，筑牢脱贫攻坚的"主阵地"，最终确保了河南现行标准下的农村贫困人口实现脱贫。我们必须把建强战斗堡垒作为全面推进乡村振兴的重要抓手，着力提高基层党组织的战斗力和创造力，确保乡村振兴不断取得新成效。

（三）建强战斗堡垒是全心全意为人民服务的需要

党的力量来自组织，建强战斗堡垒是坚守为民初心、践行服务宗旨的可靠保障。新时代党的建设取得的重大成就充分说明，基层党组织越坚强有力，人民群众的获得感幸福感就越充足。党的十八大以来，党中央坚定不移推进全面从严治党向纵深发展，树立大抓基层的鲜明导向，选优配强基层党组织带头人，人民群众的幸福生活有了领路人。着力解决新经济组织、新社会组织和新就业群体党建工作中的薄弱问题，扩大党的组织覆盖和工作覆盖，保证了新兴组织群体能够有序参与基层治理和行业治理。坚决纠正、严肃处理基层党员干部不作为、乱作为等问题，推动基层广大党员干部不断提升思想境界、转变工作作风，以更加奋发有为的精神状态为人民造福。

二　习近平总书记关于基层党组织建设的重要论述

建强战斗堡垒，重视基层党组织建设是推进全面从严治党的重要内容。习近平总书记极为重视加强基层党组织建设，在正定工作期间他就提出："建设适应四化需要的基层党组织"①，不断加强党员的教育和管理，要按照新党章对党员进行党性党纪教育，加强无产阶级的世界观教育，坚决纠正党内的不良风气。党的十八大以来，习近平总书记把加强基层党组织建设作为巩固党的执政之基力量之源的重要内容，明确提出"基层党组织的领导地位不能动摇""加强基层党组织带头人队伍建设""推进党的基层组织设置和活动方式创新"等一系列重要论述，为建强战斗堡垒提供了科学遵循。

（一）"基层党组织的领导地位不能动摇"

党政军民学，东西南北中，党是领导一切的。坚持基层党组织的领导地位不动摇是我们党做好基层工作的内在要求，也是我们党领导一切工作的前提和基础。习近平总书记指出："无论农村社会结构如何变化，无论各类经济社会组织如何发育成长，农村基层党组织的领导地位不能动摇、战

---

① 习近平：《知之深　爱之切》，河北人民出版社，2015，第 75 页。

斗堡垒作用不能削弱。"① 针对当前在企业、高校、社会组织中党的领导落实到基层时出现的"中梗阻"现象，他明确指出："要加强企业、农村、机关、事业单位、社区等各领域党建工作，推动基层党组织全面进步、全面过硬。"② 针对农村基层党组织作用虚化甚至边缘化的问题，新修订的《中国共产党农村基层组织工作条例》，对农村基层党组织开展工作作出全面规范，进一步强化了农村基层党组织的领导地位。基层党组织作为党的坚强战斗堡垒，坚持其领导地位不动摇，既是"两个维护"政治要求的集中体现，也是党的政治、思想和组织领导落实到基层的保证。

（二）"加强基层带头人队伍建设"

加强基层党组织建设关键要抓好带头人。习近平总书记在基层调研时多次指出："火车跑得快，全靠车头带，要加强基层党组织带头人队伍建设"。③ 加强基层带头人队伍建设，要坚持正确的选人用人导向，拓宽渠道选准人。习近平总书记指出："贯彻新时代党的组织路线，建设忠诚干净担当的高素质干部队伍是关键，重点是要做好干部培育、选拔、管理、使用工作。"④ 他还指出："对干部最大的激励是正确用人导向，用好一个人能激励一大片。对敢于负责、勇于担当、善于作为、实绩突出的干部，要及时大胆用起来，让干部看到只要真干事、能干事、干成事，组织上是不会埋没的。"⑤ 加强基层带头人队伍建设，还需要对基层党员干部不断进行教育培训。党中央就加强党员干部建设专门印发了《2018—2022 年全国干部教育培训规划》，就是要着眼培养守信念、讲奉献、有本领、重品行的高素质专业化基层干部队伍。

---

① 中共中央党史和文献研究院：《习近平关于"三农"工作论述摘编》，中央文献出版社，2019，第 185 页。

② 《习近平在全国组织工作会议上的讲话》，共产党员网，https：//www.12371.cn/2018/09/17/ARTI1537150840597467.shtml。

③ 《习近平在广东考察时强调 高举新时代改革开放旗帜 把改革开放不断推向深入》，《光明日报》2018 年 10 月 26 日。

④ 《习近平：切实贯彻落实新时代党的组织路线 全党努力把党建设得更加坚强有力》，人民网，http：//dangjian.people.com.cn/n1/2018/0705/c117092-30126876.html。

⑤ 《习近平在全国组织工作会议上的讲话》，共产党员网，https：//www.12371.cn/2018/09/17/ARTI1537150840597467.shtml。

（三）"推进党的基层组织设置和活动方式创新"

进入新时代以来，面对大规模的人口流动和多样化的组织形式给基层党组织建设带来的困境，习近平总书记指出："要以提升组织力为重点，突出政治功能，健全基层组织，优化组织设置，理顺隶属关系，创新活动方式，扩大基层党的组织覆盖和工作覆盖。"① 在社区基层党组织建设中要始终贯穿一条红线，以多种方式探索基层治理的有效路径。在农村基层党组织建设中要围绕脱贫攻坚和乡村振兴，创新党建工作方式，打造地方特色样板。在非公有制企业基层党组织建设中要采取多种方式抓好党建工作覆盖面，强化政治核心引领作用。按照习近平总书记的指导要求，各地根据实际工作需要创新基层党组织的设置和活动方式，相继推出"党建+""网格型""统联式"等，有效促进党的基层组织担当作为、发挥作用。

三　全面建强战斗堡垒，守好组织关

锻造坚强有力的战斗堡垒是我们党推进革命改革发展的"顶梁柱"。革命时期，大别山地区的军队基层党组织和地方基层党组织在提升革命队伍战斗力、加强思想宣传、推动生产发展方面发挥了重要作用，确保了红色政权的稳固存在。党的十八大以来，河南大抓基层党组织建设，坚持不懈对基层党组织铸魂塑形，推动基层党组织堡垒作用充分发挥，确保了党旗始终在基层一线高高飘扬。

（一）强化理论学习，为基层党组织"铸魂"

重视理论学习是中国共产党的优良传统。中国共产党依靠学习走到今天，也必然要依靠学习走向未来。基层党组织是贯彻落实党的决策部署的"最后一公里"，必须通过强化理论学习凝心铸魂，确保在思想和行动上与党中央始终保持高度一致。河南各级党委要求基层党组织始终要在理论学习上走在前、做表率，不断通过学党的创新理论、学党的历史、学红色精神、学党章党规、学党纪来培根铸魂、启智润心、锻造作风。例如信阳市

---

① 《习近平：切实贯彻落实新时代党的组织路线 全党努力把党建设得更加坚强有力》，人民网，http：//dangjian.people.com.cn/n1/2018/0705/c117092-30126876.html。

商城县在"两学一做"学习教育中，发布《关于在全县组织开展"学党章党规、学系列讲话，做合格党员"主题党课的通知》，要求各级党组织书记要带头上"两学一做"专题党课，突出"准、实、严"，推动"两学一做"学习教育向纵深发展。又如南阳市桐柏县安棚镇，制定《安棚镇党委理论学习中心组党纪学习教育工作计划》，利用"三会一课"、主题党日、视频警示教育、知识竞赛等方式，组织基层党员原原本本学、沉浸体验学、融入日常学，推动党纪学习教育入脑入心。

（二）强化纪律规矩，为基层党组织"塑形"

纪律治党治军是我们党的鲜明品格。早在革命斗争年代，我们党提出"三大纪律八项注意"，为打造铁一般思想、铁一般纪律的人民军队提供了强有力的纪律保证。新时代新征程，建强战斗堡垒也必须通过强化纪律规矩为基层党组织"塑形"。河南各地在推动基层党组织建设的过程中，坚持把严明的纪律规矩摆在突出位置，确保基层党组织始终成为最坚实的力量支撑。例如驻马店市纪委监委将持续开展经常性的纪律教育纳入基层党组织的工作职责和日常工作中，以经常抓、深入抓、持久抓的韧劲，让广大基层党员干部在润物细无声式的常态化教育中增强遵规守纪的自觉，开创了基层党组织纪律严明的良好局面。又如信阳市浉河区五星街道纪工委对社区两委成员工作情况进行专项监督检查，确保以过硬的作风加强党员监督管理，同时，严抓考勤制度，按照"查岗时间随机、查岗人员随机"的原则，不定期现场查岗，全面加强街道机关和社区（居委会）纪律建设，营造积极进取、团结向上的良好工作环境。

（三）强化实干担当，为基层党组织"壮骨"

实干担当是我们党成就百年辉煌的重要法宝。建强战斗堡垒"铸魂"和"塑形"还不够，还需要将"魂""形"融合，以强化实干担当为基层党组织"壮骨"。近年来，河南以"五星"支部创建为载体、以切实基层减负为抓手，有效压实了基层党组织的实干担当，发挥"红色引擎"作用。例如，南阳市唐河县寨铺镇自"五星"支部创建工作开展以来，紧紧围绕"产业兴旺星、生态宜居星、平安法治星、文明幸福星、支部过硬星"创建要求，明确"产业带动、典型引路、示范先行"的思路，不仅推动"五星"

支部创建工作走深走实，也使基层党员干部工作更加务实。又如驻马店市遂平县通过持续整治"指尖上"的形式主义，让基层党员干部从一些不必要的微信工作群中"解绑"出来，把宝贵的资源和精力用在帮助群众想办法、找出路、解难题上，扎实推动了基层工作。

第四节　用大别山精神锻造干部队伍

为政之要，唯在得人。干部队伍是我们党推进治国理政的中坚力量。干部队伍的素质能力、作风形象、精神状态，决定着事业发展的成效乃至成败。在革命战争年代孕育的大别山精神蕴藏着加强干部队伍建设的红色基因，那里有"山山埋忠骨、岭岭铸忠诚"的忠诚史诗，有"军民一心、不拿群众一针一线"的廉洁赞歌，还有"保卫苏区、保卫人民"的担当华章。今天，我们加强干部队伍建设必须深刻领悟高素质干部队伍建设的重大意义，学深悟透习近平总书记关于干部队伍建设的重要论述，坚持不懈用大别山精神涵养干部队伍，为全面锻造干部队伍守好能力关。

一　"育才造士，为国之本"

自古以来，为政者就十分注重吏治，像"为人择官者乱，为官择人者治""疾风知劲草，板荡识诚臣"等，都是非常重要的吏治思想。中国共产党作为中国人民和中华民族的先锋队，历来重视加强干部队伍建设，并将锻造高素质的干部队伍作为进行伟大斗争、开辟伟大事业的重要力量。新时代新征程，我们党推进干部队伍建设必须首先深刻认识加强高素质干部队伍建设的重大意义。

（一）加强高素质干部队伍建设能够凝聚党心民心

凝聚党心民心是确保党的事业顺利发展的保障。加强高素质干部队伍建设能够锻造广大党员干部以身作则、清正廉洁、为民服务的能力和作风，赢得人民群众的信任和支持，增强党同人民群众的血肉联系，继而凝聚起推动社会发展的强大力量。加强干部队伍建设，凝聚党心民心是我们取得革命胜利的重要法宝。例如，1941 年，为深入总结党的历史经验教训，清算错误路线，教育全党学会运用理论和实际相结合的方法处理中国革命中的具体问题，党中央开展了一场轰轰烈烈延安整风运动。通过反对主观主义、宗派主义和党八股，整顿全党的学风、党风和文风，全党端正了思想方法和政治路线，提高了广大党员干部的马列主义理论水平，极大地凝聚了党心民心，为夺取抗日战争和民主革命的胜利奠定了思想基础。

（二）　加强高素质干部队伍建设能够推动高质量发展

高质量发展是适应新时代经济社会发展的必然选择。加强高素质干部队伍建设能够锻造广大党员干部敏锐的政治洞察力和战略眼光，准确把握时代发展的趋势和方向，为党和国家高质量发展制定科学合理的发展战略和规划，继而引领经济社会朝着更高水平方向前进。党的十一届三中全会后，党中央着眼党的事业后继有人、着眼推动改革开放的发展需要，大力培养选拔了一批年富力强、有知识、懂业务、德才兼备的高素质干部走到领导岗位，正是因为培养造就了一批又一批敢于突破思想障碍和制度藩篱、锐意进取的干部，我们党才始终保持生机活力，战胜了前路上各种严峻挑战，取得了事业发展的巨大成就和进步。

（三）　加强高素质干部队伍建设能够推动改革创新

改革创新是大势所趋。任何政党因循守旧就必然落伍，最后被时代所淘汰。加强高素质干部队伍建设能够锻造广大党员干部的创新意识和创新能力，促使他们突破传统思维和体制机制的束缚，积极探索新的发展模式和方法，推动改革创新不断发展。中国共产党一百多年的奋斗史中，时时处处都体现着"敢为天下先"的改革创新精神。例如，战争年代大别山地区的革命斗争异常残酷，之所以可以保持28年红旗不倒，一个很重要的原因就在于大别山根据地的广大党员干部能够克服困难，充分调动各方面积极性、创造性开展工作，在白色恐怖之下、在重重包围之中，不断寻找生机出路，才始终保存住了革命火种。

二　习近平总书记关于干部队伍建设的重要论述

加强干部队伍建设事关党的事业薪火相传，事关民族发展大计。习近平总书记极为重视加强干部队伍建设，早在福建工作期间他就提出："对党员干部来说，很重要的一条，就是既要做'廉吏'又要当'勤官'"①，"青年干部四忌""为官四要"② 等，为广大基层党员干部明确了为官的基本功和重要原则。党的十八大以来，习近平总书记从担当民族复兴重任的高度出发，把建设高素质干部队伍作为重要抓手，提出要"抓好后继有人这个根本大计""把新时代好干部标准落到实处""加强干部斗争精神和斗争本领养成"等一系列重要论述，为新时代为什么要抓干部队伍建设，怎样抓干部队伍建设指明方向。

（一）"抓好后继有人这个根本大计"

确保党的事业后继有人是实现中华民族伟大复兴的大事要事。习近平总书记指出："抓好后继有人这个根本大计，健全培养选拔优秀年轻干部常态化工作机制，把到基层和艰苦地区锻炼成长作为年轻干部培养的重要途径。"③ 经历风雨，见过世面，干部才能"曾益其所不能"，练就大才，成就大事。大别山革命时期，党的革命干部在白色恐怖中磨砺坚强意志，在革命形势极端险恶的情况下锻炼斗争本领，在同国民党反动派进行殊死的搏斗中增长斗争智慧，塑造了一大批革命将军和英雄，像邓小平、刘伯承、许世友、徐海东、郑维山、程子华等。刀要在石上磨、人要在事上练，在急难险重的基层一线锻炼，干部才能成长更快。例如在抗击疫情、抗洪抢险的斗争中挺身而出、冲锋在前，干部才真正具备责任和担当，关键时候才能靠得住、上得去。

（二）"把新时代好干部标准落到实处"

习近平总书记指出："好干部要做到信念坚定、为民服务、勤政务实、敢于担当、清正廉洁。"④ 这五条好干部标准是习近平总书记对新时期干部队伍建设的殷切希望，也是对我们党干部队伍建设一贯从严要求的继承和

---

① 习近平：《摆脱贫困》，福建人民出版社，1992，第18页。
② 习近平：《摆脱贫困》，福建人民出版社，1992，第33~40页。
③ 《习近平：高举中国特色社会主义伟大旗帜 为全面建设社会主义现代化国家而团结奋斗——在中国共产党第二十次全国代表大会上的报告》，中国政府网，https://www.gov.cn/gongbao/content/2022/content_5722378.htm。
④ 《习近平在全国组织工作会议上强调 建设一支宏大高素质干部队伍 确保党始终成为坚强领导核心》，《光明日报》2013年6月30日。

发展。落实好干部标准，首先最重要的就是看干部的政治素质是否过关，只有真正将做到"两个维护"，增强"四个意识"落实到具体行动上，才是好干部该有的样子。其次就是看是否把人民群众放在心中最高的位置，积极回应人民群众的重大利益关切，解决人民群众的"急难愁盼"。然后是看干部是否在工作中"勤动脑、勤动手、勤动腿"保持勤政，重实际、办实事、求实效坚持务实。再次是看干部是否敢于探索、敢于实践、敢于负责，勇于担当作为。最后就是看干部是不是清清白白为官，踏踏实实干事，时刻保持慎独自省。

（三）"加强干部斗争精神和斗争本领养成"

昂扬的斗争精神、高超的斗争本领是党和人民不可战胜的强大力量。习近平总书记指出："斗争精神、斗争本领，不是与生俱来的。领导干部要经受严格的思想淬炼、政治历练、实践锻炼，在复杂严峻的斗争中经风雨、见世面、壮筋骨，真正锻造成为烈火真金。"①"打虎上山，擒龙下海"。

在重大任务和火热实践中培养锻炼干部的斗争精神、斗争本领是我们党加强干部队伍建设的重要经验。要知道越是基础差、矛盾多的地方，越是能练就干部的"金刚钻"，越是形势严峻、情况复杂的时候，越能练成干部的"铁肩膀"。"船到中流浪更急、人到半山路更陡"。当今世界正处于百年未有之大变局，各种复杂的斗争形势依旧严峻，广大党员干部要迎难而上、挺身而出，不断提升自己的斗争本领，始终以坚韧不拔的意志和无私无畏的勇气战胜前进道路上的一切艰难险阻，为人民群众过上更加幸福的生活而不懈奋斗。

三　全面锻造干部队伍，守好能力关

干部队伍是党和国家事业的中流砥柱。一部大别山革命史既是一部波澜壮阔的斗争史，也是一部中国共产党干部队伍的建设史。大别山区党的干部在革命斗争中所表现出来的忠诚、干净、担当等良好作风，在人民群众心目中树立了良好形象，锻造了一支充满凝聚力和战斗力的队伍，为大

---

① 《习近平在中央党校（国家行政学院）中青年干部培训班开班式上发表重要讲话》，中国政府网，https://www.gov.cn/xinwen/2019-09/03/content_5426920.htm。

别山革命的胜利提供了强有力的保障。党的十八大以来，河南各地深入学习习近平总书记关于干部队伍建设的重要论述，严格落实新时代党的组织路线要求，不断以严的氛围、管的举措、干的导向锻造干部队伍，为实现中原更加出彩提供了坚实的组织保障。

（一）识别干部，树立正确选人用人导向

精准识别干部、选拔干部是加强干部队伍的前提和基础。党的十八大以来，河南各地从严落实党的好干部标准，注重以事择人、以岗选人，把公道正派作为干部工作的核心理念，真正把一大批德才兼备、实绩突出和群众公认的优秀干部提拔到了领导岗位，引导广大干部把心思和精力放在干事创业、为民服务上来。例如，信阳市牢固树立"实绩用干部、以发展论英雄"的用人导向，通过建立干部实绩档案、开展干部日常表现专项纪实、探索"三评两比一综合"考核办法等方式，在脱贫攻坚、疫情防控、项目建设、文明创建、基层治理等主战场，选拔了一批德才兼备、实绩突出的优秀干部，有力带动全市上下工作争先、绩效进位、亮点出彩。又如南阳市把市委、市政府重点工作和重大任务完成情况、绩效考评情况等与干部评先表优、职级晋升、选拔使用等相挂钩，在全市树立了"谁讲政治支持谁、谁敢担当支持谁、谁讲团结支持谁、谁创一流支持谁、谁能干成事支持谁"的导向。

（二）塑造干部，强化日常教育管理监督

强化干部的日常教育管理监督是塑造干部的重要方式，也是推进全面从严治党的必然要求。党的十八大以来，河南各地推动从严管理干部常态化，坚持抓细抓常、抓早抓小，将干部的教育管理监督和选拔任用紧密结合，着力打造高素质干部队伍。例如南阳市从严管理激励干部担当作为，建立领导干部思想汇报制度，构建"两清单一档案一体系"干部担当作为考核评价系统，为科学精准研判、使用干部提供有效支撑。又如驻马店市驿城区为助力年轻干部系好"廉洁扣"，深化"廉政谈话面对面"，与年轻干部谈心谈话，掌握思想动态、工作表现、兴趣爱好及"八小时外"等情况，引导他们培养纪法品德，知敬畏、存戒惧、守底线，筑牢廉洁从政思想防线。

（三）激励干部，综合施策引导担当作为

干部干部，干字为要，担当作为是干部从政的本分。党的十八大以来，河南各地积极落实中央要求，抓住推动干部队伍想干事、敢干事两个关键点，通过综合施策，调动和保护干部队伍的积极性、创造性，激励和引导了干部改革创新、干事创业。例如，信阳市出台《信阳市容错纠错机制实施办法（试行）》，提出要实事求是评价干部，公正对待予以容错纠错的干部，真正为敢于负责、敢于担当、踏实干事的干部撑腰鼓劲。同时提出要严肃查处诬告陷害行为，对查无实据或予以容错的单位和个人，及时澄清事实，消除干部思想顾虑，让他们放下包袱、轻装上阵，引导干部在"五个信阳"建设中勇于担责担难担险，推动全社会形成崇尚创新、敢于担当、真抓实干的浓厚氛围。例如，驻马店市审计局通过实施强化考核激励，激发担当作为"动力源"；落实荣誉激励，保持担当作为"氛围感"；选拔激励，持续担当作为"鲜活性"；选拔激励，持续担当作为"鲜活性"等举措，大力营造了干部加油鼓劲、砥砺奋进的干部干事氛围。

第五节　用大别山精神强化正风肃纪

正风肃纪是中国革命取得胜利的重要经验，更是新时代我们党进行自我革命的必然之举。加强纪律性，革命无不胜。刘邓大军千里挺进大别山时期，面对无后方支援、困难重重的境地，邓小平同志通过整肃部队的纪律和作风，提升了军队的战斗力，赢得人民群众的支持，重建和巩固大别山根据地，完成了中央战略进攻的伟大决策。今天，我们党强调正风肃纪推进党的自我革命，必须深刻领悟正风肃纪的重大意义，学深悟透习近平总书记关于正风肃纪的重要论述，为全面强化正风肃纪守好廉洁关。

一　"正风为先，肃纪为要"

风清气正乾坤朗，纪律严明民心顺。自古以来，正风肃纪就是吏治文化的重要内容。无论是古人的"新松恨不高千尺，恶竹应须斩万竿"，还是今天的"以正风肃纪反腐为重要抓手推进自我革命"都是正风肃纪最鲜明的体现。正风肃纪是我们党一路风雨、一路磨难，还能一路胜利的强大

武器。

（一）正风肃纪是中国革命取得胜利的重要法宝

注重正风肃纪是马克思主义政党开展革命的重要原则。中国共产党人在领导中国革命走向胜利的过程中，始终把正风肃纪挺在前面，从口号到训令，从行军纪律到三大纪律，从六项注意到八项注意，无不体现正风肃纪、纪律严明的革命作风。刘邓大军刚进入大别山时，面临可能出现的政治危机和军事危机，刘邓二位首长立即对全军"约法三章"，严令部队执行"三大纪律八项注意"。在严明纪律的约束下，大别山的革命队伍得到了群众的拥护与爱戴，并能够以大别山为新的起点，迅速扩大战略版图，瓦解和击败国民党军队，不断取得解放战争的胜利。

（二）正风肃纪是社会主义建设顺利推进的关键保障

正风肃纪具有改造思想、提升战斗力、推进发展的重要作用，在社会主义建设事业上扮演着重要角色。新中国成立初期，为使广大干部继续保持谦虚谨慎、不骄不躁和艰苦奋斗的作风，党中央相继开展了整风运动、整党运动。提高了干部和一般党员的思想水平和政治水平，克服了官僚主义和命令主义，改善了党和人民的关系，凝聚了推进社会主义建设发展的主旋律。提高了广大党员的政治觉悟，壮大了党的队伍，纯洁了党的组织，增强了党的战斗力，密切了党和群众的联系，为党领导全国人民迎接新的历史任务，作了思想上和组织上的准备。在社会主义建设时期党通过不断开展正风肃纪，激发了广大干部群众的工作热情和责任感，确保了社会主义建设事业顺利发展。

（三）正风肃纪是进一步全面深化改革的重大要求

正风肃纪作为全面从严治党的重要内容，是进一步全面深化改革的重要驱动力。党的十八大以来，我们党面临改革进入深水区、啃硬骨头的局面，以习近平同志为核心的党中央以坚定的勇气和决心通过强有力的正风肃纪，真管真严、敢管敢严，坚决向影响改革的顽瘴痼疾开刀，逐步扫清了障碍因素，确保改革有效畅通。通过强力纠风除弊，持续整治"四风"，深挖贪污腐败，进行靶向治理，打掉了为不法分子牟取利益的"保护伞"，逐步破除了利益固化藩篱。通过强力反腐惩恶，坚持无禁区、零容忍，"打虎""拍蝇"，遏制增量、清除存量，消解了改革阻力，推动更多改革的红利普惠于民。党的十八大以来我们党通过正风肃纪推进全面深化改革的实践证明，进一步全面深化改革，推进中国式现代化，仍要注重发挥正风肃纪的重要作用。

二　习近平总书记关于正风肃纪的重要论述

强化正风肃纪是推进新时代党的建设新的伟大工程的重要举措。习近平总书记极为重视强化正风肃纪，早在正定工作期间，他就主持制定了《关于改进领导作风的六项规定》来加强作风建设，要求各级领导班子要在"实"和"简"上下功夫、做表率。党的十八大以来，习近平总书记把强化正风肃纪作为全面从严治党的有力抓手，明确提出"锲而不舍落实中央八项规定精神""下大气力解决'四风'问题""反腐败是最彻底的自我革命"等一系列重要论述，为加强党的建设明确了根本遵循。

（一）"锲而不舍落实中央八项规定精神"

"中央八项规定"是新时代加强党的作风建设的铁规矩、硬杠杠。习近平总书记指出："党的十八大以来，我们直面党内存在的种种问题和弊端，从制定和执行中央八项规定破题，解决了新形势下作风建设抓什么、怎么抓的问题，推动了全面从严治党，推动了党风、政风、社风好转。"[①]作风建设是管党治党的永恒课题，关系人心向背以及党的生死存亡，必须长期坚持并不断改进。党的十八大以来，习近平总书记以身作则、率先垂范执行中央八项规定，中央政治局多次召开民主生活会，带头围绕规定落实情况进行对照检查，并诚布公、听取意见，开展批评和自我批评，发挥了良好的典型示范引领作用。各地党委和政府严格贯彻落实中央八项规定精神，严查快处违反中央八项规定精神案件，不断划清"红线"、亮明"底线"，同时注重教育引导党员干部增强群众感情，牢牢抓住保持党同人民群众血肉联系这个作风建设的根本，牢固树立了以人民为中心的执政理念。

---

① 《中共中央政治局召开民主生活会 习近平主持会议并发表重要讲话》，新华网，http：//www.xinhuanet.com/politics/leaders/2018-12/26/c_1123909688.htm。

（二）"下大气力解决'四风'问题"

"四风"问题严重损害群众情感、败坏党的形象，历来是党和人民的"敌人"。习近平总书记指出："要毫不松懈纠治'四风'，坚决防止形式主义、官僚主义滋生蔓延。"[①] 党的十八大以来，党中央"一盘棋"谋划抓"四风"整治，要求各级党组织"一把手"亲自部署、亲自推动，切实履行抓班子、带队伍、正风气的责任。各地对违反"四风"问题坚持"一把尺"问责，通过发现一批问题线索、问责一批党员干部、严肃查处一批顶风违纪典型案件严查"四风"问题。同时紧盯关键时间节点和一些薄弱环节，加强对违规操办婚丧喜庆事宜、公款旅游等问题的监督检查，持续释放了纠治"四风"强烈信号。通过强力纠治"四风"，干部的作风正了，群众的心气顺了，发展的底气足了。

（三）"反腐败是最彻底的自我革命"

腐败能够透支政治信用，瓦解执政根基，是我们党面临的最大威胁。习近平总书记指出："腐败最容易颠覆政权的问题，反腐败是最彻底的自我革命。"[②] 党的十八大以来，党中央以永远在路上的坚忍执着开展反腐败斗争，明确提出"三不腐"的一体反腐败基本方针，强化"不敢腐"的震慑，坚持查处、惩治、震慑不松劲不手软。筑牢"不能腐"的笼子，着重从制度层面堵塞漏洞短板，建立规范权力运行常态长效机制。涵养"不想腐"的自觉，强化思想引领、政策激励、组织关爱，推动党员干部从思想源头上消除贪腐之念。牢固树立反腐败系统观念，从"全周期管理"角度出发，贯通"惩""治""防"三个主要环节，持续放大"三不腐"的叠加效应，推动了反腐败斗争不断向纵深发展，取得压倒性胜利。

三　全面强化正风肃纪，守好廉洁关

良好的作风、严明的纪律是中国共产党不断从胜利走向新的胜利的独

---

① 《习近平在十九届中央纪委五次全会上发表重要讲话》，中国政府网，https://www.gov.cn/xinwen/2021-01/22/content_5581970.htm。

② 习近平：《全面从严治党探索出依靠党的自我革命跳出历史周期率的成功路径》，《求是》2023年第3期。

特优势和重要经验。革命时期，中国共产党领导的人民军队历经土地革命战争、抗日战争、解放战争而确保 28 年红旗不倒，革命烽火熊熊燃烧，靠的正是良好的作风、严明的纪律。党的十八大以来，河南各地深入学习习近平总书记关于正风肃纪的重要论述，始终把正风肃纪作为推进党的自我革命的"规定动作"，严抓作风建设，实抓纪律建设，推动广大党员干部锻造作风、立身实干、争先出彩，为现代化河南建设提供了有力保障。

（一）党纪约束，筑牢廉洁自律的底线防线

党纪是党的根本行为准则，也是实现党的目标和任务的重要保障。党的十八大以来，我们党在坚定不移推进全面从严治党的过程中，始终把强化纪律建设、注重党纪约束放在突出位置，推动广大党员干部在党纪面前守规矩，筑廉洁。河南各地严格贯彻落实党中央全面从严治党的重大要求，注重发挥党纪约束在推进党的自我革命中的重要作用，不断筑牢广大党员干部廉洁自律的底线防线。例如，南阳市委印发《关于进一步严明纪律加强领导干部廉洁自律工作的若干规定》，要求各级领导干部尤其是"一把手"要带头维护纪律的严肃性和权威性，要通过个人有关事项报告、述责述廉、参加民主生活会和组织生活会等，经常开展对照检查、自查自纠，自觉接受组织监督。要带头践行廉洁自律规范，带头坚持"三严三实"，强化自我约束，在廉洁自律上做表率。

（二）制度防腐，完善自我革命的制度体系

制度具有长期性和稳定性的作用，用制度管党治党、防腐治贪是新时代全面从严治党的重要内容。党的十八大以来，党中央坚持用制度管权、按制度办事、靠制度管人，修订或出台了一系列关于推进全面从严治党的制度文件，不断完善自我革命的制度体系。河南各地严格贯彻落实党中央关于制度治党的重大要求，努力形成用制度规范从政行为、按制度办事、靠制度管人的有效机制，逐步解决了导致腐败滋生的深层次问题。例如驻马店市出台《关于推进以案促改制度化常态化的实施意见》，明确要求将以案促改同全面从严治党和反腐败斗争大局一体谋划、统筹推进，逢案必改、因案制宜，持续释放叠加效应，不断推动以案促改向纵深发展。

（三）文化浸润，涵养风清气正的政治生态

廉洁文化能够激扬正气、温润人心，是涵养风清气正的政治生态的精神土壤。党的十八大以来，党中央把加强廉洁文化建设放在突出位置，要求广大党员干部要保持高尚品格和廉洁操守，积极培育清正廉洁的价值理念，营造全党崇廉尚廉的浓厚氛围。河南各地十分重视加强廉洁文化建设，坚持因地制宜与守正创新相结合，正面引导和警示教育相结合，以廉阵地、廉作品、廉宣传、廉教育为抓手，多形式、多途径推动廉洁文化建设走深走心走实。例如信阳市新县以红融廉、以红润廉、以红养廉，深挖红色文化宝藏，利用鄂豫皖苏区首府革命博物馆、烈士陵园等 23 处国家级、省级文物保护单位和 365 处革命历史纪念地等"红色基因库"，把英烈事迹当作生动教材、将红色景区作为廉洁课堂、把革命遗迹变为教育阵地，持续不断丰富红廉文化教育内涵，让有形的文化资源迸发出无限的"廉洁力"，推动廉洁教育入脑入心。

第十章　河南传承弘扬大别山精神的经验启示

大别山精神是对中华优秀传统文化的继承和发扬，是对大别山"28年红旗不倒"奇迹所蕴含的革命信念、革命意志、革命品质、革命行动的高度凝练。[①] 大别山精神作为河南革命历史的璀璨瑰宝，其坚韧不拔、无私奉献的特质在历史长河中熠熠生辉。河南人民以严谨细致、稳重务实的态度，深入研究和传承这一精神，并积累了宝贵的经验，形成了具有深远影响的启示。这些经验和启示，不仅为河南的文化建设注入了活力，也为社会进步提供了明确的指引。在新时代的征程中，河南人民将继续以严谨、稳重、理性的态度，传承和弘扬大别山精神，推动河南的文化建设和社会进步不断迈上新台阶。这些经验和启示，将成为河南未来发展的宝贵财富，引领河南人民在新时代的道路上不断前行。

第一节　始终坚持以习近平总书记视察河南重要讲话重要指示为总纲领总遵循总指引

2021年9月，中国共产党建党百年之际，经党中央批准，大别山精神被第一批纳入中国共产党人的精神谱系。[②] 这一决定不仅是对大别山地区革命历史的肯定，更是对无数革命先烈英勇奋斗、无私奉献精神的崇高赞誉。我们要始终以习近平总书记视察河南时的重要讲话和指示精神为行动指南，确保其核心要义转化为推动工作的实际动力与具体实践。面对新征程，我

---

① 孙伟、张贤裕：《从大别山精神中汲取奋进力量》，《中国新闻发布》（实务版）2024年第4期。
② 《让大别山精神更加熠熠生辉——鄂豫皖革命纪念馆晋升国家一级博物馆纪实》，《信阳日报》2024年5月27日。

们必须保持高度的政治责任感和使命感，全面提高政治站位，不断深化学习贯彻大别山精神的内涵。

一　习近平总书记的"大别山情"

大别山革命老区"28 年红旗不倒"，在中国革命老区中具有十分重要的地位，革命老区是党和人民军队的根，是中国人民选择中国共产党的历史见证。自党的十八大以来，习近平总书记曾多次到大别山地区进行调研、考察，并就大别山精神作出重要讲话和指示。

（一）习近平总书记的大别山足迹

1. 习近平总书记在安徽大别山区金寨县进行考察

2016 年 4 月 24 日，习近平总书记到安徽考察，第一站就来到位于大别山区的金寨县，向革命烈士纪念塔敬献花篮。素有"红军摇篮、将军故乡"之称的金寨，组建了 11 支红军主力，是红四方面军和红二十五军的主要诞生地。十万金寨儿女，在革命战争年代，以身殉国。在考察金寨县时，老区人民的生活改善是习近平总书记特别关心和重视的问题。当天，他来到金寨县花石乡大湾村走访村民，同当地干部群众共商脱贫攻坚大计①。

2. 习近平总书记在河南新县大别山革命老区进行考察

2019 年 9 月 16 日，习近平总书记到河南考察时，再赴大别山革命老区，他首先来到位于大别山革命老区的信阳市新县。当天下午，他首先来到位于新县的鄂豫皖苏区首府烈士陵园，向革命烈士纪念碑敬献花篮、瞻仰革命烈士纪念堂。随后，习近平总书记来到鄂豫皖苏区首府革命博物馆，看望慰问红军后代代表，并向革命烈士纪念碑敬献花篮②。

（二）习近平总书记关于大别山精神的重要讲话和指示

2016 年 4 月在位于大别山区的金寨考察时，习近平总书记说："一寸山河一寸血，一抔热土一抔魂。回想过去的烽火岁月，金寨人民以大无畏的

---

① 王子晖：《习近平心中那座山》，求是网，http：//www. qstheory. cn/zdwz/2019 - 09/17/c_1125003982. htm。

② 朱基钗、黄玥：《鉴往知来——跟着总书记学历史｜再来大别山，重温革命岁月》，新华网，http：//www. xinhuanet. com/politics/2019-09/17/c_1125002802. htm。

牺牲精神，为中国革命事业建立了彪炳史册的功勋，我们要沿着革命前辈的足迹继续前行，把红色江山世世代代传下去。"

2019 年 9 月 16 日，习近平总书记在河南考察调研时指出，"鄂豫皖苏区根据地是我们党的重要建党基地，焦裕禄精神、红旗渠精神、大别山精神等都是我们党的宝贵精神财富"①。同时，他勉励广大党员干部"在接受红色教育中守初心、担使命，把革命先烈为之奋斗、为之牺牲的伟大事业奋力推向前进"。

二　习近平总书记关于大别山精神重要讲话的启示

（一）深化学习贯彻大别山精神实质，全面提高政治站位

在大别山这片被历史铭记的红色土地上，无数的革命先烈用自己的生命铸就了不朽的丰碑，谱写出一首首壮丽悲歌。他们坚定的信仰、无畏的勇气和无私的奉献，铸就了大别山精神这一永恒的丰碑。深入学习贯彻大别山精神不仅是我们党在新时代背景下的一项重要使命，更是党员干部乃至全体社会成员应自觉肩负起的神圣职责。

1. 深入学习、贯彻大别山精神实质

为了更加深刻理解并践行大别山精神，我们必须首先全面、深入地学习其丰富内涵。这不仅是对以往革命历史的回顾，也是传承、弘扬红色精神至关重要的前提。大别山精神的核心要义包括坚定不移的理想信念、百折不挠的斗争意志、艰苦奋斗的优良作风以及始终与人民群众保持血肉联系的工作方法。这些精神特质是我们党在长期革命斗争中形成的宝贵财富，也是我们新时代党员干部必须坚守的准则。

在新的历史时期，大别山精神不仅被赋予了新的内涵，表现形式也更加丰富。当前，我们正处于全面建设社会主义现代化国家的新阶段，在新的历史时期，大别山精神也将继续发挥重要作用。它将不断鼓舞着广大人民群众投身于伟大的社会主义现代化建设事业中去。无论是在经济建设、科技创新的战场上，还是在文化传承、生态保护的领域里，我们都能够看

---

① 《习近平在河南考察时强调 坚定信心埋头苦干奋勇争先 谱写新时代中原更加出彩的绚丽篇章》，《人民日报》2019 年 9 月 19 日。

到大别山精神所展现出的巨大力量和无穷魅力。这种力量，体现在那些不畏艰难、勇往直前的英雄们身上。他们以身作则，用自己的实际行动生动地诠释着大别山精神的内涵。无论是在抗疫斗争中的逆行者，还是在脱贫攻坚战中的奋斗者，他们都用自己的智慧和汗水书写着大别山精神在这个新时代的绚丽篇章。

此外，我们还要将大别山精神与当前工作实际紧密结合。在现实工作中，我们要时刻以人民为中心为指引，不断提高为人民服务的能力及水平。对群众遇到的困难和问题，要始终不忘初心、牢记使命，积极主动地加以解决，不断增强群众的获得感、幸福感、安全感。同时，我们还要勇于担当作为，敢于直面问题，善于解决矛盾，不断推动各项工作取得新进展、新成效。这些实际行动是我们对大别山精神的最好诠释和传承。

2. 全面提高政治站位

全面提高政治站位，坚决维护党中央权威和集中统一领导，始终同党中央保持高度一致也是大别山精神在现实中的突出表现。这需要我们不断强化"四个意识"，坚定"四个自信"，做到"两个维护"。这些不仅是我们的政治责任，更是我们的政治生命。

当年的大别山区军民在党的坚强领导下，顾全大局、服从大局，为中国人民革命事业作出了卓越贡献，即便在今天，每当发生特大洪涝灾害时，大别山儿女总是积极响应党中央号召，"舍小家、顾大家"，用实际行动诠释了这种维护大局、顾全大局的牺牲精神和始终和党中央保持高度一致的信念。① 深入学习贯彻大别山精神、全面提高政治站位是我们党的必然要求，也是我们每个公民义不容辞的责任。

（二）全面从严治党，强化责任担当

大别山精神的践行还要求我们坚决贯彻全面从严治党的各项要求，坚持铁面无私、全面覆盖、不留死角的纪律原则，确保党的纪律建设无懈可击。通过不断深入推进党风廉政建设，进一步深化体制改革，优化制度执行，切实提高监督执纪问责的科学性和严肃性。我们着力加强对党员干部

---

① 张晓路、申佩：《维护党中央权威和集中统一领导是大别山精神的核心》，《党政干部论坛》2023 年第 9 期。

的系统教育和专业培训，确保他们在思想上、行动上始终同党中央保持高度一致，坚守忠诚、干净、担当的政治本色。

1. 深化反腐教育和治理

在教育层面，我们通过系统讲授、案例研讨、党性锤炼等多种方式，全面提升党员干部的政治理论水平和业务能力。在管理层面，我们建立健全严格的考核评价机制，对党员干部的日常表现进行全面、客观的评估，确保他们始终在正确的轨道上履职尽责。同时，进一步强化对权力行使的制约和监督，确保权力运行规范透明，以防权力滥用以及腐败现象的发生。

在反腐败斗争方面，我们以零容忍的态度坚决反对和惩治腐败现象，无论腐败行为多么隐蔽、多么复杂，我们都一查到底、绝不姑息，为整个社会的良性、有序发展和人民福祉的增进打造一个政治清明、社会和谐的环境。

2. 加强基层党组织建设

进一步加强党的基层组织建设，同时充分发挥好党员的先锋模范作用，这是我们强化责任、勇担使命的重要表现。我们不仅要注重基层党组织的培养和选拔，选拔政治素质过硬、工作能力突出、群众基础坚实的党员担任基层干部，努力提升基层党组织的凝聚力和战斗力，还要积极让党员干部们在各项工作任务中勇挑重担、争做表率，为他们在完成党的各项工作、任务中提供坚实的组织保障。此外，我们加强对基层党员的关心和支持，让他们在工作中感受到组织的温暖和力量，激发他们为党和人民事业不懈奋斗的热情和动力。

在习近平总书记的领导下，在党员干部们的带领下，在全省人民的努力奋斗下，河南在传承弘扬大别山精神上获得了显著的社会效益。这些成效不仅体现在经济社会发展的各个方面，更体现在广大干部群众的精神风貌上。他们以实际行动践行大别山精神，为河南乃至全国的发展贡献了自己的智慧和力量。

站在新的历史阶段的起点上，我们将坚定不移地秉承和发扬习近平总书记对河南工作的重要讲话精神和作出的系列重要指示，将这些讲话和指示视为我们行动的总纲领、遵循的总原则和前进的总方向。我们将深刻领会和把握习近平总书记对于河南工作的期望和要求，紧密结合河南实际，以更加饱满的热情、更加扎实的工作作风、更加坚定的斗争意志，全力推动河南省在经济、政治、文化、社会、生态文明等各个领域的全面发展，并不断提高发展的质量和效益。

三 进一步传承弘扬大别山精神的高层次要求

（一）聚焦发展大局，奋力推动高质量发展，深入弘扬大别山精神

聚焦发展大局，奋力推动高质量发展，深入弘扬大别山精神，是新时代赋予我们的历史使命。大别山精神不仅是我们党宝贵的精神财富，更是推动全体人民不断奋进的重要驱动力。在新的历史起点上，我们要将大别山精神融入高质量发展的全过程，确保各项工作都能体现这一精神的要求和内涵。

我们要紧密围绕习近平总书记关于河南发展的重要指示，深入领会其精神实质，确保各项工作始终沿着正确的方向前进。在新的历史时期，我们要始终秉持创新、协调、绿色、开放、共享的新发展理念，进一步全面深化改革开放，不断促进经济结构的持续优化以及产业的升级发展。

1. 推动传统产业转型升级

我们要继续加速推动传统产业的转型升级，通过引进先进技术和管理经验，提升传统产业的竞争力，实现由低端向高端的跃升。同时，我们将积极培育新兴产业和未来产业，鼓励科技创新，加大研发力度，打造具有核心竞争力的新兴产业集群，引领未来经济发展的新趋势。为此，信阳市大力实施换道领跑战略、绿色低碳转型战略和数字化转型战略，推动产业绿色崛起。信阳市进一步加快创新驱动，全市创办、引进高新技术企业234家，建成"中原学者工作站"8家、省级重点实验室7家，落地万华大家居产业等4个院士工作站，申建国家绿色金融改革创新试验区，并入选了国家首批气候投融资试点。[①] 针对传统产业，信阳市推动企业进行绿色化改造和转型升级。例如，信阳钢铁企业通过"长改短"工艺改造，使用绿电替代煤炭，实现节能减排。

---

① 《信阳市：牢记"两个更好"殷殷嘱托 加快老区振兴 加速绿色崛起》，信阳市发展和改革委员会官网，https://fzggw.xinyang.gov.cn/index.php? a=show&catid=1&id=8495。

2. 打造先进的产业集群

为了进一步构建河南省现代化经济体系，我们要重视构建先进的产业集群。通过优化省内产业布局，加强产业链协同，不断提高产业集群的整体竞争力，使之在全国乃至全球价值链中占据更加有利的位置。为此，河南省政府发布了多项政策文件，如《支持河南大别山革命老区加快振兴发展 2021 年工作要点》，明确支持信阳等地申建自由贸易试验区开放创新联动区、建设保税物流中心等，这一系列的决策都为大别山地区的产业发展和产业集群的构建提供了坚实的政策保障。信阳及大别山地区的其他城市围绕电子信息、现代家居、食品制造等产业，制定了打造千亿级产业集群的战略目标。例如，信阳积极引进新能源装备制造企业，如明阳集团等，通过补链、延链、强链，构建了新能源装备制造与新能源资源开发融合的产业体系。明阳集团在信阳投资建设了光伏组件厂、风电主机总装厂等，形成了百亿级新能源智能制造产业集群，这些举措都为信阳能够在新能源领域实现可持续的高质量发展提供了强大助力和支持。

3. 加强生态保护，加速革命老区绿色崛起

在助力革命老区的发展过程中，我们还要秉承绿色发展的理念，在推动经济发展的同时，更加注重保护生态环境，实现经济社会与生态环境的协调发展。为更好地实现绿色发展，河南省不断加大环境治理力度，进一步推动生态文明建设，在经济快速发展的同时实现天更蓝、水更清、地更绿。黄柏山林场位于商城县南部、大别山腹地、豫鄂皖三省交界处，建场 67 年来三代林工接力奋斗，将过去"山高坡陡石头多，荒草葛藤满山窝"的荒山野岭，变成"茂林修竹、飞泉鸣鸟"的绿水青山，与塞罕坝林场一起成为全国森林经营的"样板"，生动诠释了"绿水青山就是金山银山"的习近平生态文明思想。①

未来，我们将继续紧密围绕习近平总书记对河南未来发展寄予的厚望，以新发展理念为指引，持续深化改革、扩大开放，并继续坚持创新驱动高质量发展，持续优化经济结构、推动产业优化升级。同时，我们将更加注重生态环境的保护，推动革命老区的绿色崛起，努力实现经济社会与生态

---

① 《"全国生态日"信阳答卷：大别长淮铺锦绣 绿水青山如画廊》，《河南日报》2023 年 8 月 15 日。

环境的协调发展，为河南的可持续发展贡献力量。

（二）坚持人民至上，让革命老区人民生活更美好

大别山精神在新时代的践行还在于敦促我们要始终坚定不移地坚守以人民为中心的发展理念，将人民群众的根本利益置于至高无上的地位。在推动经济社会全面发展的关键进程中，我们将重点关注并切实解决人民群众普遍关心、攸关切身利益的就业、教育、医疗等核心问题。

1. 关注"三留守"群体，用情办好民生事

一直以来，箭厂河乡戴畈村的重要难点问题就是留守老人难照料、留守儿童难照料、留守妇女难就业等问题。2017 年 11 月，时任信阳市民政局老龄科科长陈孟辉被派驻戴畈村任第一书记，他多方筹资、搭平台、建场所，招募留守妇女照顾留守老人、关爱留守儿童，逐步探索出一套解决"三留守"人员问题的服务管理体系。如今的"三留守"服务中心里，孩子们在室内看书、唱歌、跳舞、做游戏；老人们聚在一起下棋、锻炼、聊天；爱心志愿者兼任老师和护理员，端茶送水、打扫卫生，忙而不乱。① 通过这些努力，留守老人的生活质量得到了显著提高，留守儿童在情感上得到了更多的关爱，留守妇女也找到了适合自己的工作。这些都充分展示出我们在深入贯彻落实大别山精神的过程中，坚持以人民为中心的发展理念，切实解决人民群众的实际问题，不断增进民生福祉。

2. 加强社会保障体系建设

大别山精神的核心是人民至上、为民服务。为进一步提高人民群众的生活品质，我们不断加强社会保障体系的建设，并持续优化公共服务体系。通过建立健全社会保障制度，我们将确保在人民群众面临生活困境时，能够及时、全面、有效地为其提供救助和保障，减轻他们的经济负担，提高他们的生活水平。同时，我们还进一步加强公共服务设施的建设，不断提升公共服务资源的配置效率，切实为人民群众提供高质量、高效率、高便捷性的公共产品和公共服务。

例如，信阳市政府积极响应国家和河南省的号召，深入贯彻落实《"十四五"公共服务规划》和《河南省"十四五"公共服务和社会保障规划》

① 《红旗永蠹大别山》，《河南日报》2023 年 8 月 30 日。

等文件精神，同时根据本地的现实情况，信阳市制定了《信阳市公共服务和社会保障三年行动方案（2023—2025年）》。该方案明确提出了构建与社会经济同步发展、与信阳新时代高质量发展要求相适应的公共服务和社会保障体系的目标，特别是针对农村地区和低收入群体，通过政策扶持和财政补贴，确保他们能够享受到基本的社会保险待遇。

此外，信阳还不断完善社会保障服务设施的建设，提高服务效率与服务质量。例如，在医疗领域，优化构建基层医疗卫生机构，不断提升基层的医疗服务水平；在养老领域，持续推动多元化养老服务体系建设，切实回应老年人多样化的养老诉求，同时，大力推广"互联网+社会保障"的新型服务模式，利用网络化、信息化的手段不断提升公共服务的便捷性和可及性。

3. 构建和谐稳定的社会环境

为营造一个和谐稳定的社会环境，确保人民群众能够在安全、有序、舒适的环境中生活，我们持续加大社会治安综合治理力度，优化治安防控体系建设，维护社会公平正义，全力保障人民群众的人身财产安全。与此同时，注重预防和化解社会矛盾，建立健全多元化纠纷解决机制，确保群众诉求有处可诉、有理可讲、有解可盼。此外，我们还不断加强精神文明建设，弘扬社会主义核心价值观，提升人民群众的道德素养和文明水平，营造积极向上的社会氛围。

通过实施这一系列举措，我们不断地提升人民群众的幸福感和满足感，同时增强了他们的安全感和信心。今后，我们将继续坚持一切以人民为中心，坚持发展为了人民，坚持发展依靠人民，坚持发展成果由人民共享，确保最广大人民群众真正从改革发展中充分享受到成果和红利。

第二节 始终坚持立足时代强音

大别山精神不仅仅是一种红色精神的名称，更是河南人民重要的精神信仰和行动指南。它包含坚韧不拔、敢于斗争、勇于胜利的精神内核，激励河南人民在面对困难与挑战时，始终保持昂扬的斗志和不屈的精神。在不同的历史时期，河南人民都凭借着大别山精神的鼓舞，为中华民族的繁荣与进步书写下浓墨重彩的一笔。面对新时代的历史使命，河南人民继续秉持大别山精神，以饱满的热情和坚定的信念投身于国家发展大局之中。

一 弘扬红色精神与立足时代要求的关系

弘扬红色精神与立足时代要求之间存在密不可分的关系。红色精神作为中国共产党在革命、建设和改革过程中形成的宝贵精神财富，其传承与弘扬必须紧密结合时代要求，才能在新的时代迸发出生命力。

（一） 红色精神是时代精神的重要组成部分

红色精神是时代精神的集中体现，是中国共产党在革命、建设和改革各个时期领导中国人民所形成的一种伟大的革命精神。它蕴含爱国主义、集体主义、艰苦奋斗、无私奉献等核心价值观念，这些价值观念在不同的历史时期都发挥着引领和激励作用，是推动时代进步的重要精神力量。

在新时代背景下，红色精神仍然是鼓舞、激励广大人民群众奋发向前、勇于担当的重要精神支柱。不管是大别山精神，还是红旗渠精神、焦裕禄精神，至今都激励着我们在社会主义现代化建设的新时期迎难而上，勇往直前。这些精神是中华民族的宝贵财富，也是无数中华儿女不断向前奋进的强大动力。它们不仅代表了那个时代的奋斗和拼搏，更是我们新时代奋斗者的精神支柱和力量源泉。

（二） 时代要求为红色精神注入新内涵

随着时代发展和社会变迁，社会环境和历史条件也发生了新的变化，新的时代对红色精神也提出了新的要求。新时代的红色精神，不仅要继承和发扬传统红色精神中的优良传统和作风，还要与时俱进地结合新的时代特征和实践要求，不断赋予红色精神新的内涵和时代价值，这样，红色精神才能历久弥新，不断迸发更加强大、鲜活的生命力。

例如，在当前的时代背景下，注入了时代精神的焦裕禄精神依然闪耀着光芒，成为推动社会进步和发展的重要精神动力。新时期焦裕禄精神的体现是多方面的，包括公仆情怀的深化、求实作风的坚持、奋斗精神的彰显、廉洁自律的坚守以及创新精神的激发等。这些融入时代特质的精神品性不仅为党员干部提供了强大的精神动力，也为推动社会进步和发展注入了新的活力。大别山精神亦是如此，大别山精神在新时代表现在坚定理想信念、胸怀全局、艰苦奋斗、开拓进取以及传承红色基因等多个方面。这些注入新时代特征的表现不仅是对大别山精神的传承和弘扬，也是新时代中国特色社会主义事业不断向前发展的重要精神动力。

（三）红色精神助力实现时代目标

红色精神作为我们民族的根和魂，是实现中华民族伟大复兴中国梦的重要精神支撑。在新时代，我们需要深入挖掘和传承红色文化资源，弘扬红色精神，将其转化为推动经济社会发展的强大动力。红色文化的传播、教育，可以激发广大人民群众的爱国热情及工作干劲，为实现"两个一百年"奋斗目标和中华民族伟大复兴的中国梦提供强大的精神动力。

（四）弘扬红色精神与时代要求相互促进

弘扬红色精神与结合时代要求二者密不可分，彼此相互依存、相互促进。

1. 红色精神为时代要求提供精神支撑

红色精神所蕴含的坚定信仰、崇高理想等核心价值观念，为新时代的发展提供了强大的精神支撑。这股精神力量，激发了人们的爱国热情与奋斗精神，使他们自觉投身于国家建设的大潮中，以实际行动，为实现中华民族的伟大复兴贡献自己的力量。红色精神的力量，穿越时空的长河，历久弥新，它将继续激励着我们勇往直前，不断攀登新的高峰，为实现中华民族的伟大复兴而努力奋斗。

2. 时代要求为弘扬红色精神注入新活力

随着时代的不断进步和社会环境的逐步演变，对于红色精神的传承与发展，我们也提出了新的时代要求。这些新的要求不仅为弘扬红色精神注入了源源不断的活力与动力，还激励我们在传播方式、实践教育、日常生活等多个方面进行创新，以期让红色精神在新时代的大背景下能够焕发出更多的活力和生机。

为了实现这一目标，我们必须积极探索新的传播途径，以适应现代社会信息传播的特点，让更多的人了解红色精神的历史内涵和时代价值。同时，我们应重视实践教育的作用，通过各种形式的实践活动，让人们在实践中感受红色精神的真谛，进一步加深对红色精神的认识和理解。

在新的时代背景下，我们要不断创新，积极探索，让更多的人了解和认同红色精神，让红色精神在新的时代焕发出更加绚丽的光彩，为实现中华民族伟大复兴的中国梦提供更加强大的精神动力。

二 弘扬新时代大别山精神，强化责任担当

面对新时代、新征程，河南省胸怀大局，勇担使命，从大别山精神中汲取奋进力量，积极构建新发展格局，致力于实现中原更加出彩的目标。在这一过程中，"两个确保""十大战略"为今后30年河南省发展和现代化建设指明了方向、规划了路径，是河南做好当前和今后一个时期工作的总目标和总纲领。

（一）锚定"两个确保"

1. 确保高质量建设现代化河南

在强化创新驱动方面，河南省致力于实施创新驱动、科教兴省、人才强省战略，通过整合重组实验室体系、提升高校和科研院所创新源头供给能力、推进规上工业企业创新活动全覆盖等措施，全力建设国家创新高地。在优化产业结构方面，河南省推动传统产业转型升级，同时积极培育新兴产业，形成多元化、高附加值的产业结构，为高质量建设现代化河南提供坚实支撑。

2. 确保高水平实现现代化河南

为了进一步提升民生福祉，河南省在现代化建设的过程中始终秉持着以人民为中心的发展思想，通过实施一系列民生工程，如提高教育质量、完善医疗体系、加强社会保障等，切实提升人民群众的生活水平和质量。为更好地促进城乡融合发展，河南省积极实施以人为核心的新型城镇化战略和乡村振兴战略，推动城乡基础设施互联互通、公共服务普惠共享，促进城乡融合发展、共同繁荣。

（二）落实"十大战略"

1. 创新驱动、科教兴省、人才强省战略

河南省通过重建和重振省科学院，优化省实验室结构，增强高校和科研机构创新能力，推动经济社会向前发展。同时，鼓励规模以上工业企业开展创新活动，提升企业竞争力。不断深化科技创新体制机制改革，构建

高效、灵活、开放的体系，努力消除障碍，激发发展活力，积极促进成果转化。打造一流创新生态，优化政策环境，提供资金支持，完善激励机制，吸引留住人才，推动科技创新持续健康发展。

2. 优势再造战略

作为全国重要的交通枢纽，河南省积极探索如何将自身的交通区位优势转化为枢纽经济优势。一方面，河南通过完善交通基础设施，扩大提升交通网络的覆盖范围和运输效率，进一步巩固其在全国交通网络中的核心地位。另一方面，河南充分利用自身的内需规模优势，积极引导和推动供需两侧的协同发展，从而实现供需协同优势的转变。同时，河南还着力推动产业基础优势向产业链供应链优势的转变。河南省拥有丰富的产业资源和完整的产业链条，这些都为各类产业发展提供了强有力的支撑。在此基础上，河南进一步强化产业链供应链的整合和优化，提高产业链的附加值和竞争力，从而实现产业基础优势向产业链供应链优势的转变。

3. 数字化转型战略

为了进一步推动数字化发展转型，河南省深化建设数字基础设施体系，不断发展数字核心产业，努力提升数字治理能力，着力打造数字强省，构建智慧城市；聚焦电子信息、软件服务等新兴产业，吸引和培养人才，推动产业链协同发展；将先进的网络信息科技引入政务服务当中，不断优化"互联网+政务服务"的新模式，切实提升行政效率；不断推动数字技术与实体经济融合，优化经济结构；将数字化手段应用于社会经济领域，提高公共服务精准性。

4. 换道领跑战略

河南省在探索和开发新兴产业领域时积极投身于激烈的市场竞争，力求在诸多新兴产业领域中占据领先地位。与此同时，对于那些历史悠久、根基深厚的传统产业，河南省通过嫁接高端技术、管理模式和市场理念，使传统产业得以在转型升级中焕发新生。在生态圈层的建设上，河南省不断培土奠基，为产业的可持续发展打下坚实的基础。通过实施一系列具体措施，如推动绿色生产方式、构建环保产业链、投资生态修复项目等，河南省不仅保护和改善了自然环境，也为产业转型升级提供了良好的自然环境和市场环境。

5. 文旅文创融合战略

河南省深入挖掘和发挥本土文化旅游的独特魅力与优势，塑造全域旅游主题形象。河南省立足对黄河文化的传承与发展，全力打造一个国际级别的黄河文化旅游带。此外，河南省前瞻性地规划并着手建设一批休闲康养基地，打造一个集养生、休闲、娱乐于一体的综合性健康生态圈，以满足人们日益增长的健康和生活质量需求。在文创产业方面，河南省通过整合文化资源，培育和扶持文创企业，河南省致力于打造一个特色鲜明、产业链完整的文化创意产业体系。通过打造多元化的产品和服务，文化产业将逐步成为推动省内经济增长的新引擎和重要动力。

6. 以人为核心的新型城镇化战略

为了贯彻落实新型城镇化的发展战略，河南省对空间布局进行细致优化、精心规划，积极支持郑州向国家中心城市的方向发展，努力推动洛阳向副中心城市的角色转变，借此打造更加协调、高效的城市发展格局。此外，河南省还着重加强了多极支撑体系的构建，具体包括城市管理、经济结构、生态环境等多个方面，以期提升城市的整体抗风险能力和恢复力，从而打造一个具有高度韧性、能够应对各种挑战和危机的城市体系。

7. 乡村振兴战略

在落实乡村振兴战略过程中，河南省突出规划引领，坚决扛稳粮食安全重任，不断提升农业效益，着力推动共同富裕。通过优化城乡产业布局，引导城市资本、人才、技术等要素向农村合理流动，借此推动农村产业升级和转型。河南省还积极培育新型农业经营主体，发展现代农业、乡村旅游等新兴产业，提高农村经济发展水平。与此同时，河南省不断推进美丽乡村建设，着力改善提高农村居住环境和生活质量。

8. 绿色低碳转型战略

河南省积极推进绿色能源发展，以此来实现绿色产业的壮大；着力做强绿色交通，大力推广绿色建筑，以此来实现绿色城市的构建；通过绿色技术的进一步革新，从而实现社会经济发展的可持续性；努力构建绿色屏障，从而进一步实现绿色环境的保护。此外，河南省积极推进绿色产业发展，大力发展清洁能源、循环经济和低碳产业，推动产业结构优化升级，让绿色成为河南发展的底色和特色。

9. 制度型开放战略

河南省加强开放规则机制创新，营造一流营商环境。通过实施一系列精准政策，审批流程得到显著优化，行政效率大幅提升，为企业提供了更加宽松、高效且规范的发展环境。与此同时，河南省持续不断地扩大开放合作的领域和范围，并创新招商引资的方式。为了吸引更多的外资，河南省不断优化投资环境、制定实施优惠政策，以吸引更多的外资进入省内。

10. 全面深化改革战略

河南省通过进一步深化国资国企改革，不断加强国有企业活力，不断加快地方金融改革步伐，促进金融市场更加健康有序的发展。在要素市场化配置改革方面，河南致力于构建更加高效的资源分配体系，通过市场机制来实现资源优化配置，从而推动经济社会的全面发展；河南省还着重做好党政机关改革的"后半篇文章"，包括对改革成效的持续跟踪和完善等，确保机构改革能够真正提升政府效能，优化公共服务；在积极推动事业单位改革的同时，不断探索新的模式和路径，以期激发市场活力和社会创造力，进一步推动经济社会发展。① 站在全面建设社会主义现代化国家的历史新起点上，河南省将继续继承发扬大别山精神，精准把握时代脉搏，抓紧新的发展机遇，以更加开放的态度、更加务实的作风，积极融入、构建新的发展格局。

第三节　始终坚持回应人民呼声

坚持党心为民、民心向党的价值情怀，是大别山精神最本质的特征和最根本的追求。② 在河南省经济社会发展的历程中，我们始终坚守人民至上的基本原则，坚定不移地传承与弘扬大别山精神，积极回应人民群众的期望与需求。大别山精神所承载的深厚的为民情怀、务实的工作作风和坚定的责任担当，不仅构成了我们砥砺前行的动力源泉，更是人民群众对美好生活向往的重要基石。这一精神的传承与实践，体现了我们对于人民利益

---

① 《锚定"两个确保"实施"十大战略"——省委工作会议精神提要》，河南省人民政府网，https：//www.henan.gov.cn/2021/09-08/2308778.html。

② 刘杨：《建党百年历程中大别山精神的赓续密码与时代价值研究》，《才智》2023 年第36 期。

的高度负责和对于社会责任的严格担当，是推动河南省经济社会持续健康发展的有力保障。

一 红色精神的产生和发展与人民群众密不可分

红色精神与人民群众密不可分。红色精神源于人民群众的实践、反映人民群众的需求、依靠人民群众的传承与创新而不断发展壮大；同时，红色精神又以其独特的魅力和价值引领着人民群众不断前进、不断创造更加美好的未来。可以说，红色精神不论是产生还是发展都与人民群众密不可分。

（一）人民群众是红色精神的产生根基和发展动力

1. 人民群众是红色精神的产生根基

红色精神是中国共产党领导中国人民在长期的革命斗争、建设实践和改革开放过程中，逐步形成和发展起来的一种宝贵精神财富。它的产生深深扎根于人民群众之中，是人民群众革命实践的真实写照和集中体现。

一方面，红色精神的产生源于人民群众的实践。红色精神是在人民群众的革命实践中孕育和产生的。在革命战争年代，无数革命先烈和人民群众为了民族的独立和人民的解放不畏艰辛、英勇奋战，这种精神力量汇聚成了红色精神的核心。另一方面，红色精神也反映了人民群众的需求。红色精神始终围绕着人民群众的需求和利益展开，它体现了人民群众对自由、平等、公正、法治等价值的追求，以及对美好生活的向往。

2. 人民群众是红色精神的发展动力

红色精神的继承、发展与广大人民群众的广泛参与和大力支持密切相关。人民群众在革命、建设、改革中的积极贡献和殷勤付出，为红色精神的传承和发展注入了源源不断的动力。在红色精神的继承弘扬过程中，每一代人民群众都在传承红色精神的基础上，结合时代特点进行创新和发展，使其更加符合时代的需求和人民群众的期望。此外，各级党委和政府通过纪念活动、宣传教育、文艺创作等方式，引导人民群众深入了解红色历史、感悟红色精神、传承红色基因。同时，人民群众也自发地通过各种方式，如参观革命遗址、讲述红色故事、传承红色家风等传承和弘扬红色精神。

（二）红色精神是人民群众的精神力量

1. 红色精神是人民群众的精神支柱

红色精神是一种源于对革命先烈的崇高敬意和深刻缅怀的精神力量，它激励着一代又一代的中国人民在面临种种困难和严峻挑战时，始终能够保持坚定的信念和努力拼搏的精神状态。在红色精神的感召下，人民群众无论面对多么艰难的境遇，都能够迎难而上、坚持不懈、勇于担当、敢于斗争，始终保持积极向上的昂扬斗志，这种精神风貌正是红色精神的具体体现。

2. 红色精神激发人民群众的情感共鸣

红色精神通过各种形式的艺术表达、文化活动和教育宣传，与人民群众产生深刻的情感共鸣，增强了人民群众的归属感和认同感，并激发人民群众的爱国情怀和民族自豪感，使广大人民群众更加珍惜今天来之不易的幸福生活，强化对祖国和中华民族的热爱。

3. 红色精神为人民群众提供价值引导

红色精神是一种深刻的历史传承，它源于中国人民在长期的革命和建设的实践中，逐渐形成的以爱国主义、集体主义、社会主义和共产主义为核心的一系列优秀品质。这种精神为人民群众提供了积极向上的精神动力和价值导向，激发了人们在面对困难和挑战时的斗志和毅力，使他们能够坚定信念，为实现个人的价值和社会的进步而不懈努力，更激励着广大民众不论在何种情况下，都要时刻保持着坚定的政治立场和崇高的道德品质。

二 大别山精神中的"人民至上"

在大别山革命时期，各级党组织始终坚持人民至上的思想理念，倾听人民群众的利益诉求，并据此制定相应的政策、安排相应的工作任务，切实帮助广大群众解决生产生活上的各种问题和困难。这种紧密联系群众、关心群众疾苦的做法，获得了广大群众的拥护和支持。群众自发地支援红军，参与革命斗争，展现了军民一心、党群一心的深厚情谊。大别山精神中的这种"人民至上"理念，正是"人民江山论"在革命实践中的具体体现。人民是历史的创造者，是决定党和国家前途命运的根本力量。只有时刻坚守人民至上的价值追求，才能真正做到立党为公、执政为民，才能获得人民群众的拥护和支持。

（一）坚持人民性，构建社会治理共同体

坚持人民性，就是要把实现好、维护好、发展好最广大人民根本利益作为出发点和落脚点，坚持以民为本、以人为本。党的十九届四中全会指出，必须加强和创新社会治理，完善党委领导、政府负责、民主协商、社会协同、公众参与、法治保障、科技支撑的社会治理体系，建设人人有责、人人尽责、人人享有的社会治理共同体。社会治理共同体理念深刻回答了谁来治理、怎么治理、治理成果由谁享有的重大问题，彰显了浓厚的人民性特征。建设社会治理共同体正是习近平总书记的人民情怀在社会治理领域的生动实践和体现。①

社会治理强调多元主体的共建共治共享，这充分体现了人民主体地位的要求。在社会治理实践过程中，多元主体包括政府、社会组织、企事业单位、社区、个人等通过平等的合作、对话、协商，共同参与社会公共事务的共商共治，从而更好地实现公共利益和民生福祉。这种社会多元主体的共同参与、合作共治，充分体现了人民作为社会治理主体的地位和作用。

社会治理始终坚持以人民为中心的发展理念，重视人民群众在社会发展中的主体地位和重要作用。这就要求在进行社会公共事务治理的过程中，要时刻以人民群众的需求为出发点和落脚点，切实保证人民群众的利益诉求得到满足。同时，还要不断畅通、拓展人民群众参与社会治理的途径和渠道，切实激发人民群众参与社会治理的积极性和创造性，使人民群众成为社会治理的最广参与者、最大受益者、最终评判者。

（二）全面加强民主制度建设

在深入传承与全面弘扬大别山精神的征途上，我们始终不渝地致力于加强民主制度的建设，以确保人民能够真正享受到当家作主的崇高权利。我们持续优化人民代表大会制度，这一制度的完善不仅仅体现在制度框架的健全上，更体现在实际操作中的民主性、公正性和高效性上。我们努力

① 艾志强、韩宁：《坚持人民性 建设社会治理共同体》，人民网，http：//theory. people. com. cn/n1/2020/0117/c40531-31552603. html。

打造一个人民可以畅所欲言、自由表达意愿的平台，使人民的声音能够得到充分的展现和尊重。

同时，我们不断完善政治协商制度，确保其能够更加精准地反映各方利益诉求，更加科学地引导社会舆论，更加有效地推动问题解决。通过政治协商制度，我们能够汇聚各界的智慧和力量，共同为国家的繁荣和发展出谋划策。

此外，河南省也坚定不移地加强法治建设。法治是现代社会治理的基石，也是维护社会公平正义的重要基础和支撑。因此，我们始终坚持依法治国、依法执政、依法行政的原则，确保国家的各项工作都在法律的框架内有序进行。我们坚决维护法律面前人人平等的原则，让每一个公民都能感受到法律的公平、公正、权威。

三　在实践中深入倾听人民呼声，切实解决民生问题

民生问题无小事，事事关乎人民福祉。这是因为人民的生活质量和幸福感直接受到民生问题的影响。因此，河南省各级党委和政府始终把解决民生问题当作重中之重，始终坚持以人民为中心的发展思想，把人民的需求和利益放在首位。

（一）拓宽民意表达渠道

1. 构建线上线下相结合的民意表达网络

在线下平台建设上，河南省多地升级代表联络站。例如，孟州市对全市的乡镇（街道）代表联络站进行迭代升级，打造全过程人民民主基层实践基地，并重点打造村（居）级的全过程人民民主基层实践点。这些联络站和实践点成为群众表达诉求、参与民主决策的重要场所。此外，河南省还开展线下民主实践活动，各地通过举办"三访一会诊"（代表接访、走访、专访、定期会诊研判）、"代表议事"、"代表约见"等活动，通过多种方式密切与人民群众的联系，积极主动听取并反馈群众的意见。

在线上平台建设上，河南省通过搭建省级 12345 政务服务便民热线的移动端受理平台，进一步拓宽了民意表达的渠道。群众可以登录"豫事办"App 或支付宝小程序，随时随地反映问题、咨询政务。这一平台提供了诉求类型选择、区域定位、诉求内容填写、上传附件等功能，让群众能够更全

面、更详细地反映问题。

2. 完善民意办理机制

在民意办理机制的优化上，河南省一方面不断建立健全办理机制。河南省各地建立健全了首问负责、集中研判、分级交办、分级督办、结果反馈等群众意见办理机制，确保群众的诉求能够得到及时、有效的处理。另一方面，进一步强化评价问责，在智慧人大民意收集系统中植入了五星点评功能，群众可以对办结的意见问题进行自主评价。这些评价情况将作为部门评议和代表考评的重要依据，可推动民意办理取得实效。

（二）用心用情解决民生问题

1. 积极开展职业技能培训，缓解群众就业问题

2022年起，河南一直将"人人持证、技能河南"建设作为首项实事予以推进，主要是聚焦缓解结构性就业矛盾，通过大规模职业技能培训提高劳动者的技能水平，让更多劳动者实现技能就业、技能增收、技能富民，加快推动河南省从"人口红利"向"人才红利"转变。2023年，全省累计开展职业技能培训428.7万人次，新增取得职业资格、职业技能等级等证书的技能人才328.8万人，高技能人才124.8万人，分别完成年度目标任务的142.9%、164.4%、155.9%。

2. 进一步提升基层医疗卫生服务能力

河南省通过开展基层卫生技术人员全员培训，不断提升家庭医生团队技术水平和服务能力，引导和推进城乡居民签约家庭医生，在基层医疗卫生机构首诊，同时，进一步加强村卫生室运行经费保障，以更好巩固基层防病治病阵地建设成果。2023年，全省完成1250个家庭医生团队线下培训、16.6万名基层卫生技术人员在线培训，分别完成年度目标任务的100%、110.3%，基本运行经费补助覆盖全省所有行政村卫生室。

3. 不断加强农村基础设施建设

河南省通过建设"四好农村路"、完善寄递物流服务、提升农村电网保障能力，进一步夯实乡村振兴的物质基础。2023年，全省共改造农村公路9263公里，完成年度目标任务的185%；在3.43万个行政村设立寄递物流服务站，全省覆盖率达到78%；建设5008个配电台区和6384千米10千伏

及以下配电线路，分别完成年度目标任务的 100.2% 和 127.7%。[①]

传承与弘扬大别山精神，是我们肩负的神圣职责与坚定追求。在未来的发展道路上，我们将继续坚守初心与使命，积极响应人民的期待和诉求。我们将深入基层，广泛听取并认真研究人民群众的意见和建议，细致聆听他们的声音，切实解决他们的实际需求和关切，以实际行动践行党的群众路线。

第四节　始终坚持强化铸魂育人

人才培养对于一个国家的繁荣昌盛具有深远的意义，它关系到国家的前途命运以及民族的未来，而铸魂育人则是人才培养的核心环节和灵魂所在。因此，在我们传承和发扬大别山精神的同时，始终坚定不移地强调铸魂育人的基础性和关键性作用，并致力于在大别山精神的引领下培养一代又一代有理想追求、高尚道德品质、丰富文化素养、严格纪律意识的社会主义现代化建设者和接班人，以进一步传承、弘扬大别山精神，推动现代化建设，实现社会的繁荣与进步。

一　积极发挥红色精神的思想引领作用

红色精神，作为中国共产党领导人民在革命、建设和改革过程中形成的宝贵精神财富，蕴含坚定的理想信念、深厚的爱国情怀、无私的奉献精神和高尚的道德情操，对于激励全党全国各族人民为实现中华民族伟大复兴的"中国梦"而努力奋斗具有不可估量的价值。积极发挥红色精神的思想引领作用，是铸魂育人的题中之义，更是新时代加强意识形态建设、传承红色基因、弘扬社会主义核心价值观的重要举措。红色精神的思想引领作用体现在多个方面，是新时代加强意识形态建设、传承红色基因、弘扬社会主义核心价值观的重要支撑，也是铸魂育人的关键环节。

（一）坚定理想信念

红色精神蕴含坚定的共产主义理想和中国特色社会主义信念，通过传

---

① 申华、王怡潇：《河南人的 2023 年民生心愿单已达成 十件省重点民生实事交卷》，大河网百家号，https://baijiahao.baidu.com/s？id=1789663728265470885&wfr=spider&for=pc。

承弘扬红色精神，可以引导广大人民群众坚定对马克思主义的信仰、对社会主义和共产主义的信念，这种理想信念的坚定，是人们在面对困难和挑战时保持坚韧不拔、勇往直前的精神动力，为广大人民群众在社会主义现代化建设中提供了源源不断的力量。

（二） 激发爱国情怀

红色精神是爱国主义的集中体现，它蕴含深厚的爱国情怀和民族情感。通过讲述革命先烈的英勇事迹和无私奉献的精神品质，可以深刻激发广大人民群众的爱国热情，不断增强民族自豪感和责任感。这种爱国情怀的激发，有助于凝聚人心、鼓舞斗志，为国家的繁荣富强贡献自己的力量。

（三） 培养高尚品德

红色精神中蕴含无私奉献、艰苦奋斗、勇于担当等高尚品德。这些品德是中华民族的传统美德，也是广大党员干部和新时代青年应该具备的优秀品质。通过传承和弘扬红色精神，可以引导人们树立正确的道德观念，培养高尚的道德情操，成为有理想、有道德、有文化、有纪律的社会主义接班人。

（四） 强化文化自信

红色精神是中国共产党领导人民在革命、建设和改革过程中形成的宝贵精神财富，是中华文化的重要组成部分。通过传承和弘扬红色精神，可以强化人们对中华文化的认同感和自豪感，增强文化自信。这种文化自信的提升，有助于抵御外来文化的侵蚀和冲击，从而维护国家文化安全。

二 多措并举扎实推进铸魂育人

为更好地推进铸魂育人，实现红色精神的思想引领作用，我们不断深化拓展红色文化教育的内涵与外延，通过多元化的方式，"软硬兼施"，让红色精神在广大党员干部和青年学生的心中生根发芽。

（一）完善基础设施建设，筑牢育人"硬支撑"

1. 建设红色教育基地和设施

我们要着力打造具有特色的革命博物馆和纪念馆。为了实现这一目标，我们需要根据红色资源的特色和历史背景，精心设计和打造具有地方特色的红色展馆和陈列展览。通过这种方式，我们可以提升红色教育的吸引力和感染力，使更多的人能够深入了解和感受我国的红色历史。例如，大别山革命老区建设了大别山革命历史文化陈列馆，分"辉煌大别山""英雄大别山""红色英山"三大展区，综合运用版面说明、实物展示、视频播放、场景还原等多种形式生动呈现了大别山革命老区的壮丽史诗。此外，还要做好对现有烈士陵园的修缮和保护，确保陵园设施完好、环境整洁。同时加强烈士陵园的管理和维护工作，提升陵园的服务水平和教育功能。

2. 加大资金投入与政策支持

革命老区的硬件设施完善离不开资金的支持，因此，政府应设立专项资金，用于支持革命老区红色文化硬件设施的建设、维护和升级。我们要不断增加对红色教育基地、纪念馆、博物馆等场所的财政投入，以此来改善这些地方的基础设施和配套设施。我们不仅要提升这些场所的服务水平，还要提高它们的接待能力，以便能够更好地满足人们的需求。此外，政府还应做好相应的政策扶持，通过出台相关政策，鼓励社会资本参与红色文化硬件设施的建设。通过税收优惠、土地供应等政策措施，吸引更多企业和个人参与进来。

（二）深化红色教育，打造育人"软环境"

1. 普及红色知识，深化思想认知

通过学校教育、社会宣传、媒体传播等多种渠道，广泛普及红色历史、红色故事和红色人物。一方面，可以利用好主流媒体宣传，如报纸、电视、广播、网络等主流媒体平台，广泛宣传红色精神的内涵和意义，营造积极向上的社会氛围。另一方面，鼓励文艺工作者创作更多反映红色精神的优秀作品，如电影、电视剧、舞台剧、歌曲等，以艺术的形式展现红色精神的力量。通过多种渠道让人民群众特别是广大党员干部和青少年深入了解红色精神的内涵和意义。

2. 开展红色研学活动

定期组织党员干部、青年学生群体等前往红色教育基地、革命纪念馆、革命遗址等地进行实地考察和学习，通过亲身体验感受红色精神的伟大力量，深入了解党的历史、革命历史和伟大事业，从而进一步增强爱国主义情感，激发为国家和人民服务的热情。

通过实地考察和学习，我们可以了解到红色教育基地、纪念馆、革命遗址等地背后的历史故事和珍贵历史文物，深入了解党的发展历程和伟大成就，进一步增强我们的党性观念和组织观念，提高我们的政治素养和思想觉悟。

在这个过程中，大家可以亲身感受到革命先烈的崇高精神，深刻领悟到红色精神的内涵和价值。这种体验式学习方式可以让我们更加深刻地认识到红色精神的伟大力量，也可以帮助我们更好地传承和弘扬红色精神。

3. 举办红色主题活动

精心策划与组织一系列丰富多彩的红色活动，如"红色故事会"、"红色经典诵读会"以及"红色歌曲传唱大赛"等，以这种人民群众喜闻乐见且极具感染力的形式，全面而深入地传播红色文化，从而点燃每一位参与者的爱国激情与奋斗火焰。

这些活动不仅让红色历史以生动鲜活的面貌跃然于人们眼前，还通过细腻的情感描绘与动人的故事叙述，激发人们爱国情怀与奋斗精神的强大动力，让红色文化的精髓深深烙印在每个人的心中。

4. 树立先进典型

为了充分肯定并高度赞扬那些在积极传承和大力弘扬红色精神过程中作出卓越贡献的个人和集体，我们将授予他们荣誉和奖励，并鼓励更多的人投身于红色精神的传播和实践活动中来。通过这样的举措，形成一种崇尚英雄、学习榜样、争做先进的社会风尚。

此外，还要做好相应的宣传推广工作，通过多元化的媒体报道，包括电视、广播、报纸、杂志以及新兴的互联网平台，对那些具有高尚品德的榜样进行广泛的宣传和推广。通过分享他们的故事和经历，引发更广泛的社会共鸣，从而促使社会各界更加深刻地理解和认同红色精神的重要性和价值所在。这种认同将进一步激励公众积极参与到红色精神的传承和弘扬工作中，共同为社会的进步和发展贡献力量。

未来，我们将继续坚持强化铸魂育人的理念，不断探索和实践新的育人模式和方法，努力培养出更多闪耀着大别山精神特质的党员干部和新时代青年，为河南省的长期可持续发展以及中华民族的伟大复兴贡献更多人才力量。

第五节 始终坚持注重文化浸润

在传承和弘扬大别山精神的过程中，我们不仅要注重其精神内涵的挖掘和传承，更要关注文化的力量。文化是一个民族的灵魂，是传承历史、延续血脉的重要载体。大别山精神作为我们宝贵的文化遗产，是激励我们不断前行的精神动力。在新时代，更应深刻认识到文化所承载的深远意义与强大力量，并利用文化的力量让大别山精神焕发新的活力与生机。

一 用好文化力量，传承红色精神

（一）发挥文化的引领作用

文化，作为民族灵魂的载体，不仅承载着历史的记忆，更在传承红色精神方面发挥着不可替代的作用。红色精神，这一蕴含革命理想、爱国情怀和无私奉献的光辉思想，深深地根植于中华文化的沃土之中，通过文化的传承与创新，得以生生不息，历久弥新。

在新时代的背景下，文化的传承方式更加多元化，为红色精神的弘扬开辟了更加广阔的舞台。从传统的书籍、戏曲、音乐到现代的影视、网络、社交媒体，每一种文化形式都在以自己的方式讲述着红色故事，传递着红色精神。这些故事不仅仅是历史的再现，更是对当代人精神世界的深刻启迪和鼓舞。

同时，文化创新也为红色精神的传承注入了新的血液与活力。通过将红色元素与现代科技手段相结合，创作出更多贴近时代、贴近群众的文化产品，使红色精神更加生动形象地展现在人们面前。这些创新作品不仅丰富了人们的文化生活，更在潜移默化中激发了人们的爱国情怀和奋斗精神。

此外，文化还通过教育的方式，将红色精神代代相传。在学校教育中，红色文化被纳入课程体系，通过课堂教学、社会实践等形式，学生可以深

入了解红色历史，感受红色精神的力量。这种教育方式不仅能够培养广大青年学生群体的爱国主义情怀和民族精神，更为他们未来的成长和发展锻造了坚实的精神支撑。

总之，文化不仅是红色精神的载体和传承者，更是推动红色精神不断创新和发展的源泉。在未来的发展中，我们应该继续加强文化建设，深入挖掘红色文化资源，创新文化传承方式，让红色精神在新时代绽放出更加璀璨的光芒。

（二）促进红色精神与本土文化的融合

每一片土地都有丰富的历史故事与独特的地域风情。这些宝贵的文化遗产，为红色精神的传承与发展提供了肥沃的土壤和无尽的灵感。将本土文化的精髓融入红色精神当中，对于红色精神的弘扬和发展起着至关重要的作用。

1. 增强红色精神的地域特色

本土文化具有独特的地域特色，将红色精神与本土文化相结合，可以使红色精神更具地域色彩和亲和力。挖掘和展示本地区的红色文化资源，如革命遗址、纪念馆、烈士陵园等，可以让人们更加直观地感受到红色精神与本土文化的紧密联系，从而增强对红色精神的认同感和归属感。

2. 丰富红色精神的教育内容

河南本土文化丰富多彩，包括历史遗迹、风土民情、文学艺术等方方面面。这些丰富的文化元素也为红色精神的教育提供了生动的素材和案例。将红色精神与本土文化相结合，可以更加全面、深入地展示革命历史、英雄事迹和革命精神，使教育内容更加多元化、更加丰富多彩、更加贴近人民群众的生活实际。这样的教育方式能够增强红色精神的感染力和吸引力，使人民群众在潜移默化中接受红色文化的熏陶，深化对红色精神的认识。

3. 提升红色精神的传播效果

本土文化具有广泛的群众基础和深厚的文化底蕴，将红色精神与本土文化相结合，可以充分利用本土文化的传播渠道和影响力，扩大红色精神的传播范围和影响力。通过举办各种形式的红色文化活动，如文艺演出、展览展示、志愿服务等，吸引更多的人参与到红色精神的传承中来，从而进一步扩大红色精神的传播范围、深化红色精神的传播效果。

文化的力量是巨大、深厚而长远的，将本土文化与红色精神相结合不仅有助于红色精神在河南地区的深入传承与弘扬，还能丰富河南本土文化的内涵，增强文化自信。

二　加强红色文化教育

红色文化擎托了中国共产党的初心使命，赓续红色血脉需要激活中华民族每个人身上的红色基因。红色文化是大别山精神的重要载体，若要以大别山精神培育社会主义建设者和接班人，就要通过红色教育让社会大众尤其是党员干部、青年学生了解大别山的历史、文化和革命精神，用大别山革命历史和红色文化来感染、激励和引领他们将个人的前途命运与国家和民族命运紧密联系起来，坚定理想信念，锻造顽强意志，铸牢精神根基，自觉担负起实现民族复兴的时代使命。[①]

（一）组织参观红色教育基地

一方面，通过实地考察的方式，定期组织青年学生、党员干部及社会各界人士前往大别山地区的红色教育基地，如烈士陵园、战斗遗址等进行实地考察。通过现场讲解、观看历史影像资料等方式，他们可以直观地感受那段峥嵘岁月。另一方面，在红色教育基地设置互动体验区，如模拟战场、角色扮演等，让社会大众通过亲身体验来加深对革命历史的理解和感悟。

（二）多种方式开展红色主题教育活动

邀请革命家后代、专家学者、老党员等举办红色讲座，分享他们的亲身经历和感悟，讲述大别山精神的形成和发展过程。此外，可以开展红色读书会活动，组织青年阅读红色经典书籍，通过读书分享会的形式，交流学习心得，加深他们对红色文化的理解。另外，还可以通过红色文艺演出的形式，编排和演出以红色文化为主题的文艺节目，如歌舞、戏剧、诗歌朗诵等，用艺术的形式展现大别山精神的魅力，激发青年的爱国热情。

---

① 季玉朱、何孟飞：《以大别山精神培育新时代好青年探赜》，《长征学刊》2023年第5期。

（三）利用网络平台开展线上红色文化学习

开发红色文化教育在线课程，借助网络平台的广泛覆盖和便捷性，为广大党员干部和青年学生提供一个随时可学、随地可学的红色文化教育新途径。这样不仅打破了传统教育在时间和空间上的限制，还使得红色文化教育以更加灵活和高效的方式，覆盖社会的每一个角落，让每一个人都有机会深入理解和感受红色文化的深厚底蕴与时代价值。

三　打造红色文化品牌，推动文化旅游发展

大别山，这片承载了无数革命先烈英勇事迹和崇高精神的土地，是我们民族精神的瑰宝，也是我们文化旅游发展的重要资源。为了更好地发挥红色文化在旅游发展中的重要作用，我们需要深入挖掘红色文化内涵，将大别山地区的红色景点与自然风光、民俗文化等旅游资源相结合，形成多样化的旅游产品，打造大别山独特的红色文化品牌，进而推动大别山地区文化旅游的发展，并借此推动大别山精神在新时代的广泛弘扬和传播。

（一）依托历史文化资源，建设红色旅游景区

依托大别山丰富的红色资源，建设和完善红色旅游景区、纪念馆、陈列馆等，并提升丰富其服务质量和教育功能。信阳先后开展了100多个红色旅游项目的建设，建成13个红色景区（点），形成了以浉河区、新县、商城县、罗山县、光山县为核心的大别山红色旅游集群。目前，全市拥有国家3A级及以上旅游景区79家，为信阳唱响"红色游"、提升"绿色游"提供了坚实的基础。此外，信阳还积极实施百家主题民宿示范工程，打造"大别原乡·旅居信阳"民宿品牌，嘢有茶、有稻山坊等一批特色主题民宿相继投入市场，受到广大游客的追捧，先后建成了浉河金牛山大别山民宿文化村、信阳文新茶村、新县田铺大湾、西河古村落等文化产业基地和文化旅游点。[①]

---

① 《三省联动大力弘扬大别山精神 助力革命老区在新时代协同发展》，文旅中国百家号，https://baijiahao.baidu.com/s? id=1791748815804682901&wfr=spider&for=pc。

（二）举办红色旅游活动，推动大别山文化旅游发展

丰富多样的红色旅游活动对推动大别山地区文化旅游业发展也具有重要作用。通过精心筹备和举办红色旅游文化节庆、红色故事分享会等活动，吸引广大游客群体参与其中。这些活动旨在展示大别山地区的丰富历史文化遗产和精神遗产，激发游客的兴趣和参与热情。

此外，通过策划主题鲜明的展览、安排高质量的文艺表演、提供互动性强的体验活动等，创造一个轻松愉快的文化旅游环境。这样的环境不仅能够娱乐游客，更能够使他们深刻理解和感受到大别山精神的内涵和价值。通过这样的文化交流和互动体验，进一步增进游客对大别山历史和文化的认识，同时为当地的文化旅游产业带来新的增长点和发展机遇。

四　创新文化传播方式

随着数字化、网络化的发展，我们要结合时代需求，以多种文化传播载体弘扬和传承大别山精神。新媒体时代下，可以利用现代媒体技术，传播革命老区的文化精神。[①] 可充分利用新媒体平台和技术手段，通过多样化、现代化的文化传播方式，让大别山精神以更加贴近时代、贴近群众的方式呈现，进一步增强传播效果和社会影响力。

（一）利用现代科技手段，数字化呈现大别山精神

通过运用虚拟现实（VR）、增强现实（AR）和3D技术，我们可以生动地再现大别山革命历史场景，让观众仿佛穿越时空，亲身感受到革命先烈在艰难困苦的革命历程中所展现出的坚定信念。例如，依托现代科技打造的VR鄂豫皖苏区首府革命博物馆、VR鄂豫皖苏区首府烈士陵园，为红色精神的传承赋能。沉浸式、互动性的体验学习，让历史书中的图画和文字"活起来"，让党员更加深切感悟党的艰辛历程，激发广大学生的爱国主义热情，凝聚热爱党、热爱祖国的强大力量。

---

① 程嘉静：《新时代大别山精神的传承和弘扬》，中工网百家号，https：//baijiahao.baidu.com/s？id=1779421138842707858&wfr=spider&for=pc。

（二）善用故事化讲述的传播手段

深入挖掘大别山地区的英雄故事等红色文化资源，通过微电影、纪录片、动画短片、短视频等形式进行艺术加工和创作，将大别山精神的故事、历史和文化以更加直观、有趣的方式展现给公众。通过讲述具体的人物和事件，大别山精神能易于被群众理解和接受。例如，红色豫剧电影《大别山的女儿》，采用"豫剧+电影"的形式，通过优美动人的豫剧唱段，生动地讲述了在大别山这片红色热土上铸就的革命奇迹，向观众展现了大别山人民及中国共产党矢志不渝，愈挫愈勇，让红旗二十八年不倒的大别山精神。①

（三）拓宽社交媒体传播渠道

为了进一步拓展大别山精神的传播途径和渠道，可充分利用微博、微信、抖音等社交媒体平台，通过图文、视频等多种形式，发布关于大别山精神的内容。此外，还可以通过话题挑战、互动问答等多种方式吸引用户参与，从而进一步提升大别山精神的传播力和影响力。同时，还要积极鼓励网民自发创作和分享大别山精神的相关内容，在社会中形成良好的传播氛围。此外，我们还可以建立专门的官方网站或社交媒体账号，定期发布与大别山精神相关的文章、图片、视频等内容，吸引更多人的关注和讨论。通过这些平台，我们可以及时获取公众的反馈和建议，不断优化和完善我们的传播策略，让大别山精神在新媒体时代焕发出新的生机和活力。不断创新的文化传播方式，现代科技手段和多元化传播渠道，可以让更多的人了解大别山精神，感受其独特的历史和文化魅力。

五　加强区域文化交流与合作

大别山地处华东腹地，范围覆盖鄂豫皖地区多个市县，加强跨区域合作对于共同推动大别山文化旅游发展具有重要意义。通过建立区域合作机制，共享红色资源，联合打造跨区域红色旅游品牌，共同开拓市场，从而

---

① 郭歌、张魏：《红色精神永续传承 豫剧电影〈大别山的女儿〉首映》，河南日报网，https：//www.sohu.com/a/775507399_121375869。

更好地实现互利共赢。

为进一步推动大别山精神的传承弘扬和交流，信阳、黄冈、六安等市进一步深化在文化旅游领域的合作。例如，2023 年 11 月 10 日，鄂豫皖三省四市首届大别山民歌邀请赛在六安唱响。为深入贯彻落实《大别山革命老区振兴发展规划》要求，加强大别山区域文化旅游领域合作，四市文旅行政部门以本次邀请赛为媒介纽带，召开鄂豫皖三省四市文旅协作座谈会，就成立大别山区域文旅合作联盟展开洽谈。会上，四市就各自城市的历史、文化以及旅游资源作了详细介绍，分享了文旅工作典型经验做法，就成立大别山区域文旅合作联盟提出了宝贵的意见和建议。此次座谈会不仅进一步增进了大别山兄弟城市之间的友谊，加强了四市文旅信息的沟通交流，同时为下一步深化四方合作打下了坚实基础。①

为进一步推动大别山兄弟城市的文化交流与合作，可建立定期沟通机制，加强信息共享，共同策划和组织更多具有大别山特色的文旅活动，提升大别山地区的整体影响力和知名度。同时，可借助这些活动吸引更多国内外游客前来体验大别山的独特魅力，促进当地文化旅游产业的繁荣发展。

在赛事方面，鄂豫皖三省四市轮流举办大别山民歌邀请赛、大别山红色旅游文化节等活动，通过歌唱、舞蹈、戏剧等多种艺术形式，展现大别山革命老区的红色文化和地方特色。这些活动不仅将吸引更多游客前来观光旅游，还将进一步推动四市之间的文化交流与合作。

除赛事的合作举办以外，四市还可共同举办大别山文旅发展论坛，邀请国内外知名专家学者、文旅企业代表等共同探讨大别山文旅产业的发展方向、合作路径等问题。论坛的举办将为大别山区域文旅合作联盟成员提供一个交流思想、分享经验的平台，促进四市文旅产业的共同发展。

此外，四市还可加强在旅游资源开发、旅游基础设施建设、旅游市场推广等方面的合作。共同开发具有大别山特色的旅游产品，提升旅游服务质量，打造具有竞争力的旅游品牌。同时，加强旅游市场的联合推广，共同开展多样化的旅游宣传活动，吸引更多的游客到大别山旅游观光。这一系列的合作措施不仅能够推动大别山区域文旅产业的繁荣发展，传承和弘

---

① 《以赛为媒 六安市牵手黄冈、信阳、安庆打造大别山区域文旅合作联盟》，六安市文化和旅游局网，https://wlj.luan.gov.cn/zwzx/wlyw/5265114.html。

扬大别山精神，更能够为大别山革命老区的振兴发展注入新的活力。

河南在传承弘扬大别山精神方面所取得的宝贵经验，不仅是对革命历史的深刻铭记，更是对新时代精神文明建设的重要贡献。大别山精神作为中华民族宝贵的精神财富，其坚守信念、胸怀全局、团结奋进、勇当前锋的深厚内涵，将继续激励着河南乃至全国人民在新时代的征程中砥砺前行。

展望未来，我们相信，随着河南乃至全国对红色文化资源的进一步挖掘与利用，大别山精神将焕发出更加璀璨的光芒。同时，我们也应意识到，传承弘扬大别山精神是一项长期而艰巨的任务，需要社会各界的共同努力和持续推动。我们将以更加饱满的热情、更加务实的作风，继续传承和弘扬大别山精神，让这份红色基因在新时代的土壤中生根发芽、茁壮成长，为实现中华民族伟大复兴的中国梦贡献河南力量！

参考文献

著作类：

［1］《毛泽东选集》第四卷，人民出版社，1991。

［2］《毛泽东文集》第七卷，人民出版社，1991。

［3］习近平：《高举中国特色社会主义伟大旗帜 为全面建设社会主义现代化国家而团结奋斗——在中国共产党第二十次全国代表大会上的报告》，人民出版社，2022。

［4］习近平：《习近平谈治国理政》（第一卷），外文出版社，2018。

［5］习近平：《习近平谈治国理政》（第二卷），外文出版社，2017。

［6］习近平：《习近平谈治国理政》（第三卷），外文出版社，2020。

［7］习近平：《习近平谈治国理政》（第四卷），外文出版社，2022。

［8］习近平：《论坚持全面深化改革》，中央文献出版社，2018。

［9］习近平：《论中国共产党历史》，中央文献出版社，2021。

［10］习近平：《论坚持党对一切工作的领导》，中央文献出版社，2019。

［11］习近平：《之江新语》，浙江人民出版社，2007。

［12］习近平：《摆脱贫困》，福建人民出版社，1992。

［13］习近平：《知之深 爱之切》，河北人民出版社，2015。

［14］习近平：《在基层代表座谈会上的讲话》，人民出版社，2020。

［15］习近平：《论把握新发展阶段、贯彻新发展理念、构建新发展格局》，中央文献出版社，2021。

［16］中共中央宣传部：《习近平新时代中国特色社会主义思想学习纲要》，学习出版社、人民出版社，2023。

［17］中共中央纪律检查委员会、中共中央文献研究室编《习近平关于

严明党的纪律和规矩论述摘编》，中央文献出版社、中国方正出版社，2016。

[18] 中共中央党史研究室：《中国共产党的九十年》，中共党史出版社、党建读物出版社，2016。

[19] 丁同民、闫德亮、林志成：《彪炳史册的大别山精神》，人民出版社，2017。

[20] 大别山精神编写组：《大别山精神研究》，安徽师范大学出版社，2021。

[21] 田青刚：《大别山精神》，中共党史出版社，2020。

[22] 河南省人大常委会法制工作委员会、河南省老区建设促进会编《河南省革命老区振兴发展促进条例》，河南人民出版社，2021。

[23] 大别山干部学院编《大别山革命简史》，大别山干部学院教学丛书（内部资料）。

[24] 中共河南省委党史研究室、中共安徽省委党史研究室：《鄂豫皖革命根据地史》，安徽人民出版社，1998。

[25] 董雷、刘心铭主编《豫南革命史》，河南人民出版社，1991。

[26]《李先念传》编写组：《建国以来李先念文稿》第1册，中央文献出版社，2011。

[27] 祝尚斌、夏红胜：《红安为什么这样红》，红色之旅系列丛书（内部资料），2005。

[28] 中共信阳市委组织部编《大别山革命回顾》，中共党史出版社，2015。

[29] 赵弘、游霭琼、杨维凤、王德利：《中国区域经济发展报告（2023~2024）》，社会科学文献出版社，2024。

[30] 王勇、张占仓主编《中国中部地区发展报告（2018）》，社会科学文献出版社，2018。

[31] 王玲杰、赵西三主编《河南工业发展报告（2023）》，社会科学文献出版社，2022。

[32] 曲青山：《中国共产党百年历史经验》，人民出版社，2021。

期刊类：

［1］习近平：《坚持和完善中国特色社会主义制度 推进国家治理体系和治理能力现代化》，《求是》2020 年第 1 期。

［2］中央农村工作领导小组办公室：《有力有效推进乡村全面振兴》，《求是》2024 年第 2 期。

［3］韩一凡、辛世俊：《新时代提高人民生活品质的新诠释》，《学习论坛》2024 年第 2 期。

［4］孙伟：《让大别山精神在新时代焕发新光彩》，《红旗文稿》2020 年第 21 期。

［5］刘晖：《对党忠诚：大别山精神的灵魂》，《学习论坛》2016 年第 4 期。

［6］王春亮：《刘邓大军挺进大别山区的战略意义》，《学习论坛》2018 年第 3 期。

［7］郭妙兰：《中国共产党人的精神谱系之大别山精神历久弥新——巍巍大别山红心映征程》，《中国纪检监察》2021 年第 18 期。

［8］石仲泉：《"大别山精神"刍议》，《苏区研究》2017 年第 4 期。

［9］方城：《大别山精神简论：朴诚勇毅 不胜不休》，《中国井冈山干部学院学报》2019 年第 2 期。

［10］刘晖、侯远长：《大别山精神：内容特征及传承》，《中国延安干部学院学报》2016 年第 1 期。

［11］梁家贵、蒲学红：《大别山精神研究综述》，《苏区研究》2022 年第 1 期。

［12］曹圣、唐辉、胡君：《豫南地区大别山精神传承现状与提升对策研究》，《产业与科技论坛》2024 年第 8 期。

［13］汪季石、夏慧、蒋月婷：《关于大别山革命根据地研究的几个问题》，《黄冈师范学院学报》2024 年第 4 期。

［14］孙伟、王旭辉：《中原文化与大别山精神关系考论》，《黄河科技学院学报》2024 年第 3 期。

［15］张静：《中国式现代化进程中河南红色文化传承与发展研究》，《世纪桥》2023 年第 8 期。

［16］李兆华、杨玉春：《红色文化旅游品牌建设对策研究——以河南

信阳为例》，《河南工学院学报》2023 年第 3 期。

［17］孙伟、张贤裕：《从大别山精神中汲取奋进力量》，《中国新闻发布》（实务版）2024 年第 4 期。

［18］张晓路、申佩：《维护党中央权威和集中统一领导是大别山精神的核心》，《党政干部论坛》2023 年第 9 期。

［19］刘杨：《建党百年历程中大别山精神的赓续密码与时代价值研究》，《才智》2023 年第 36 期。

［20］季玉朱、何孟飞：《以大别山精神培育新时代好青年探赜》，《长征学刊》2023 年第 5 期。

［21］丁伟、丁一文：《大别山区发展模式研究》，《中国国情国力》2014 年第 5 期。

［22］付倩倩：《大别山的中部意义何在？》，《决策》2012 年第 11 期。

［23］仝新顺、王东亮：《一带一路背景下河南信阳物流业发展对策研究》，《物流工程与管理》2016 年第 12 期。

［24］陈孝兵、陈金清、刘龙伏等：《大别山革命老区的资源禀赋与开放开发新路》，《当代经济》2011 年第 13 期。

［25］刘善桥：《红绿并举推进大别山试验区新跨越》，《政策》2012 年第 11 期。

［26］李军鹏：《以提高人民生活品质为核心健全基本公共服务体系的意义、现状及未来路向》，《岭南学刊》2024 年第 1 期。

［27］丁俊萍、杨亚婷：《新中国成立以来党和国家领导人关于大别山革命老区发展的重要论述及其意义》，《黄冈师范学院学报》2024 年第 3 期。

报纸类：

［1］习近平：《建设好生态宜居的美丽乡村 让广大农民有更多获得感幸福感》，《人民日报》2018 年 4 月 24 日。

［2］习近平：《坚定信心埋头苦干奋勇争先 谱写新时代中原更加出彩的绚丽篇章》，《人民日报》2019 年 9 月 19 日。

［3］习近平：《用好红色资源，传承好红色基因 把红色江山世世代代传下去》，《人民日报》2021 年 5 月 16 日。

［4］习近平：《全面推进乡村振兴 为实现农业农村现代化而不懈奋

斗》，《人民日报》2022 年 10 月 29 日。

［5］习近平：《在更高起点上扎实推动中部地区崛起》，《人民日报》2024 年 3 月 21 日。

［6］《新时代支持革命老区发展》，《人民日报》2021 年 2 月 23 日。

［7］毛哲成：《"两个更好"是中国共产党的庄严承诺和历史使命》，《光明日报》2022 年 6 月 24 日。

［8］夏先清、杨子佩：《紧跟党走擦亮大别山精神底色》，《经济日报》2021 年 11 月 6 日。

［9］青平：《大别山精神激励我们奋勇前行》，《中国青年报》2021 年 11 月 2 日。

［10］任中义：《大别山精神的时代价值》，《河南日报》2020 年 9 月 15 日。

［11］河南日报县域经济调研组：《新发展阶段 河南县域经济高质量发展的路径》，《河南日报》2022 年 4 月 11 日。

［12］《"全国生态日"信阳答卷：大别长淮铺锦绣 绿水青山如画廊》，《河南日报》2023 年 8 月 15 日。

［13］《红旗永矗大别山》，《河南日报》2023 年 8 月 30 日。

［14］《守护绿水青山 铸就金山银山》，《信阳日报》2020 年 12 月 23 日。

［15］《让大别山精神更加熠熠生辉——鄂豫皖革命纪念馆晋升国家一级博物馆纪实》，《信阳日报》2024 年 5 月 27 日。

网络类：

［1］习近平：《推进党的建设新的伟大工程要一以贯之》，中国共产党新闻网，http：//theory. people. com. cn/n1/2018/0213/c40531 - 29821614. html。

［2］习近平：《立志做党光荣传统和优良作风的忠实传人 在新时代新征程中奋勇争先建功立业》，中国共产党新闻网，http：//dangjian. people. com. cn/n1/2021/0302/c117092-32039998. html。

［3］习近平：《在东西部扶贫协作座谈会上的讲话》，中国共产党新闻网，http：//cpc. people. com. cn/n1/2016/0722/c64094-28574926. html。

［4］习近平：《路子找到了，就要大胆去做》，新华网，https：//baijiahao.

baidu. com/s？id＝1644977630028632163&wfr＝spider&for＝pc。

［5］习近平：《习近平在河南考察时强调坚定信心埋头苦干奋勇争先谱写新时代中原更加出彩的绚丽篇章》，新华网，https：//baijiahao. baidu. com/s？id＝1645016451324347554&wfr＝spider&for＝pc。

［6］《习近平主持召开新时代推动中部地区崛起座谈会强调：在更高起点上扎实推动中部地区崛起》，中国政府网，https：//www. gov. cn/yaowen/liebiao/202403/content_6940500. htm。

［7］《习近平在党的十九届一中全会上的讲话》，新华网，http：//www. xinhuanet. com/politics/2017－12－31/c_1122191624. htm。

［8］霍小光：《习总书记到金寨》，新华网，http：//www. xinhuanet. com/politics/2016－04－25/c_1118723583. htm。

［9］孙楠：《红旗不倒 火种绵延——大别山精神述评》，新华社百家号，https：//baijiahao. baidu. com/s？id＝1715418441504897824&wfr＝spider&for＝pc。

［10］朱基钗、黄玥：《鉴往知来——跟着总书记学历史｜再来大别山，重温革命岁月》，新华网，https：//baijiahao. baidu. com/s？id＝1644879044472161413&wfr＝spider&for＝pc。

［11］艾志强、韩宁：《坚持人民性 建设社会治理共同体》，人民网，http：//theory. people. com. cn/n1/2020/0117/c40531－31552603. html。

［12］《国家发展改革委印发〈新时代大别山革命老区协同推进高质量发展实施方案〉》，央视网，https：//news. cctv. com/2024/01/04/ARTISZje9X8enxlyTfjJH66E240104. shtml。

［13］《国务院关于新时代支持革命老区振兴发展的意见》，中国政府网，https：//www. gov. cn/zhengce/zhengceku/2021－02／20/content_5587874. htm。

［14］《中共中央关于进一步全面深化改革、推进中国式现代化的决定》，新华网，http：//www. xinhuanet. com/20240721/62ea30d40ef44ef7af63449446179b86/c. html。

［15］《大别山革命老区振兴发展规划》，国家发展和改革委员会网，https：//www. ndrc. gov. cn/xxgk/zcfb/ghwb/201506/W020190905497755753844. pdf。

［16］《国家发展改革委等部门联合印发〈"十四五"公共服务规

划〉》，中国政府网，https：//www. gov. cn/xinwen/2022－01/10/content＿5667490. htm。

［17］《锚定"两个确保"实施"十大战略"——省委工作会议精神提要》，河南省人民政府网，https：//www. henan. gov. cn/2021/09－08/2308778. html。

［18］《信阳市：牢记"两个更好"殷殷嘱托 加快老区振兴 加速绿色崛起》，信阳市发展和改革委员会网，https：//fzggw. xinyang. gov. cn/index. php？a＝show&catid＝1&id＝8495。

［19］申华、王怡潇：《河南人的2023年民生心愿单已达成 十件省重点民生实事交卷》，大河网百家号，https：//news. dahe. cn/2024/02－01/1709024. html。

［20］《三省联动大力弘扬大别山精神 助力革命老区在新时代协同发展》，文旅中国百家号，https：//baijiahao. baidu. com/s？id＝1791748815804682901&wfr＝spider&for＝pc。

［21］程嘉静：《新时代大别山精神的传承和弘扬》，中工网，https：//www. workercn. cn/c/2023－10－11/8009009. shtml。

［22］郭歌、张魏：《红色精神永续传承 豫剧电影〈大别山的女儿〉首映》，河南日报网，https：//www. sohu. com/a/775507399_121375869。

［23］《以赛为媒 六安市牵手黄冈、信阳、安庆打造大别山区域文旅合作联盟》，六安市文化和旅游局网，https：//wlj. luan. gov. cn/zwzx/wlyw/5265114. html。

后　记

　　群山巍峨，江淮浩荡。历史车轮滚滚向前，伟大精神历久弥新。大别山精神是我们党的宝贵精神财富，是中华民族精神信仰中的一座丰碑。它深刻表达着烽火岁月大别山军民的赤胆忠诚与奋斗牺牲，具象诠释着时代淬炼下中国共产党人的艰辛探索和担当奉献。行程万里，初心永恒。新时代的中华儿女正在党的坚强领导下，传承弘扬大别山精神，以更加坚定的信念和饱满的精气神，奋力推进中国式现代化，为着民族复兴和人民幸福勇毅前行，书写新征程的荣光。

　　《传承弘扬大别山精神的河南实践》一书的创作编写，是我们对大别山区"28年红旗不倒"光辉革命历史的回眸，是我们对昔日为民族独立和人民解放付出热血和生命的英雄的缅怀，是我们对新时代传承弘扬大别山精神、把先辈们开创的事业不断推向前进的奋斗者的致敬！本书深入贯彻习近平新时代中国特色社会主义思想，梳理了大别山精神的深厚内涵与时代价值，阐述了河南传承弘扬大别山精神的使命担当，从脱贫攻坚、实体经济、公共服务、对接国家战略、生态文明建设、红色传承、全面从严治党等方面系统介绍了河南传承弘扬大别山精神的实践表现，最后对河南传承弘扬大别山精神的经验启示进行了总结。

　　本书的编撰得到了中共河南省委宣传部、河南省社会科学院、河南大别山干部学院、河南开放大学等单位的大力支持。河南省社会科学院党委书记、院长王承哲，党委副书记李同新，副院长王玲杰，副院长郭杰等领导高度重视本书编撰工作，多次提出宝贵指导意见。院科研管理部和兄弟研究所给予了大力支持和帮助。马克思主义研究所负责人包世琦提出了全书的创研思路，明确了框架提纲，组织相关调研，并对全书章节进行了统稿。本书撰稿分工如下：第一章，谭桂贤；第二章，张翼泽；第三章，户君珂；第四章，杜梦伟；第五章，邓凌娟；第六章，周丽琳；第七章，姚晶晶；第八章，王沛；第九章，耿亚州；第十章，庞艺纯。在此，向所有参与本书编撰出版的同志表示衷心感谢。

大别山精神是一种历史记忆，是一种红色传承，也是无数生动实践动态串联起来的体现时代精神的价值追求。党的二十届三中全会擘画了进一步全面深化改革、推进中国式现代化的新蓝图。我们要在新的征程上牢记初心使命和党中央要求，以大别山精神为滋养，进一步保持坚守信念、永跟党走的忠诚本色，树立胸怀全局、勇当前锋的大局意识，激发团结奋进、不胜不休的昂扬斗志，为中国式现代化建设更好贡献各地的智慧和力量。

由于编者水平所限，书中难免有所疏漏和不妥，恳请广大读者批评指正。

编者

2024 年 7 月

图书在版编目（CIP）数据

传承弘扬大别山精神的河南实践 / 包世琦主编.
北京：社会科学文献出版社，2024.11. --（中国式现
代化的河南实践系列丛书）. -- ISBN 978-7-5228-4942
-3

Ⅰ. D642

中国国家版本馆 CIP 数据核字第 2024HZ2354 号

·中国式现代化的河南实践系列丛书·

传承弘扬大别山精神的河南实践

主　　编 / 包世琦

出 版 人 / 冀祥德
组稿编辑 / 任文武
责任编辑 / 徐崇阳
责任印制 / 王京美

出　　版 / 社会科学文献出版社·生态文明分社（010）59367143
　　　　　地址：北京市北三环中路甲 29 号院华龙大厦　邮编：100029
　　　　　网址：www. ssap. com. cn
发　　行 / 社会科学文献出版社（010）59367028
印　　装 / 三河市龙林印务有限公司

规　　格 / 开　本：787mm×1092mm　1/16
　　　　　印　张：16.75　字　数：271 千字
版　　次 / 2024 年 11 月第 1 版　2024 年 11 月第 1 次印刷
书　　号 / ISBN 978-7-5228-4942-3
定　　价 / 88.00 元

读者服务电话：4008918866